岳麓書社

读名著　选岳麓

春秋公羊传

李维琦 邹文芳 注译

岳麓書社·长沙

前　言

　　东周时期，各诸侯国都有史官记录本国的历史，《墨子》中曾言："吾见百国春秋。"如燕国、宋国、齐国的国史均叫作《春秋》，而晋国、楚国所记国史则分别叫作《乘》和《梼杌》，可见，"春秋"一词是当时各国所记国史的通名，并非一国专有。后世流传至今的《春秋》，实际上是《鲁春秋》，系鲁国历代史官对本国历史的记载，后孔子选取其中鲁隐公到鲁哀公之间242年的部分进行了修订。经孔子加工过的《春秋》，文本中表现出了他的政治主张与社会理想，秦汉以降的儒者，便奉之为儒家经典。

　　所谓"传"，实际上是传承师说对"经"作出解释。据《汉书·艺文志》所载，关于《春秋》的解经流派有五家，其中的《邹氏传》和《夹氏传》早已失传，时人能见到的只有《左传》《公羊传》《穀梁传》三家。《公羊传》，就是姓公羊的学者对《春秋》这部史书作出的解释。相传这个创立如是解释的人叫作公羊高，战国前期齐国人氏。他把这种解释传给儿子，儿子传给孙子，一直传到第六代公羊寿那里，这已是汉景帝当政之时了。公羊寿与他的弟子胡毋子都，共同用当时通行的汉字，把这种口口传授下来的解释写成了文字，这便是我们现在能见到的《公羊传》的母本了。论作者，也就是形成文字的人，当然就该说是公羊寿与胡毋子都二人。讲学说，那就要推寻到公羊高，而公羊高据说是子夏的学生，这就要推寻到孔子的学生子夏那里去了。从战国到汉景帝时期，这一两百年间必定还有不姓公羊的公羊学者参与其中，使公羊学说得以发展和完备。《传》中有"子沈子曰""子司马子曰""子女子曰""子北宫子曰""高子曰""鲁子曰"等，知这些人应该都是公羊学说的经师大儒，才会被引用以证成其说。

《公羊传》里到底说了些什么呢？举其大要而言，有以下数端：

大一统思想。春秋时代，列国纷争。《春秋》只认一个王朝，也就是周文王传下来的这个王朝为正统。北晋、南楚、东齐、西秦等，一概不认。所谓大一统便是指此。《公羊传》隐公元年曰："何言乎王正月？大一统也。""大一统"的说法便来源于此。原意是说，为什么《春秋》经要说"王正月"，是因为它看重周王这个正统。由于《春秋》中处处都在维护这个正统，这层意思贯穿了全经，后人便名之曰"大一统"思想。《汉书·王吉传》："《春秋》所以大一统者，六合同风，九州共贯也。"实指天下诸侯，所有疆土，全国人民，皆统系于一个政权，而无分裂侉离。

华夷转化论。《公羊传》中多以文明或道德进化程度来区分华夷，且华夷可以互相转化。"夷狄"受到赞许，可被称为"子"，而"诸夏"在文明或道德上倒退了，则会被视为"新夷狄"。

例如，《公羊传》宣公十二年：

［经］夏，六月，乙卯，晋荀林父帅师及楚子战于邲，晋师败绩。

［传］大夫不敌君，此其称名氏以敌楚子何？不与晋而与楚子为礼也。

楚本是南方后进国家，诸夏以夷狄视之。这一年楚伐郑，郑伯肉袒至楚师谢罪。楚王于是下令退师。将军子重不欲。楚庄王以理晓之，曰："君子笃于礼而薄于利，要其人而不要其土。告从不赦，不详。"楚、晋战于邲，晋师大败。楚庄王曰："两君不相好，百姓何罪！"遂班师，不逐晋人。《公羊传》记载了楚庄王伐郑而舍郑、大败晋军而不追逐，证明楚庄王能讲礼义，在文明和道德上胜过晋人，故赞许楚王

"有礼",进爵为子,而对"诸夏"的晋国加以贬责。

《公羊传》昭公二十三年:"中国亦新夷狄也。"注家以为是指昭公二十二年,王室内乱,王子们互相杀伐,上下败坏,诸侯无救助者,这便是夷狄之行。一说是指陈、蔡新受楚封,率诸小国以附楚,于是成了新的"夷狄"。

三世说。《公羊传》先后三次讲"所见异辞,所闻异辞,所传闻异辞"。(分别见于隐公元年、桓公二年、哀公十四年)意思是说亲见的时代、亲闻的时代与传闻的时代的历史,在写法和说法上不尽相同。写现当代史,写近代史,写古代史,不可以是一个模子。因为时代在变,不同阶段有不同的性质和特点。这给了后世学者以宝贵的启迪。

反经合道。其事主要见于《公羊传》桓公十一年:

[经]九月,宋人执郑祭仲。

[传]祭仲者何?郑相也。何以不名?贤也。何贤乎祭仲?以为知权也。

原来郑国有块飞地在留,祭仲到那里去视察,途经宋国。宋把他扣下来。释放他的条件是,废现在的国君忽(郑昭公),立宋国的外甥突为国君。祭仲竟然答应了,并且实施。《公羊传》认为祭仲做得对,这是"知权"。他们的理由是:如果不答应,忽会被宋进军杀死,郑会灭亡。而如果答应了,那么,"君可以生易死,国可以存易亡",国君不会死,郑不会亡。况且稍后一点儿,忽还可以回来做国君,还可以把突赶走。祭仲作为人臣,擅自废立君主,而且是在他国压力下进行废立,大逆不道,所以叫作"反经"。可他这样做,既保全了国家,又保存了国君的生命,符合保国安民的根本大道,所以叫作"合道"。反经而合道,就是"知权",《公羊传》就称祭仲是"贤"。但公羊学者也提出知权的原则,以免他人乱用:"行权有道,自贬损以行权,不害人以行权。杀人以自生,亡人以自存,君子不为也。"

礼义高于一切。公羊是孔孟这一派的，讲究礼义，自不消说。他们不单是讲礼义，而且讲得非常彻底，认为礼义是高于一切的，无论何时何地，礼义是裁断是非不可改变的原则。

《公羊传》僖公二十二年有载：

[经]冬，十有一月，己巳，朔，宋公及楚人战于泓，宋师败绩。

[传]宋公与楚人期战于泓之阳。楚人济泓而来。有司复曰："请迨其未毕济而击之。"宋公曰："不可。吾闻之也，君子不厄人，吾虽丧国之余，寡人不忍行也。"既济，未毕陈，有司复曰："请迨其未毕陈而击之。"宋公曰："不可。吾闻之也，君子不鼓不成列。"已陈，然后襄公鼓之，宋师大败。

《公羊传》于是论曰："故君子大其不鼓不成列，临大事而不忘大礼，有君而无臣。以为虽文王之战，亦不过此也。"孔子以为（实是《公羊传》以为），在重大礼义面前，战争胜负退居次要地位，精神超越肉体，高尚超越琐屑，独大其"不鼓不成列"，不乘人之危，正而后战。孔子许其正，赞其为"文王之战"。然而文王果如此作战，其不能得天下可以前定。战争中最高仁义是战胜敌人，以求得保民而王，使自己免于覆亡。故论者多以为宋襄迂阔，非真知仁义者。

复仇，虽百世可也。《公羊传》庄公四年：

[经]纪侯大去其国。

[传]大去者何？灭也。孰灭之？齐灭之。曷为不言齐灭之？为襄公讳也。《春秋》为贤者讳。何贤乎襄公？复仇也。何仇尔？远祖也。哀公亨乎周，纪侯谮之。以襄公之为于此焉者，事祖祢之心尽矣。……远祖者，几世乎？九世矣。九世犹可以复仇乎？虽百世可也。……

《公羊传》称许齐襄公九世复仇。为齐灭纪找理由。与其说是为贤者讳，不如说是为强者辩。一百五六十年前的事，从哀公算到襄公的父亲，已九历齐君，然后来算老账，要灭掉纪国。且烹齐君是周室行王法，纪侯说没说坏话，这坏话是不是哀公的实际，都在未知之数。以此作为灭纪的借口，正像寓言所说狼吃羊的借口一般："我听说你去年在背地里说我的坏话。"

然而历史学家言必有中，是不可以随便敷衍的。他是让后人牢记复仇之义，让我们长点记性。假如有个国家就在我们身旁，曾极大伤害我们国家民族，并且从未全民悔过，欺软服硬，随时准备乘机再起，你能放心睡大觉吗？百世复仇亦不为过，这是对我们民族健忘症的有力鞭挞。

隐讳之道。《公羊传》闵公元年：

[传]《春秋》为尊者讳，为亲者讳，为贤者讳。

鲁庄公死，接下来是闵公，闵公二年即被弑，然后是僖公接位。这里有一场凶险诡谲的斗争。庄公正妻无子，谁来继位，就成了问题。他有三个庶出的儿子：公子启、公子般、公子申。庄公属意般，要他接位。庄公有三个弟弟，也有抢班的可能性。大的叫庆父，有野心，想继位，他与庄公正妻哀姜有染。第二个弟弟叫叔牙，庄公问他后事，他回答说兄终弟及，就是要庆父接班。第三个弟弟叫季友，庄公问他后事，他说有子般在。这符合庄公心意，于是就付与他国政。庄公三十二年逝世，季友奉公子般为国君。为了保证子般上位，季友强迫哥哥叔牙服毒而死。庆父与哀姜通谋，叫一个仆人杀了子般，把公子启扶上正位，公子启是哀姜妹妹（随哀姜嫁鲁的女弟）的儿子。这就是闵公。闵公二年，庆父又把他杀了。于是季友奉公子申为国君。这就是僖公。齐桓公支持季友，把逃出国的哀姜处死，并且不接纳庆父从莒国奔齐。庆父想请季友接纳他回国，季友拒绝，于是庆父自杀。这样一件牵涉到三位国君、三个公子、两个外国齐与莒、一位夫人，中等国家鲁国因继位而内乱的大事，在《春秋》经里直接写的，只有这样几笔：

（庄公三十二年）七月，癸巳，公子牙卒。

冬，十月，乙未，子般卒。

（闵公二年）秋，八月，辛丑，公薨。

九月，夫人姜氏孙于邾娄。公子庆父出奔莒。

（僖公元年）秋，七月，戊辰，夫人姜氏薨于夷，齐人以归。

除了剪裁简略，以及因前后文能明了的因素之外，就都是隐讳了。为什么要隐讳？《公羊传》解释说，是"为尊者讳，为亲者讳，为贤者讳"。子般与闵公被弑不记，那是为尊者讳。弟弟杀了哥哥也不讲，因季友是贤人，那可以说是为贤者讳。这都是明说了的，还有未明说的，这里头也包括了为亲者讳。庆父作恶多端，奸国君夫人，两弑国君，又叛逃国外，最后他的自杀该不该记一笔呢？《春秋》未记，这应当是为亲者讳。庆父不过就是桓公的儿子，庄公的弟弟罢了，凭什么不记他的自杀？其实，庆父之死，是国内外都高兴的事。齐国人不是说"庆父不死，鲁难未已"吗？他们也希望鲁国安靖。

春秋时期，史学家分两派，其中一派主张秉笔直书，孔子这一派则主张讳。写史三讳，说明其大一统思想之坚定性，遵循周礼的一贯性，并不失高尚与尊严。凡所讳，都是现实中的丑恶，与理想背道而驰。研究"讳"，也就接触到了理想与现实的矛盾，也就认识到了那个社会的不合理，继而认识到其崩溃与再造是绝然不可避免的。

就说这七条，还有一些条目，未能全部胪列。例如"实与而文不与"，与三讳之道略似，就不再详尽论述了。这么几条，单独看都有其可议处。但就公羊学说而言，不可或缺，都是为了适应西汉初年的政治需要而设。比如大一统理论的产生与传播，是与政治上削藩同步的。吴楚七国之乱，正说明大一统思想的迫切性。汉朝统一全国后，多民族杂居，宣扬华夷互相转化论，有利于社会进步，有利于各民族和谐相处。世移时易，认识社会具有发展的特质以适应不断变化着的社会，也是改朝换代之后广大民众所急需的，这时三世说应运而生。又如九世复仇的观点，放到汉朝初年来看，那便是汉高祖遭受白登之围，作为国耻，那是货真价实的，吕后当政后也没有少受匈奴的侮辱。从那时开始，官民中的复仇观念当是根深蒂固。经过文景时期的酝酿，这个耻辱直到卫青霍去病时代才得以洗雪。

如果我们这样的说法不无道理，那么再反观《公羊传》的作者问题。公羊高活在战国时期，他不可能预见到西汉前期的政治形势。我们认为是公羊寿和他的学生胡毋子都写就了《公羊传》，这便有了更多的佐证。至于上溯至公羊高，那也许是托古自重，或者说托家学以自重。公羊高也曾经是一位学者，家教也应该有的，但未必就全是《公羊传》里所说的这些了。

《公羊传》汉时大盛，是最早立为学官的科目之一，且一直不可动摇。主要取他的大一统理论。到晚清时亦曾大盛，主要取其三世说，以为变法之经典依据。公羊学者，汉时首推何休，著有《春秋公羊传解诂》，后人收入《十三经注疏》中。著名学者董仲舒，主张罢黜百家，独尊儒术，为汉武所采用，影响深远。董治"公羊春秋"，其学说与《公羊传》关系颇深。到清代，刘逢禄作《公羊何氏释例》《公羊何氏解诂笺》，陈立作《公羊义疏》，为研究《公羊传》的重要参考书。近年出版的有关《公羊传》的著述不少，来不及引用。如果与我之所说相似，那叫作所见略同。如果所说各异，那定可做我说的纠正和补充。

本书以阮刻本《十三经注疏》为底本，在吸取了前人研究成果的同时，加上自己的心得。本书校勘的基本原则是除非万不得已，就不改动原文。随便改动原文的，往往为进一步的研究所否定，应引以为戒。至于语词意义，我也尽量做到要有依据，不自出心裁。个别地方实在难以说通，有采用今人说法而加以己意的，这也是出于不得已。

本书翻译最主要的困难是传文精要,如果没有相关的知识和必要的解说,即使译成白话,也是莫知所云。我解决这个困难的办法是加用括号,在括号里说一些有助于理解的话。但括号不能多,括号里的话同样不能多,多了就不像对原文的翻译了。我的工作的很大一部分就是斟酌这些括号。效果如何,自然要等待公议。

　　《春秋》十二公,"隐公""桓公"等是他们死了才加的谥号。但为了理解和称呼起来方便,在他们还活着的年代里,译文就直称隐公、桓公等,谨在这里作一说明。

目　录

隐公 …………………………………………………… 001

桓公 …………………………………………………… 029

庄公 …………………………………………………… 059

闵公 …………………………………………………… 111

僖公 …………………………………………………… 117

文公 …………………………………………………… 180

宣公 …………………………………………………… 215

成公 …………………………………………………… 249

襄公 …………………………………………………… 280

昭公 …………………………………………………… 327

定公 …………………………………………………… 374

哀公 …………………………………………………… 398

隐公

隐公元年

【原文】

【经】元年[1],春,王正月。

【传】元年者何?君[2]之始年[3]也。春[4]者何?岁之始也。王者孰谓[5]?谓文王[6]也。曷为[7]先言王而后言正月[8]?王正月也。何言乎王正月?大一统[9]也。公何以不言即位?成公意也。何成乎公之意?公将平国[10]而反之桓[11]。曷为反之桓?桓幼而贵,隐长而卑[12],其为尊卑也微,国人莫知。隐长又贤,诸大夫扳[13]隐而立之。隐于是

【译文】

【经】鲁隐公元年,春季,周王的正月。

【传】"元年"是什么意思?是做国君开始的那一年。"春"是什么意思?是一年开始的那一季度。"王"指谁?指周文王。为什么先说"王"后说"正月"?因为这"正月"是周文王改定的周历正月。为什么要用周文王的周历正月?这是为了表示大一统。记隐公为什么不写他即位?这是成全隐公的意愿。成全隐公的什么意愿?隐公将在治理好国家以后将君位归还给桓公。为什么要将君位归还给桓公?桓公年龄小而身份尊贵,隐公年长而地位卑下。他们所处的尊卑地位不明显,鲁国(一般)人没有知道的。隐公年长又贤明,大夫们把隐公请出来,

焉而辞立,则未知桓之将必得立也;且如[14]桓立,则恐诸大夫之不能相[15]幼君也。故凡隐之立,为桓立也。隐长又贤,何以不宜立?立適以长不以贤,立子以贵不以长。[16]桓何以贵?母贵也。母贵则子何以贵?子以母贵,母以子贵。

奉他为君。隐公在这个时候辞让,就不知道桓公将来(是否)必定能立;如果桓公立为君就怕大夫们不能辅佐幼主。所以隐公立为君,是为了桓公(将来)能立为君。隐公年长又贤明,凭什么不应该立?立嫡子凭年长,不凭贤明;立庶子凭地位尊贵,不凭年长。桓公凭什么地位尊贵?因为他的母亲地位尊贵。母亲地位尊贵,儿子为什么就尊贵?儿子凭母亲的尊贵而尊贵,母亲凭儿子的尊贵而尊贵。

注释 1 元年:鲁隐公元年,公元前722年。 2 君:君主。天子、诸侯都可称君。这里指鲁隐公。隐公名息姑(《史记·鲁世家》作"息"),周公旦之子伯禽的七世孙,鲁惠公的庶长子,其母声子。惠公卒后,他当位行君事。在位十一年。谥隐。 3 始年:以新君年次纪年的第一年。《春秋》是一部以鲁史为主的编年史,以鲁君即位的年次分年纪事。上自鲁隐公元年(前722),下至鲁哀公十四年(前481)。历十二公,共记二百四十二年的史实。新君于旧君去世那一年继位,仍以旧君的年次纪年。次年正月新君举行即位大典,才开始以新君的年次纪年,称为"元年"。 4 春:《春秋》纪月,于每季之首标明春夏秋冬四时。 5 孰谓:是指谁。孰,谁,疑问代词宾语提前。 6 文王:周文王姬昌。商末周族首领。他的儿子武王推翻商纣的统治,建立周王朝。 7 曷(hé)为:就是"何为",为什么。 8 正月:一年十二个月的头一个月。 9 大一统:尊重一统这个根本原则。一统,是说普天下都统一于周王,按周正来统一历法。周王制定正朔,号令天下。古时王朝易姓,要改正朔、易服色,即更改岁首之月和车马祭牲的颜色,一切重新开始。夏正建寅,以今农历正月为正月;殷改建丑,以夏历十二月为正月;周改建子,以夏历十一月为正月。 **10** 平国:把国家治理好。平,治理。 **11** 反之桓:把统治权归还给桓公。反,同"返",归还。桓,桓公,隐公的异母弟。 **12** 尊、卑:宗法制度中根据嫡庶亲疏而区分的地位的高低。鲁惠公的原配夫人是宋国的孟子。孟子早卒,无子。滕妾声子代理内事,生隐公。后来惠公又正式娶宋武公的次女仲子,生桓公。仲子的地位高于声子,她们的儿子因而也有尊卑之分,"桓贵"而"隐卑"。 **13** 扳(pān):本义是攀援。这里是尊奉的意思。 **14** 且如:假如。 **15** 相:辅佐。 **16** 適:通"嫡",这里指正妻所生的儿子。 子:这里指庶妾所生的儿子。

【经】三月,公及邾娄[1]仪父盟于眛[2]。

【传】及者何?与也。会、及、暨,皆与也。曷为或言会,或言及,或言暨?会犹最[3]也,及犹汲汲[4]也,暨犹暨暨[5]也。及,我欲之。暨,不得已也。仪父者何?邾娄之君也。何以名?字[6]也。曷为称字?褒之也。曷为褒之?为其与公盟也。与公盟者众矣,曷为独褒乎此?因其可褒而褒之。此其为可褒奈何[7]?渐进[8]也。眛者何?地期[9]也。

【经】三月,隐公与邾娄仪父在眛地结盟。

【传】"及"是什么意思?是"与"的意思。会、及、暨都是"与"的意思,为什么有的地方用"会",有的地方用"及",有的地方用"暨"?"会"是会聚的意思,"及"是急迫的意思,"暨"是果断刚毅的意思。"及"是我要这样,"暨"是不得已。仪父是什么人?是邾娄国的国君。为什么称他的名?那是他的字。为什么称他的字?是褒扬他。为什么要褒扬他?因为他与隐公结盟。与隐公结盟的人很多,为什么独独要褒扬他?因为可以褒扬就褒扬他。说他可以褒扬是怎么回事?是显示他(率先与隐公结盟)将逐渐向好的方向发展。眛是什么?是约定的会盟地点。

[注释] 1 邾(zhū)娄:即邾,国名。鲁的邻国,曹姓。 2 眛(miè):鲁地名,一作姑蔑,或作蔑。在今山东泗水东。 3 昧:聚集。 4 汲汲(jíjí):心情急切的样子。 5 暨暨(jìjì):果断刚毅的样子。 6 字:古人多有名有字,称字表示尊重。邾娄之君名克,字仪父。 7 奈何:疑问代词,这里是问情况。 8 渐进:逐渐向好的方向发展。 9 地期:约好相见的地方。期,邀约,约定。

【经】夏,五月,郑伯[1]克[2]段于鄢[3]。

【传】克之者何?杀之也。杀之则曷为谓之克?大[4]郑伯之恶也。曷为大郑伯之恶?母欲立之,己杀之,如[5]勿与而已矣。段者何?郑伯之弟也。何以不称弟?当国[6]也。其地[7]何?当国也。齐人杀无知[8],何以不地?在内也。在内虽当国不地也,不当国,虽在外亦不地也。

【经】夏季,五月,郑伯在鄢地战胜段。

【传】战胜他是什么意思?是杀了他。杀了他,为什么叫战胜他?是认为郑伯的罪恶大。为什么认为郑伯的罪恶大?母亲要立段为君,而郑伯却杀了他,倒不如(原先)不给他封地为好。段是什么人?是郑伯的同母弟。为什么不称弟?因为段与国君对等。记下地点是怎么回事?因段与国君对等。齐人杀无知,为什么不记杀的地点?因为是杀在国都内。杀在国都内的,即使与国君对等,也不记杀的地点;不是与国君对等的人,即使杀在外地,也不记杀的地点。

[注释] 1 郑伯:指郑庄公。 2 克:战胜。 3 鄢(yān):本是国名,妘姓。在今河南鄢陵西北。此时已被郑武公所灭。后改称鄢陵。 4 大:重大,严重。认为……重大,严重。 5 如:不如。据说齐人语如此。 6 当国:相当于国君,与国君对等。 7 地:用如动词,记上地名。 8 无知:人名,弑齐襄公自立。见《庄公九年》。

【经】秋,七月,天王[1]使宰咺[2]来归[3]惠公、仲子之赗[4]。

【传】宰者何？官也。咺者何？名也。曷为以官氏[5]？宰,士[6]也。惠公者何？隐之考也。仲子者何？桓之母也。何以不称夫人？桓未君也。赗者何？丧事有赗。赗者,盖以马,以乘马[7]束帛[8]。车马曰赗,货财曰赙[9],衣被曰襚[10]。桓未君则诸侯曷为来赗之？隐为桓立,故以桓母之丧告于诸侯。然则何言尔？成公意也。其言来何？不及事也。其言惠公、仲子何？兼之。兼之非礼也。何以不言及仲子？仲子微也。

【经】秋季,七月,周王派宰咺来送给惠公、仲子的赗。

【传】"宰"是什么意思？是官名。"咺"是什么？是他的名。为什么用官名作氏？宰是宰官所属的士。惠公是什么人？是隐公的父亲。仲子是谁？是桓公的母亲。为什么不称她为夫人？因为当时桓公还没有做国君。赗是什么？丧事有赗。赗大致是用马,用四匹马加上五匹帛。助葬的车马叫赗,助葬的财货叫作赙,赠给死者的衣被叫作襚。桓公还没有做国君,诸侯为什么来给仲子赠送助葬的车马？隐公是代替桓公立为君的,所以将桓公母亲的丧事讣告诸侯。那么为什么要记上这一条？是为了成全隐公的意愿。用"来"是什么意思？是表示宰咺没有赶上丧葬的事。说"惠公、仲子"是什么意思？是兼赠两个人的助葬品。兼赠两个人的助葬品是不合礼制的。为什么不说"(惠公)及仲子"呢？因为仲子的地位卑微。

注释 1 天王:指周平王。《春秋》对周王或称天子,或称天王,或称王。 2 咺(xuǎn):这里用作人名。 3 归(kuì):通"馈",赠送。 4 赗(fèng):以车马等物助丧家送丧。 5 以官氏:以官为姓氏。氏是姓的分支。 6 士:宰这个官下面的属员。 7 乘(shèng)马:四匹马拉的车。

8 束帛：五匹帛。帛五匹为一束。　9 赗(fù)：送给丧家助其送丧的财物。
10 禭(suì)：送给丧家助其送丧的衣被。

【经】九月，及宋人盟于宿[1]。

【传】孰及之？内[2]之微者也。

【经】冬，十有二月，祭伯来。

【传】祭伯者何？天子之大夫也。何以不称使？奔也。奔则曷为不言奔？王者无外，言奔，则有外之辞也。

【经】公子益师[3]卒。

【传】何以不日[4]？远也。所见异辞，所闻异辞，所传闻异辞。

【经】九月，与宋人在宿结盟。

【传】谁与宋人（在宿结盟）？国内地位不高的人。

【经】冬季，十二月，祭伯来。

【传】祭伯是什么人？是天子的大夫。为什么不说出使？是出逃。出逃为什么不说出逃？因为天子（以天下为家，）没有境外的说法。如果说出逃，就是有境外的说法了。

【经】公子益师去世。

【传】为什么不写出去世的日子？因为事情太遥远了。见到的记载不同，听到的说法不同，传闻也不相同。

注释　1 宿：国名。风姓。春秋时惯例，当事国往往在第三国盟誓。　2 内：《春秋》是鲁史，内，指国内，即鲁国。　3 公子：诸侯之子称公子。益师：鲁孝公的儿子。　4 不日：不记日期。

隐公二年

[原文]

【经】二年,春,公会戎¹于潜²。

【经】夏,五月,莒³人入向⁴。

【传】入者何？得而不居⁵也。

【经】无骇⁶帅师入极。

【传】无骇者何？展无骇也。何以不氏？贬。曷为贬？疾⁷始灭也。始灭昉⁸于此乎？前此矣。前此,则曷为始乎⁹此？托始焉尔¹⁰。曷为托始焉尔？《春秋》之始也。此灭也,其言入何？内大恶,讳¹¹也。

[译文]

【经】鲁隐公二年,春季,隐公在潜地会见戎人。

【经】夏季,五月,莒人进入向国。

【传】"入"是什么意思？是取得这地方,但不驻守在这里。

【经】无骇领兵进入极国。

【传】无骇是什么人？是展无骇。为什么不写上他的氏？是贬他。为什么要贬他？恨他开了灭国的先例。灭国是从这里开始的吗？在此之前已经有了。在此之前就有了,那为什么说开始于这次？把周王室的大一统寄托于此,从这里开始。为什么说寄托于此,从这里开始？是因为《春秋》从这里开始。这是灭亡国家,却说是进入,为什么？本国的大坏事,为它隐讳

[注释] 1 戎:国名。古时中原人把西北少数民族泛称为戎。这里的戎是与中原华夏人杂处的内戎之国。 2 潜:鲁国地名。 3 莒(jǔ):国名,己姓。 4 向:国名,姜姓。 5 居:谓占据。 6 无骇:鲁国卿,公

子展之孙。以祖父的字"展"为氏。 7 疾：痛恨。 8 昉(fǎng)：开始。 9 乎：于。 10 托始焉尔：《春秋》借这件事记一个开始。托，借托。焉，于是。尔，语气助词，表示肯定判断。 11 讳：隐讳不说。

【经】秋，八月，庚辰¹，公及戎盟于唐。

【经】九月，纪履緰来逆女²。

【传】纪履緰者何？纪大夫也。何以不称使？婚礼不称主人。然则曷称？称诸父兄³师友。宋公使公孙寿来纳币，则其称主人何？辞穷也。辞穷者何？无母也。然则纪有母乎？曰有。有则何以不称母？母不通也。外逆女不书，此何以书？讥。何讥尔？讥始不亲迎也。始不亲迎昉于此乎？前此矣。前此，则曷为始乎此？托始焉尔。曷为托始焉尔？《春秋》之始也。女曷为或称女，

【经】秋季，八月，庚辰日，隐公与戎在唐地结盟。

【经】九月，纪国的履緰来迎娶（惠公的）女儿。

【传】纪国的履緰是什么人？是纪国的大夫。为什么不说他是国君的使者？因为婚姻礼制规定不能用结婚的人自己的名义。那么用谁的名义？用他的父兄师友的名义。宋公派公孙寿来下聘，为什么用结婚人的名义？那是因为没有什么名义可用。什么叫作没有什么名义可用？因为（宋公）没有了父母。那么纪君有母亲吗？（回答）说：有。既然有，为什么不用他母亲的名义？因为（女人无外交，）母命不得通到外国去。别国来迎亲，照例不记载，这里何以要记？为了讥讽。讥讽什么？讥讽它开了结婚人不亲自迎亲的先例。不亲自迎亲是开始于这次吗？在这以前就开始了。在这以前就开始了，为什么说开始于这次呢？把周王室的大一统寄托于此，从这里开始。为什么要寄托于此，从这里开始？因为《春秋》从这里开始。女人，为什么有

或称妇,或称夫人?女在其国称女,在涂称妇,入国称夫人。

时称女,有时称妇,有时称夫人?女子还在娘家称女,迎娶时在途中称妇,进入夫婿之国称夫人。

[注释] 1 庚辰:古人以干支记日,一个甲子六十日,庚辰是其中之一。 2 纪履緰(xū)来逆女:纪君娶鲁惠公的女儿,大夫履緰为纪君来鲁迎娶。逆,迎,这里指迎娶。 3 诸父兄:诸父诸兄。诸父,叔父伯父。

【经】冬,十月,伯姬[1]归于纪。

【传】伯姬者何?内女也。其言归何?妇人谓嫁曰归。

【经】纪子伯、莒子盟于密。

【传】纪子伯者何?无闻焉尔。

【经】十有二月,乙卯,夫人子氏薨[2]。

【传】夫人子氏者何?隐公之母也。何以不书葬?成公意也。何成乎公之意?子将不终为君,故母亦不终为夫人也。

【经】郑人伐卫。

【经】冬季,十月,伯姬嫁到纪国去。

【传】伯姬是什么人?是我国的女儿。说"归"是什么意思?女子出嫁叫作归。

【经】纪子伯、莒子在密地结盟。

【传】纪子伯是什么人?没有听说过。

【经】十二月,乙卯日,夫人子氏去世。

【传】夫人子氏是什么人?是隐公的母亲。为什么不记她的出葬?是成全隐公的意愿。成全隐公什么意愿?儿子将不会做君做到底,母亲也不能最终说是夫人。

【经】郑人攻打卫国。

[注释] 1 伯姬：鲁惠公长女。 2 薨(hōng)：诸侯死亡称薨。诸侯夫人、母夫人死也称薨。

隐公三年

[原文]

【经】三年,春,王二月,己巳,日有食之。

【传】何以书？记异也。日食,则曷为或日或不日？或言朔[1]或不言朔？曰某月某日朔,日有食之者,食正朔也。其或日或不日,或失之前,或失之后。失之前者,朔在前也；失之后者,朔在后也。

【经】三月,庚戌,天王[2]崩。

【传】何以不书葬？天子记崩不记葬,必其时[3]也。诸侯记卒记葬,有天子存,不得必其时也。曷为或言崩或言薨？天子曰崩,诸侯曰薨,大

[译文]

【经】鲁隐公三年,春季,周王的二月,己巳日,发生日食。

【传】日食为什么要记？是记异常的事情。记日食为什么有时记日子,有时不记日子,有时说明是朔日,有时没有说明是朔日？说"某月某日朔,日有食之"的,是日食正当朔日。有时记日子,有时没有记日子,那是错在前,或者错在后。错在前的,朔日在前；错在后的,朔日在后。

【经】三月,庚戌日,周天子驾崩。

【传】为什么不记天子的下葬？对天子只记驾崩,不记下葬,(因为天子)必定是按礼制的规定时间(下葬的)。对诸侯记去世又记下葬,因为有天子在上,(如果天子有丧,)就不能按规定时间(下葬)。为什么有的叫崩,有的叫薨？天子死叫崩,诸侯死叫薨,大夫死叫卒,士死叫不禄。

夫曰卒，士曰不禄。

【经】夏，四月，辛卯，尹氏卒。

【传】尹氏者何？天子之大夫也。其称尹氏何？贬。曷为贬？讥世卿[4]。世卿，非礼也。外大夫不卒，此何以卒？天王崩，诸侯之主也。

【经】秋，武氏子来求赙。

【传】武氏子者何？天子之大夫也。其称武氏子何？讥。何讥尔？父卒，子未命也。何以不称使？当丧未君也。武氏子来求赙，何以书？讥。何讥尔？丧事无求，求赙，非礼也。盖通于下[5]。

【经】八月，庚辰，宋公和[6]卒。

【经】夏季，四月，辛卯日，尹氏去世。

【传】尹氏是什么人？是天子的大夫。称他为尹氏是什么意思？是贬。为什么贬？是讥讽他家世代为卿。世代为卿是不合礼的。对别国的大夫照例不记去世，这里为什么记去世？天子驾崩后，尹氏（主办丧事，）成了奔丧诸侯之主。

【经】秋季，武氏的儿子前来讨佐助丧葬的财物。

【传】武氏的儿子是什么人？是天子的大夫。既是天子的大夫，为什么称他为"武氏子"？是讥讽。讥讽什么？（他的）父亲刚死，他这个儿子还没有被新天子正式任命为大夫。为什么不称他为使者？因为天子正在守丧，还不能以正式的天子身份发出命令。"武氏的儿子来讨佐助丧葬的财物"，为什么要记？为了讥讽。讥讽什么？丧事没有讨助葬财物的做法，讨这种财物，是不合礼制的。这讥讽也通到在下位的鲁国国君（他不主动送助葬的财物，以致王室来讨）。

【经】八月，庚辰日，宋公和去世。

[注释] 1 朔：每月的头一天，即初一。日食当在朔日，但古人历法不精，日食有在前者，有在后者。 2 天王：这里指周平王。 3 必其时：天王

下葬的时间是一定不变的。丧礼有明确规定,天子死后七日入殓,停柩待葬,七个月下葬。因此记载了死期,就不要记葬期了。 4 世卿:世代为卿,父死子继。 5 盖通于下:这个道理上下相通,天子、诸侯都不可求助葬财物。盖,表提示语气。 6 宋公和:宋穆公,名和。宋宣公之弟。

【经】冬,十有二月,齐侯、郑伯[1]盟于石门[2]。

【经】癸未,葬宋缪[3]公。

【传】葬者曷为或日或不日?不及时而日,渴[4]葬也。不及时而不日,慢葬也。过时而日,隐[5]之也。过时而不日,谓之不能葬也。当时而不日,正也。当时而日,危不得葬也。此当时,何危尔?宣公谓缪公曰:"以吾爱与夷[6]则不若爱女[7]。以为社稷宗庙主[8],则与夷不若女,盍[9]终为君矣。"宣公死,缪公立。缪公逐其二子庄公冯[10]与左师勃[11],曰:"尔为吾子,生毋相见,死毋相哭。"与夷复曰:"先君之

【经】冬季,十二月,齐侯、郑伯在石门结盟。

【经】癸未日,安葬宋缪公。

【传】记下葬为什么有时记日子,有时不记日子?不到下葬的时候下葬,记日子是"饥渴似的"急于要葬。不到下葬的时候下葬,不写日子是不讲礼仪"轻慢地"下葬。超过葬期才葬,记日子是哀痛贤君不能按时下葬。超过葬期才下葬,不写日子是(因臣下急慢)不能按时下葬。当葬的时候葬,不记日子是正礼。当葬的时候葬,记日子是(国家)有危急,不能备礼下葬。这里是按时下葬,(却记了日子,)有什么危急情况呢?(以前)宋宣公对宋缪公说:"拿我对你的爱来说,不如爱与夷那样深。立为社稷宗庙之主,与夷就不如你。终究你将做国君了!"宣公死,缪公立为国君。缪公赶走自己的两个儿子庄公冯和左师勃,说:"你们作为我的儿子,

所为[12]不与臣国,而纳国乎君者,以君可以为社稷宗庙主也。今君逐君之二子,而将致国乎与夷,此非先君之意也。且使子而可逐,则先君其逐臣矣。"缪公曰:"先君之不尔逐,可知矣。吾立乎此,摄也。"终致国乎与夷。庄公冯弑与夷。故君子大居正[13]。宋之祸,宣公为之也。

活着不要相见,死了不要相哭!"与夷回复说:"先君之所以不把国家交给我,而把国家交给您,是因为您能做社稷宗庙之主。现在您赶走您两个儿子,将把国家交给我与夷,这不是先君的意愿。况且,如果儿子可以赶走,那么先君应该赶走我了。"缪公说:"先君不赶走你,就可知道他的用意了。我在这里立为国君,是暂时的替代。"最后把国家交给与夷。庄公冯杀了与夷。所以君子严格遵循父传子的正道。宋国的祸乱,是宣公造成的。

[注释] 1 齐侯、郑伯:齐僖公、郑庄公。齐是侯爵,称齐侯。 2 石门:齐国地名。 3 缪(mù):后世写作"穆"。 4 渴:意思是急切,匆忙。 5 隐:哀伤悲悯。 6 与夷:宣公子。穆公死,他继位,是为宋殇公。7 不若爱女:超过爱你。女,汝,你。 8 为社稷宗庙主:意思就是做国君。社稷,代指国家。社,土地之神,稷,谷神。即以土地、庄稼代表国家。宗庙,即祖庙,君权来自世袭,谁主持对祖宗的祭祀,谁就是国君。 9 盍:表祈使语气。 10 庄公冯:宋穆公大儿子名冯,宋殇公被弑,他继位,是为庄公。 11 左师勃:穆公二儿子名勃,庄公时官左师。 12 所为:所以。 13 大居正:以守正道为重。大,以……为大。意思是传子不传弟才是正道。

隐公四年

[原文]

【经】四年,春,王二月,莒人伐杞,取牟娄。

【传】牟娄者何?杞之邑也。外取邑不书,此何以书?疾始取邑也。

【经】戊申,卫州吁[1]弑其君完。

【传】曷为以国氏[2]?当国[3]也。

【经】夏,公及宋公遇于清[4]。

【传】遇者何?不期[5]也。一君出,一君要[6]之也。

【经】宋公、陈侯、蔡人、卫人伐郑。

[译文]

【经】鲁隐公四年,春季,周王的二月,莒人攻伐杞国,夺取牟娄。

【传】牟娄是什么地方?是杞国的城邑。别国攻取人家的城邑照例不记,这里为什么记?是恨他们开头攻取别国的城邑。

【经】戊申日,卫州吁杀了他的国君完。

【传】为什么用卫国的国号作氏?因为(他把自己看成)是当政的国君。

【经】夏季,隐公与宋公在清地相遇。

【传】相遇是什么意思?是没有约定日期的相会。一个国君出来相会,是另一个国君邀请他的。

【经】宋公、陈侯、蔡人、卫人攻伐郑国。

[注释] 1 州吁:卫庄公的庶子,卫桓公异母弟。他弑君篡位,杀死了卫桓公。 2 以国氏:即以国为氏,不称"公子"州吁,而称"卫"州吁。 3 当国:篡位自立为国君。 4 清:卫国地名。 5 期:预期约会。 6 要(yāo):邀请。

【经】秋,翚¹师师会宋公、陈侯、蔡人、卫人伐郑。

【传】翚者何?公子翚也。何以不称公子?贬。曷为贬?与²弑公也。其与弑公奈何?公子翚谄乎隐公,谓隐公曰:"百姓安子³,诸侯说子⁴,盍终为君矣!"隐曰:"吾否,吾使修涂裘,吾将老焉⁵。"公子翚恐若⁶其言闻乎桓,于是谓桓曰:"吾为子口⁷隐矣。隐曰:'吾不反也。'"桓曰:"然则奈何?"曰:"请作难⁸,弑隐公。"于钟巫⁹之祭焉弑隐公也。

【经】九月,卫人¹⁰杀州吁于濮¹¹。

【传】其称人何?讨贼之辞也。

【经】秋季,翚领兵与宋公、陈侯、蔡人、卫人攻伐郑国。

【传】翚是什么人?是公子翚。为什么不称他为公子?是贬。为什么贬?因为他后来参与了谋杀隐公。他参与谋杀隐公是怎么回事?公子翚向隐公讨好,对隐公说:"百官安于做您的臣子,诸侯喜欢您,何不做君做到底?"隐公说:"我不会这么做。我已派人去修建涂裘城了,我将去那里养老。"公子翚恐怕这些话传到桓公那里去,就对桓公说:"我为您套出隐公的意思了。隐公说:'我不会归还君位了。'"桓公说:"既然如此,那怎么办?"(公子翚)说:"请发动事变,杀了隐公。"于是在祭祀钟巫时杀了隐公。

【经】九月,卫国人在濮地杀死州吁。

【传】这里说卫国"人",是什么意思?(指为众人所杀,)是诛讨杀君之贼的话。

[注释] 1 翚(huī):公子翚,鲁大夫。 2 与:参与。 3 安子:安于您为国君。已经习惯。 4 说(yuè)子:喜欢您在鲁国当政。 5 老焉:在那里养老。 6 若:或。 7 口:口头询问。 8 作难(nàn):发难,起事。 9 钟巫:古代神名。 10 卫人:杀州吁的是卫国大夫石碏,却说是"卫

人",《公羊传》解释:州吁是杀君贼,人人得而诛之。 11 濮(pú):陈国地名。

【经】冬,十有二月,卫人立晋。

【传】晋者何?公子晋也。立者何?立者,不宜立也。其称人何?众立之之辞也。然则孰立之?石碏[1]立之。石碏立之,则其称人何?众之所欲立也。众虽欲立之,其立之非也。[2]

【经】冬季,十二月,卫人立晋为国君。

【传】晋是什么人?是公子晋。"立"是什么意思?"立"是不应当立的意思。说卫国"人"是什么意思?是众人立他的话。既是众人所立,那么(到底)是谁立的?是石碏立的。是石碏立的,为什么又说是众人立的?是众人想要立他。虽说是众人想要立他,他们立他是不对的。

[注释] 1 石碏(què):卫国贤大夫,杀州吁、立公子晋的谋划人。 2《传》的意思是:国君当受位于先君,受命于天子。众人所立,非法。

隐公五年

[原文]

【经】五年,春,公观鱼[1]于棠。

【传】何以书?讥。何讥尔?远也。公曷为远而观鱼?登来[2]之也。

[译文]

【经】鲁隐公五年,春季,隐公在棠地观看捕鱼。

【传】为什么要记(这事)?为了讥讽。讥讽什么?讥讽他去得太远了。隐公为什么走这么远看捕鱼?他是要"登

百金[3]之鱼,公张之[4]。登来之者何？美大之之辞也。棠者何？济上[5]之邑也。

【经】夏,四月,葬卫桓公。

【经】秋,卫师[6]入盛[7]。

【传】曷为言"率师",或不言"率师"？将尊师众,称"某率师";将尊师少,称"将";将卑师众,称"师";将卑师少,称"人"。君将不言"率师",书其重者也。

【经】九月,考仲子之宫[8]。

【传】考宫者何？考犹入室也。始祭仲子也。桓未君,则曷为祭仲子？隐为桓立,故为桓祭其母也。然则何言尔？成公意也。

来"这些鱼。价值百金的鱼,隐公使人张网捕取它。"登来"这些鱼是什么意思？这样措辞是说隐公认为得到这些鱼是大好事。棠是什么地方？是济水边上的一座城邑。

【经】夏季,四月,安葬卫桓公。

【经】秋季,卫国的军队攻入盛国。

【传】为什么有的地方说"统率军队",有的地方不说"统率军队"？将领地位高、军队数量多,就说"某人统率军队";将领地位高、军队数量少,就只记将领;将领地位低、军队数量多,就说"军队";将领地位低、军队数量少,就说"人"。国君自己做统帅不说"统率军队",只记下那分量最重的(国号)。

【经】九月,举行仲子新庙落成的祭祀。

【传】考宫是什么意思？考,等于说进入宗庙(享受祭祀)。是开始在仲子的新庙里祭祀仲子。桓公还没有做国君,为什么祭祀仲子？隐公是代替桓公为君的,所以替桓公祭祀他的母亲。既然如此,为什么要记下呢？是为了成全隐公的意愿。

[注释] 1 观鱼:观看捕鱼。实际上是自己动手捕鱼。 2 登来:合音为"得","登来之"就是得之。为什么说"登来之"?《传》解释说,是为了说得好听,为了说得重大。 3 百金:是说价值不菲。金,金属货币单位,或说一斤为"金",或说一镒(二十两或二十四两)为"金"。 4 张之:张网捕之。 5 济上:春秋时济水流经曹、卫、齐、鲁之境,济上指近于齐国的那一部分,离鲁国都甚远。 6 师:军队。又,两千五百人为一师。 7 盛:通"成",国名,姬姓。 8 考仲子之宫:祭仲子的庙落成。考,成,落成。宫,这里指用于祭祀的庙。

【经】初献六羽[1]。

【传】初者何?始也。六羽者何?舞也。初献六羽[2]何以书?讥。何讥尔?讥始僭[3]诸公也。六羽之为僭,奈何?天子八佾[4],诸公六,诸侯四。诸公者何?诸侯者何?天子三公称公,王者之后[5]称公,其余大国称侯,小国称伯、子、男。天子三公者何?天子之相也。天子之相则何以三?自陕而东者,周公主之;自陕而西者,召公主之;一相处乎内。始僭诸公昉于此乎?前此

【经】(仲子神主入庙,)初次献上六羽。

【传】"初次"是什么意思?是开始的意思。"六羽"是什么?是数目为六列的乐舞。"初次献上六羽",为什么要记?为了讥讽。讥讽什么?讥讽他们开始僭越到诸公的等级。六列乐舞是僭越,怎么回事?天子用八列,诸公用六列,诸侯用四列。诸公是什么人?诸侯是什么人?天子的三公称公,做过王的人的后裔称公。其余的大国的君主称侯,小国的君主称伯、子、男。天子的三公是什么人?是天子的相。天子的相为什么是三个?从陕向东的地方,由周公主管;从陕向西的地方,由召公主管;还有一个相待在朝廷之内。僭越到诸公之位,是开始于这时吗?在这之前就有。在这之前就

矣。前此,则曷为始乎此?僭诸公犹可言也,僭天子不可言也[6]。

有,那么为什么说开始于这时?因为僭越到诸公之位,还可以说;僭越到天子之位,就说不得了。

[注释] 1 六羽:舞者六列,每列八人,这样的羽舞,称为"六羽"。古代舞蹈有文舞、武舞,跳文舞时,把雉尾(野鸡尾巴毛)竖在竿子上,持之以为舞具。这样的舞蹈,称为羽舞。 2 献六羽:用六羽这种舞蹈迎仲子的神主入庙。 3 僭(jiàn):使用超越身份的礼仪,冒用超越身份的名义,都可叫作僭。 4 八佾(yì):六十四名舞者。佾,八人组成的一列。八列就是六十四人了。 5 王者之后:指杞为夏之后,宋为商之后。 6 这话暗指鲁曾用八佾之礼,僭越天子为"不可言",罪大。

【经】邾娄人、郑人伐宋。

【经】螟。

【传】何以书?记灾也。

【经】冬,十有二月,辛巳,公子彄[1]卒。

【经】宋人伐郑,围长葛。

【传】邑[2]不言围,此其言围何?强[3]也。

【经】邾娄人、郑人攻伐宋国。

【经】螟虫(为害)。

【传】为什么记螟虫?是记灾害。

【经】冬季,十二月,辛巳日,公子彄去世。

【经】宋人攻伐郑国,包围长葛。

【传】城邑不说包围,这里说包围,是怎么回事?因为宋人恃强不义。

[注释] 1 公子彄(kōu):即臧僖伯,鲁国大夫,鲁孝公之子,死后谥僖。 2 邑:小城镇。 3 强:是说恃强不义。

隐公六年

【原文】

【经】六年,春,郑人来输平[1]。

【传】输平者何?输平犹堕成[2]也。何言乎堕成?败其成也。曰:"吾成败矣。吾与郑人末[3]有成也。"吾与郑人则曷为末有成?狐壤之战,隐公获焉。[4]然则何以不言战?讳获也。

【经】夏,五月,辛酉,公会齐侯盟于艾。

【经】秋,七月。

【传】此无事,何以书?《春秋》虽无事,首时过则书。首时过则何以书?《春秋》编年,四时具,然后为年。

【经】冬,宋人取

【译文】

【经】鲁隐公六年,春季,郑国人来破坏和平盟约。

【传】破坏和平盟约是什么意思?破坏和平盟约,等于说毁坏了已达成的和约。毁坏了已达成的和约是什么意思?就是败坏了那次和约。(鲁国人)认为:"我们和平被破坏了。我们与郑国人本就没有和约。"为什么说我们与郑国人本就没有和约?狐壤之战,隐公被俘。既然如此,为什么不记那次战争?是要为隐公的被俘隐讳。

【经】夏季,五月,辛酉日,隐公会见齐侯,在艾地结盟。

【经】秋季,七月。

【传】这个季度没有事,为什么要写("秋,七月")?《春秋》(记事的体例是:)即使一个季度无事可记,经过(每个季度)开头的月份就要记下。经过(每个季度)开头的月份为什么要记下?《春秋》是编年体,四个季度齐备,然后才成一年。

【经】冬季,宋人夺取长葛。

长葛。

【传】外取邑不书,此何以书?久[5]也。

【传】别国攻取城邑,照例不记,这里为什么要记?是因为(攻打包围的)时间长久。

[注释] 1 输平:把修好言和的事情弄糟了。输,毁坏,败坏。平,和平,指修好言和。 2 堕(huī)成:坏了成就和好的大事。堕,同"隳",毁坏。 3 末:无,没有。 4 隐公为公子时,与郑人战于狐壤,战败被俘。此次输平,就是为此战未了事宜进行谈判,未成。 5 久:去年冬出兵围长葛,今年冬才占取,历时一年。

隐公七年

[原文]

【经】七年,春,王三月,叔姬[1]归于纪。

【经】滕侯卒。

【传】何以不名?微国也。微国则其称侯何?不嫌也。《春秋》贵贱不嫌同号,美恶不嫌同辞。

【经】夏,城[2]中丘。

【传】中丘者何?内之邑也。城中丘何以书?以重[3]书也。

[译文]

【经】鲁隐公七年,春季,周王的三月,叔姬出嫁到纪国。

【经】滕侯去世。

【传】为什么不写滕侯的名?滕是小国。既是小国的君主,却称他为侯,是什么意思?是因为不怕没有分别。《春秋》(记事)贵贱不怕用同一个名号,美恶不回避一样的措辞。

【经】夏季,修缮中丘的城墙。

【传】中丘是什么地方?是国内的城邑。修缮中丘城墙为什么记?是因工程重大而记录。

【经】齐侯使其弟年来聘[4]。

【传】其称弟何？母弟称弟，母兄称兄。

【经】齐侯派遣他的弟弟年来我国聘问。

【传】这里称"弟"（不称"公子"）是什么意思？同母弟，称"弟"；同母兄，称"兄"。

[注释] 1 叔姬：鲁惠公之次女，伯姬之妹。隐公二年伯姬嫁为纪君夫人。其妹今始成年，按当时礼制陪嫁过去。 2 城：筑城。 3 重：工程重大，劳民伤财。 4 聘：访问，问候。

【经】秋，公伐邾娄。

【经】冬，天王使凡伯来聘。

【经】戎伐凡伯于楚丘以归。

【传】凡伯者何？天子之大夫也。此聘也，其言伐之何？执[1]之也。执之则其言伐之何？大之[2]也。曷为大之？不与[3]夷狄之执中国[4]也。其地何？大之也。

【经】秋季，隐公攻伐邾娄。

【经】冬季，周王派凡伯来我国聘问。

【经】（在凡伯回去的路上，）戎人在楚丘攻伐凡伯，把他带回去了。

【传】凡伯是什么人？是天子的大夫。他是来我国聘问的，这里说攻伐他是什么意思？（实际上）是抓走了他。抓走他，这里却说攻伐他，是为什么？是把这事看得重要。为什么把这事看得重要？是不赞同夷狄（擅自）抓走处在国中的华夏族的官员。这里记上地点是什么意思？（也是）因为把事情看得重要。

[注释] 1 执：抓捕。 2 大之：认为这事重大。 3 不与：不赞同，反对。 4 中国：中国的人。中国，指中原各诸侯国及王国。

隐公八年

【原文】

【经】八年，春，宋公、卫侯遇于垂[1]。

【经】三月，郑伯使宛来归邴。

【传】宛者何？郑之微者也。邴者何？郑汤沐之邑[2]也。天子有事于泰山，诸侯皆从，泰山之下，诸侯皆有汤沐之邑焉。

【经】庚寅，我入邴。

【传】其言入何？难[3]也。其日何？难也。其言我何？言我者，非独我也，齐亦欲之。

【译文】

【经】鲁隐公八年，春季，宋公、卫侯在垂临时会见。

【经】三月，郑伯派宛前来归还邴地。

【传】宛是什么人？是郑国地位不高的人。邴是什么地方？是郑国的汤沐邑。天子到泰山上举行祭祀，诸侯都跟着他来到泰山之下，(因此)诸侯都有汤沐邑在那里。

【经】庚寅日，我方进入邴地(接收)。

【传】这里说"入"是什么意思？是(表示接收)困难。记日子是为什么？表示艰难。这里说"我"是为什么？说"我"，是因为不只是我国，齐国也想进入邴。

【注释】 1 垂：卫地名。 2 汤沐之邑：天子祭泰山，诸侯从祭。天子在泰山下面封赐一块地给诸侯，让他们有一个住宿、斋戒、沐浴的地方。这块地方叫作汤沐邑。（"汤沐"的本意是用热水洗澡。汤，热水。）邴(bǐng)是郑的汤沐邑，郑想用它来换鲁的汤沐邑许田。 3 难：鲁国为难，勉强同意接收。

【经】夏,六月,己亥,蔡侯考父卒。

【经】辛亥,宿男卒。

【经】秋,七月,庚午,宋公、齐侯、卫侯盟于瓦屋[1]。

【经】八月,葬蔡宣公。

【传】卒何以名而葬不名?卒从正[2],而葬从主人[3]。卒何以日而葬不日?卒赴而葬不告。

【经】九月,辛卯,公及莒人盟于包来[4]。

【传】公曷为与微者盟?称人,则从不疑[5]也。

【经】螟。

【经】冬,十有二月,无骇卒。

【传】此展无骇也。何以不氏?疾始灭也,故终其身不氏。

【经】夏季,六月,己亥日,蔡侯考父去世。

【经】辛亥日,宿男去世。

【经】秋季,七月,庚午日,宋公、齐侯、卫侯在瓦屋结盟。

【经】八月,安葬蔡宣公。

【传】卒为什么记名葬不记名?卒要顺从君臣之间的正道,而葬只是顺从丧主的意见。卒为什么记日子而葬不记日子?卒要赴告诸侯(自然有日子),葬不必赴告(所以无日子可记)。

【经】九月,辛卯日,隐公与莒人在包来结盟。

【传】隐公为什么与地位卑微的人盟誓?称"人",(表示他地位卑微,)他是随从隐公盟誓,人们就不会怀疑(降低隐公的身份)了。

【经】发生螟灾。

【经】冬季,十二月,无骇去世。

【传】这个无骇就是展无骇。为什么不写他的氏?恨他开头领兵消灭别人的国家,所以直到他死,都不写他的氏。

注释 1 瓦屋:周地名。 2 卒从正:国君逝世,依从正规礼制,当向天子报告,直呼其名。 3 主人:主持丧事的人,嫡长子。 4 包来:莒地名。 5 不疑:不会怀疑是隐公屈尊与莒君结盟。

隐公九年

【原文】

【经】九年,春,天王使南季来聘。

【经】三月,癸酉,大雨震电[1]。

【传】何以书?记异也。何异尔?不时也。

【经】庚辰,大雨雪。

【传】何以书?记异也。何异尔?俶甚[2]也。

【经】侠卒。

【传】侠者何?吾大夫之未命者也。

【经】夏,城郎[3]。

【经】秋,七月。

【经】冬,公会齐侯于邴。

【译文】

【经】鲁隐公九年,春季,周王派遣南季前来聘问。

【经】三月,癸酉日,下大雨,雷电交加。

【传】为什么记?是记异常现象。异常在什么地方?在它出现的不是时候。

【经】庚辰日,下大雪。

【传】为什么记?记奇异现象。有什么奇异?雪下得特别大。

【经】侠去世。

【传】侠是什么人?是我国的还没有受天子爵赐的大夫。

【经】夏季,在郎修筑城墙。

【经】秋季,七月。

【经】冬季,隐公在邴地与齐侯相会。

【注释】 1 震电:雷电交加。震,雷。 2 俶(chù)甚:特大。俶,副词,开始。或说表示极度。 3 城郎:在郎地筑城,加强防御。

隐公十年

【原文】

【经】十年,春,王二月,公会齐侯、郑伯于中丘。

【经】夏,翚帅师会齐人、郑人伐宋。

【传】此公子翚也,何以不称公子？贬。曷为贬？隐之罪人也。故终隐之篇贬也。

【经】六月,壬戌,公败宋师于菅[1]。辛未,取郜。辛巳,取防。

【传】取邑不日,此何以日？一月而再[2]取也。何言乎一月而再取？甚之[3]也。内大恶讳,此其言甚之何？《春秋》录内而略外。于外,大恶书,小恶不书；于内,大恶讳,小恶书。

【译文】

【经】鲁隐公十年,春季,周王的二月,隐公与齐侯、郑伯在中丘聚会。

【经】夏季,翚领兵与齐人、郑人会合攻伐宋国。

【传】这是公子翚,为什么不称他公子？是要贬他。为什么贬？他是(杀)隐公的罪人。所以在《隐公》这一篇内,始终都贬他。

【经】六月,壬戌日,隐公在菅地打败宋军。辛未日,夺取郜地。辛巳日,夺取防地。

【传】夺取城邑不记日子,这里为什么记日子？是因为在一月之内攻占了两座城邑。为什么说"在一月之内攻占了两座城邑"？是认为他太过分了。国内的大坏事,为他隐讳,这里却说"太过分了",是为什么？《春秋》记录国内的史实,国外从略。对国外大坏事记下,小坏事不记；对国内大坏事隐讳(不记),小的坏事就记下。

【经】秋,宋人,卫人入郑。宋人、蔡人、卫人伐载⁴。郑伯伐取之。

【传】其言伐取之何？易也。其易奈何？因其力也。因谁之力？因宋人、蔡人、卫人之力也。

【经】冬,十月,壬午,齐人、郑人入盛。

【经】秋季,宋人、卫人攻入郑国。宋人、蔡人、卫人攻伐载,郑伯攻伐取得了它。

【传】这里说"攻伐取得了它"是什么意思？是说容易。怎么会容易的？是借助了他们的兵力。借助了谁的兵力？借助了宋人、蔡人、卫人的兵力。

【经】冬季,十月,壬午日,齐人、郑人攻入盛国。

【注释】 1 菅(jiān)：宋国地名。 2 再：两次。 3 甚之：认为这样做过分了。甚,以……为甚。 4 载：郑的附庸国。

隐公十一年

【原文】

【经】十有一年,春,滕侯、薛侯来朝。

【传】其言朝何？诸侯来曰朝,大夫来曰聘。其兼言之何？微国也。

【经】夏,五月,公会郑伯于祁黎¹。

【经】秋,七月,壬

【译文】

【经】鲁隐公十一年,春季,滕侯、薛侯来朝见。

【传】这里说"朝见"是什么意思？诸侯来叫作朝见,大夫来叫作聘问。这里为什么将两个诸侯合并起来讲？因为是小国。

【经】夏季,五月,隐公与郑伯在祁黎相会。

午,公及齐侯、郑伯入许。

【经】冬,十有一月,壬辰,公薨。

【传】何以不书葬?隐²之也。何隐尔?弑也。弑则何以不书葬?《春秋》君弑,贼不讨,不书葬,以为无臣子也。子沈子³曰:"君弑,臣不讨贼,非臣也;子不复仇,非子也。葬,生者之事也。《春秋》君弑,贼不讨,不书葬,以为不系乎臣子也。"公薨,何以不地?不忍言也。隐何以无正月?隐将让乎桓,故不有其正月也。

【经】秋季,七月,壬午日,隐公与齐侯、郑伯进入许国。

【经】冬季,十一月,壬辰日,隐公去世。

【传】为什么不记下葬?是为他感到哀痛。哀痛什么?哀痛他的被杀。被杀的国君为什么不记葬?《春秋》(的义例是):君被杀,杀君的贼不被讨伐,不记下葬,以此表明(这个国家)没有(为君复仇讨贼的)臣与子。子沈子说:"国君被杀,臣子不诛讨杀君的贼,就不算是臣子;儿子不复仇,就不算是儿子。葬是活着的人的事情。《春秋》(的义例):君被杀,杀君的贼没被诛讨,就不记葬,用来表示臣与子自绝于君父。"隐公去世,为什么不记去世的地方?是因为不忍说。隐公的历史(除元年正月外)为什么不记正月?隐公将让位给桓公,不肯(自正其位)记有正月。

[注释] 1 祁黎:郑国邑名。 2 隐:伤痛、哀痛。 3 子沈子:犹如说尊敬的沈先生。前一个"子"表示敬重,后一个"子"犹如后世说"先生"。沈先生当是公羊学派中有成就、有声望的人,无考。

桓公

桓公元年

【原文】

【经】元年¹,春,王正月,公²即位。

【传】继弑君不言即位,此其言即位何?如其意也。

【经】三月,公会郑伯于垂³。

【经】郑伯以璧假许田。

【传】其言以璧⁴假⁵之何?易⁶之也。易之,则其言假之何?为恭也。曷为为恭?有天子存,则诸侯不得专地⁷也。许田者何?鲁朝宿之邑⁸也。诸侯时朝乎天子,天子之郊,诸侯皆

【译文】

【经】鲁桓公元年,春季,周王的正月,桓公即位。

【传】继承被杀的国君为国君,不写即位,这里为什么写"即位"?是如桓公(希望隐公死,自己好立为君的)意愿。

【经】三月,桓公在垂地会见郑伯。

【经】郑伯用璧借许田。

【传】这里说用璧借许田是什么意思?(实际上)是用璧交换许田。交换许田,这里却说是借许田,是为什么?是为了尊敬天子。为什么说是尊敬天子?有天子在,诸侯不得把土地当成私有(拿去交易)。许田是什么?是鲁君朝天子时所住的城邑。诸侯定时朝见天子,天子的城郊,诸侯都有朝

有朝宿之邑焉。此鲁朝宿之邑也，则曷为谓之许田？讳取周田也。讳取周田，则曷为谓之许田？系之许也。曷为系之许？近许也。此邑也，其称田何[9]？田多邑少称田，邑多田少称邑。

【经】夏，四月，丁未，公及郑伯盟于越。

【经】秋，大水。

【传】何以书？记灾也。

【经】冬，十月。

见时所住的城邑在那里。这是鲁君朝见时所住的城邑，却为什么叫它作许田？隐讳取有周田。隐讳取有周田，那为什么叫它做许田？是将它与许挂上钩。为什么将它与许挂上钩？（因它）与许相近。这是邑，这里为什么叫它作田？田多邑小称田，邑大田少称邑。

【经】夏季，四月，丁未日，桓公与郑伯在越结盟。

【经】秋季，发大水。

【传】为什么记？是记灾害。

【经】冬季，十月。

[注释] 1 元年：鲁桓公元年，公元前711年。 2 公：指鲁桓公。桓公名轨（《史记·鲁世家》以为名允），鲁惠公子，隐公异母弟，母为仲子。在位十八年。谥桓。 3 垂：卫国地名。 4 璧：平圆形、正中有孔的玉器。常用于贵族朝聘、祭祀、外交和社交活动。 5 假：借。 6 易：交易，交换。 7 专地：擅自处置天子所赐汤沐邑、朝宿邑。 8 朝宿之邑：诸侯按规定的时间进京朝觐天子、述职、贡奉，接受天子政命，陪同天子祭祀祖先天地。朝觐、祭祀之前，诸侯要斋戒修身。天子赐给诸侯王畿以内一块土地，供其住宿斋戒，这就是朝宿之邑。 9 邑、田：聚居曰邑，耕作曰田。

桓公二年

[原文]

【经】二年,春,王正月,戊申,宋督[1]弑其君与夷[2]及其大夫孔父[3]。

【传】及者何？累[4]也。弑君多矣,舍此无累者乎？曰:有。仇牧[5]、荀息[6],皆累也。舍仇牧、荀息无累者乎？曰:有。有则此何以书？贤也。何贤乎孔父？孔父可谓义形于色矣。其义形于色奈何？督将弑殇公,孔父生而存,则殇公不可得而弑也,故于是先攻孔父之家。殇公知孔父死,已必死,趋而救之,皆死焉。孔父正色而立于朝,则人莫敢过而致难于其君者。孔父可谓义形于色矣。

[译文]

【经】鲁桓公二年,春季,周王的正月,戊申日,宋国的督杀了他的君主与夷及他的大夫孔父。

【传】"及"是什么意思？是连累的意思。杀君主的情况很多,除了这里,就没有受连累的吗？（我们）说:有。仇牧、荀息,都是受连累（而死的）。除了仇牧、荀息,就再没有受连累的吗？（我们）说:有。（既然）有,而这里为什么记？因为（孔父）贤能。为什么认为孔父贤能？孔父可以说是道义见于颜色了。他道义见于颜色是怎么回事？督将杀殇公,孔父（如果）活着在朝,殇公就不可能被杀,所以在这时先攻孔父的家。殇公知道（如果）孔父死了,自己必然会死,就跑去救他,（结果两个人）都死在那里。孔父表情威严地站在朝堂上（维护殇公）,就没有谁敢过去加给他的国君以灾难,孔父可以说是道义见于颜色了!

[注释] 1 宋督:宋戴公之孙,名督,字华父。时为宋国太宰。 2 与夷:宋殇公名。继其兄穆公嗣位为君。 3 孔父:名嘉,字孔父。正考父之子,孔丘的祖先。 4 累:牵连,连累。宋国太宰督先后杀了大司马孔父和殇公与夷,将庄公冯接回宋国立为国君。孔父是受弑君之祸的连累而死。 5 仇牧:闵公时大夫,因持剑怒叱弑君之贼而被杀。 6 荀息:晋献公时大夫。里克弑其君卓子,连带杀死辅佐卓子的荀息。

【经】滕子来朝。

【经】三月,公会齐侯、陈侯、郑伯于稷[1],以成宋乱[2]。

【传】内大恶讳,此其目[3]言之何?远也。所见异辞,所闻异辞,所传闻异辞。隐[4]亦远矣,曷为为隐讳?隐贤而桓贱也。

【经】滕子前来朝见。

【经】三月,桓公与齐侯、陈侯、郑伯在稷地聚会,使宋国的叛乱合法化。

【传】国内的大坏事,(照例)要隐讳。这里列成条目说出来是为什么?因为(桓公离孔子修《春秋》的时候)已经很远了,而且见到的记载不同,听到的说法不一,传说也各异(是属于传闻之世了)。隐公也同样久远了,为什么要替他隐讳?因为隐公贤明而桓公卑劣。

[注释] 1 稷:宋国地名。 2 成宋乱:桓公与齐、陈、郑三国之君在稷地会见,商量伐宋治乱。伐宋未果,桓公却接受了庄公冯、宋督的贿赂,因而承认了他们发动的政变,使宋乱成为合法。 3 目:条目,立一个条目指陈其事。 4 隐:隐公。

【经】夏,四月,取郜[1]大鼎于宋。

【传】此取之宋,其

【经】夏季,四月,从宋国取得郜鼎。

【传】这鼎是从宋国取得的,为什么叫它做郜鼎?器物的名是随本主名叫

谓之郜鼎何？器从名，地从主人。器何以从名？地何以从主人？器之与²人非有即尔³。宋始以不义取之，故谓之郜鼎。至乎地之与人则不然。俄而⁴可以为其有矣。然则为取可以为其有乎？曰：否。何者？若楚王之妻媦⁵，无时焉可也⁶。

的，土地的名是随占有它的主人叫的。器物的名为什么随本主名叫？土地的名为什么随占有它的主人叫？器物对于人，不是（器物不动）人去那里占有它。宋国开头以不义的行为（从郜）夺取此鼎，所以仍叫此鼎为郜鼎。至于土地对人就不是这样，它一下子就能被人占有。那么为其所取就可以为其所有了吗？（我们）说：不是这样。为什么？例如楚王以媦为妻，媦这个名称，是没有什么时候能改的。

[注释] 1 郜(gào)：国名，姬姓。据僖公二十四年《左传》，初封者为文王之子，国境在今山东成武县东南。时已被宋所灭。 2 与：这里用同"于"。 3 非有即尔：不是说谁占有它，就这样给改一个名。 4 俄而：顷刻之间。 5 妻媦(wèi)：以妹为妻。媦，妹。 6 无时焉可也：永远都不行。焉、也都是语助。

【经】戊申，纳于大庙。

【传】何以书？讥。何讥尔？遂乱受赂，纳于大庙，非礼也。

【经】秋，七月，纪侯来朝。蔡侯、郑伯会于邓。

【传】离¹不言会，此

【经】戊申日，(将郜鼎)放进太庙。

【传】为什么记下(这件事)？是讥讽。讥讽什么呢？使(宋国的)乱臣如愿，接受(他们的)贿赂，(把郜鼎)放进太庙(陈列起来)，是不合礼的。

【经】秋季，七月，纪侯前来朝见。蔡侯与郑伯在邓国相会。

【传】两国相会不称会，这里称会

其言会何？盖邓与会尔[2]。

【经】九月，入杞。公及戎盟于唐。

【经】冬，公至自唐。

【经】九月，(我国)攻入杞国。桓公与戎在唐地结盟。

【经】冬季，桓公从唐地回来。

注释

1 离：通"俪"，两也。 2 蔡与郑在邓的国都谈判，邓君参加了会谈，会谈没有破裂。

桓公三年

原文

【经】三年，春，正月，公会齐侯于嬴[1]。

【经】夏，齐侯、卫侯胥命[2]于蒲。

【传】胥命者何？相命也。何言乎相命？近正也。此其为近正奈何？古者不盟，结言而退。

【经】六月，公会纪侯于盛。

【经】秋，七月，壬辰，朔，日有食之，既。

译文

【经】鲁桓公三年，春季，正月，桓公在嬴地会见齐侯。

【经】夏季，齐侯、卫侯在蒲地胥命会谈。

【传】胥命是什么？（胥命）就是相命。相命为什么要记？（因为它）近于正道。这怎么是近于正道？因为古代（也是这样）不举行盟誓，口头订约后就散会。

【经】六月，桓公在盛会见纪侯。

【经】秋季，七月，壬辰日，朔日，发生日食，是日全食。

【传】既者何？尽也。

【经】公子翬如齐逆女³。

【传】"既"是什么意思？是全部食尽的意思。

【经】公子翬到齐国去迎娶齐女。

[注释] 1 嬴：齐邑，在今山东莱芜西北。 2 胥命：订一个君子协定，没有盟誓签约等仪式。 3 逆女：公子翬代表桓公出境迎娶夫人姜氏。

【经】九月，齐侯送姜氏于讙¹。

【传】何以书？讥。何讥尔？诸侯越竟送女²，非礼也。此入国矣，何以不称夫人？自我言齐，父母之于子，虽为邻国夫人，犹曰吾姜氏。

【经】公会齐侯于讙，夫人姜氏至自齐。

【传】翬何以不致？得见乎公矣。

【经】冬，齐侯使其弟年来聘³。

【经】有年⁴。

【传】有年何以书？以喜书也。大有年何以书？亦以喜书也。此其

【经】九月，齐侯护送姜氏到讙地。

【传】为什么记？是讥讽。讥讽什么？诸侯越过国境送出嫁女子，是不合礼的。这时（姜氏）已进入丈夫国家，为什么不称夫人？这是我们代替齐国说的，（齐国）父母对女儿，即使她已成为邻国的夫人，仍说我们的姜姓女儿。

【经】桓公在讙地会见齐侯。夫人姜氏从齐国到达（鲁国都城）。

【传】为什么不照例写"翬与夫人姜氏至自齐"？因为（夫人）已（在讙地）与桓公见面。

【经】冬季，齐侯派他的弟弟年前来聘问。

【经】庄稼有收成。

【传】"有收成"为什么记？因为心里喜欢记下的。"大有收成"为什么记？也是因为心里喜欢记下的。这里说"有

曰有年何？仅有年也。彼其曰大有年何？大丰年也。仅有年亦足以当喜乎？恃有年[5]也。

收成"是什么意思？是仅仅有收成。别处说"大有收成"是什么意思？是大丰收之年。仅仅是有收成也值得喜悦吗？因为依靠有收成(治理国家)。

注释 1 讙(huān)：鲁邑，在今山东肥城南。 2 诸侯越竟送女：《穀梁传·桓公三年》："礼，送女，父不下堂，母不出祭门。"齐侯亲自送女并越过国境，于礼不合。竟，通"境"，边境、国境。 3 来聘：诸侯之女嫁于他国，随后当派大夫前往聘问。 4 有年：农作物有收成，无水旱刀兵之灾。 5 恃有年：依靠有此收成，鲁国得以安定不乱。

桓公四年

[原文]

【经】四年，春，正月，公狩于郎。

【传】狩者何？田狩[1]也，春曰苗，秋曰蒐，冬曰狩。常事不书，此何以书？讥。何讥尔？远[2]也。诸侯曷为必田狩？一曰干豆[3]，二曰宾客[4]，三曰充君之庖[5]。

【经】夏，天王使宰渠伯纠[6]来聘。

[译文]

【经】鲁桓公四年，春季，正月，桓公在郎地狩猎。

【传】狩是什么意思？是田猎。春季田猎叫苗，秋季田猎叫蒐，冬季田猎叫狩。常事照例不记，这里为什么记？为了讥讽。讥讽什么？讥讽去得太远。诸侯为什么一定要田猎？一是把肉风干后放在豆这种祭盘里，二是用来招待宾客，三是放在国君的厨房里自己吃。

【经】夏季，天王派宰渠伯纠前来聘问。

【传】宰渠伯纠者何？天子之大夫也。其称宰渠伯纠何？下大夫也。

【传】宰渠伯纠是谁？是周天子的大夫。这里为什么称他为宰渠伯纠（将他的名渠和字伯纠合起来称）？因为他是下大夫。

注释 1 田狩(shòu)：打猎。 2 远：狩有常地，诸侯狩不过郊，郎地在郊外，所以说"远"。 3 干豆：野兽被杀伤在心，死得快，其肉鲜洁，风干了充当祭祀的俎豆（盛食物的礼器，代指食物），谓之干豆。 4 宾客：野兽被杀伤部位在四肢，死得慢，其肉不够生鲜，用以招待宾客。 5 充君之庖：野兽被杀伤部位在腹，粪便流溢，近于不洁，只可送去厨房自己吃。 6 宰渠伯纠：宰是官名；渠，周地名，以邑为氏；伯是行次，犹如说老大；纠是其名。经直呼其名，故知官位不高。

桓公五年

原文

【经】五年，春，正月，甲戌、己丑，陈侯鲍[1]卒。

【传】曷为以二日卒之？怴[2]也。甲戌之日亡，己丑之日死而得，君子疑焉，故以二日卒之[3]也。

【经】夏，齐侯、郑伯如[4]纪。

【传】外相如不书，此

译文

【经】鲁桓公五年，春季，正月，甲戌日、己丑日，陈侯鲍去世。

【传】为什么用两个日子记陈侯的死？（因为陈侯）疯了。甲戌那天跑到外面去，己丑那天找到他时已经死了，（记史的）君子疑惑，搞不清究竟死在哪一天，所以用两个日子记他的死。

【经】夏季，齐侯、郑伯来到纪国。

【传】别国相互来往照例不记，这

何以书？离不言会。

【经】天王使仍叔之子来聘。

【传】仍叔之子者何？天子之大夫也。其称仍叔之子何？讥。何讥尔？讥父老,子代从政也。

里为什么记？因为他们实际上是聚会,两国的会不好说是会。

【经】周王派仍叔的儿子来聘问。

【传】仍叔的儿子是什么人？是天子的大夫。这里为什么(不称大夫)称仍叔的儿子？是讥讽。讥讽什么？讥讽父亲老了,儿子代替父亲处理政事。

【注释】 1 陈侯鲍:即陈桓公。其异母弟佗乘桓公病危作乱,杀死太子免自立。 2 怴(xù):癫狂。谓陈桓公精神错乱。 3 二日卒之:写两个死的日子,是因为他神志不清,甲戌日失踪,十六天后的己丑日才发现死了。 4 如:进入,前往。据《左传》,这次齐、郑两国国君入纪,是想偷袭纪国,被纪发觉,未能成功。

【经】葬陈桓公。

【经】城祝丘[1]。

【经】秋,蔡人、卫人、陈人从王伐郑[2]。

【传】其言从王伐郑何？从王,正也。

【经】大雩[3]。

【传】大雩者何？旱祭也。然则何以不言旱？言雩则旱见,言旱则雩不见。何以书？记灾也。

【经】螽[4]。

【经】安葬陈桓公。

【经】在祝丘修筑城墙。

【经】秋季,蔡人、卫人、陈人随从周王攻伐郑国。

【传】说他们随从周王攻伐郑国是什么意思？因为随从周王是正当的行为。

【经】举行大雩祭。

【传】大雩祭是什么？是因干旱举行的求雨祭祀。那么为什么不说有干旱呢？说雩祭,有干旱就明白了;说有干旱,是否举行了雩祭却不明白。为什么记？是记灾害。

【传】何以书？记灾也。

【经】冬,州公⁵如曹。

【传】外相如不书,此何以书？过我也。

【经】发生蝗灾。

【传】为什么记？是记灾害。

【经】冬季,州公来到曹国。

【传】别国诸侯的相互来往照例不记,这里为什么记？因为他经过我国。

[注释] 1 祝丘:鲁邑名,在今山东临沂东南。 2 从王伐郑:春秋一代,周王亲征,只此一役。结果王师大败,"祝聃射王中肩"。 3 雩(yù):求雨的祭祀。 4 螽(zhōng):同"蚣",指蝗虫。 5 州公:州国国君。州国姜姓,都淳于,在今山东安丘东北。

桓公六年

[原文]

【经】六年,春,正月,寔¹来。

【传】寔来者何？犹曰是人来也。孰谓？谓州公也。曷为谓之寔来？慢之也。曷为慢之？化²我也。

【经】夏,四月,公会纪侯于成³。

【经】秋,八月,壬午,大阅。

[译文]

【经】鲁桓公六年,春季,正月,寔来。

【传】"寔来"是什么意思？等于说"这个人来(我国)"。"这个人"说的是谁？说的是州公。为什么(不说州公来)说"这个人来"？是简慢他。为什么要简慢他？因为他经过我国的国都,没有行访问的礼节。

【经】夏季,四月,桓公与纪侯在成会见。

【经】秋季,八月,壬午日,大规模检阅。

【传】大阅者何？简车徒⁴也。何以书？盖以罕⁵书也。

【传】大规模检阅是什么？是检阅军车。为什么记？大概因这是少有的事才记。

[注释] 1 寔(shí)：通"是"，代词，这个。这里指代州公。 2 化：路过(不行朝见之礼)。 3 成：鲁邑，在今山东宁阳东北。 4 简车徒：检阅兵车和士卒。简，检阅，查检。徒，指士卒。 5 罕：稀罕，不多见。

【经】蔡人杀陈佗¹。

【传】陈佗者何？陈君也。陈君则曷为谓之陈佗？绝也。曷为绝之？贱也。其贱奈何？外淫²也。恶乎³淫？淫于蔡，蔡人杀之。

【经】蔡国人杀陈佗。

【传】陈佗是谁？是陈国的国君。陈国的国君，为什么(不称他陈侯，)叫他陈佗？是断绝他的爵位。为什么要断绝(他的爵位)？因(他行为)卑劣。他(的行为)是怎样卑劣的？他到别国去淫乱。在哪里淫乱？在蔡国淫乱，蔡国人把他杀了。

【经】九月，丁卯，子同⁴生。

【传】子同生者孰谓？谓庄公也。何言乎子同生？喜有正也。未有言喜有正者，此其言喜有正何？久无正⁵也。子公羊子⁶曰："其诸⁷以病桓⁸与⁹？"

【经】冬，纪侯来朝。

【经】九月，丁卯日，子同出生。

【传】"子同出生"这子同是指的谁？是指的庄公。"子同出生"为什么记？是高兴国家有了正嗣。(别的地方)没有说过高兴国家有了正嗣，这里说高兴国家有了正嗣，是为什么？(因为我国)许久没有正嗣了。子公羊子说：或许是用(记庄公为正嗣)来表示指责桓公(非正嗣)吧！

【经】冬季，纪侯前来朝见。

【注释】 1 陈佗:桓公弟,杀太子免而自立。经不称其为国君,直呼陈佗,是绝其为君之号,归于平民之列。 2 外淫:到国外(蔡国)去与妇女通奸。 3 恶(wū)乎:怎么样。恶,疑问代词。乎,语助。 4 子同:就是后来的庄公。他的生日与其父桓公同。 5 久无正:《传》的意思是桓公弑隐公自立非正,所以说"久无正"。而子同将为君,那是"正"。 6 子公羊子:对公羊高的尊称。公羊高,复姓公羊,名高。战国时齐人。旧题《春秋公羊传》作者。相传是子夏的弟子。 7 其诸:虚词连用,表示揣测,与"或者"约略相当。 8 病桓:指责桓公。病,疾恶,指责。 9 与(yú):同"欤"。表测度的语气助词。

桓公七年

【原文】

【经】七年,春,二月,己亥,焚咸丘。

【传】焚之者何?樵之[1]也。樵之者何?以火攻也。何言乎以火攻?疾始以火攻也。咸丘者何?邾娄之邑也。曷为不系乎邾娄?国之[2]也。曷为国之?君存焉[3]尔。

【经】夏,榖伯绥来朝。邓侯吾离来朝。

【译文】

【经】鲁桓公七年,春季,二月,己亥日,火烧咸丘。

【传】火烧咸丘是怎么回事?是用柴去烧它。用柴去烧它是什么意思?是使用火攻。为什么记下用火攻?是憎恨开头使用火攻的战术。咸丘是什么地方?是邾娄的邑。为什么不在它上面系上邾娄的国号?是把它当成一个国家看待。为什么把它当成一个国家看待?因为邾娄的国君在这城邑里。

【经】夏季,榖伯绥前来朝见。邓侯吾离前来朝见。

【传】为什么把(这两个国君的)名字都

【传】皆何以名？失地之君也。其称侯朝何？贵者无后[4]，待之以初也。

写出来？因为他们是失去了国家的君主。那为什么称他们为诸侯，说他们是来朝见？贵人（失土亡国）没有后人继位，待他们和他们当初有领地时一样。

[注释] 1 樵之：点燃柴火攻城。樵，柴薪，焚烧柴薪。 2 国之：把它（咸丘）当作国家看待。 3 君存焉：邾娄国君在这里。焉，于是。 4 无后：先贵为国君，以后失国，沦落为民，称为无后。

桓公八年

[原文]

【经】八年，春，正月，己卯，烝。

【传】烝者何？冬祭也。春曰祠，夏曰礿，秋曰尝，冬曰烝。常事不书，此何以书？讥。何讥尔？讥亟[1]也。亟则黩[2]，黩则不敬。君子之祭也，敬而不黩。疏则怠，怠则忘。士不及兹四者[3]，则冬不裘[4]，夏不葛[5]。

【经】天王使家父[6]来聘。

[译文]

【经】鲁桓公八年，春季，正月，己卯日，举行烝祭。

【传】烝是什么？是冬季祭祀的名称。春季的祭祀叫祠，夏季的祭祀叫礿，秋季的祭祀叫尝，冬季的祭祀叫烝。常事照例不记，这里为什么记？是为了讥讽。讥讽什么？讥讽祭祀繁多。繁多就是亵渎，亵渎就是不恭敬。君子祭祀，恭敬而不亵渎。祭祀的次数太少就会懈怠，懈怠就会忘记。士人不进行这四种祭祀，冬天就不敢穿皮袍，夏天就不敢穿葛布衣。

【经】周王派家父前来聘问。

【经】夏,五月,丁丑,烝。
【传】何以书?讥亟也。

【经】夏季,五月,丁丑日,举行烝祭。
【传】为什么记?是讥讽频繁举行祭祀。

[注释] 1 亟(qì):屡次,多次。 2 黩(dú):轻慢,亵渎。 3 四者:指春夏秋冬四时之祭。 4 裘:穿皮衣保暖。 5 葛:穿葛布衣服御暑。 6 家父:天子大夫。家,采地。以地为氏。父,字。

【经】秋,伐邾娄。
【经】冬,十月,雨雪。
【传】何以书?记异也。何异尔?不时[1]也。
【经】祭公来,遂逆王后于纪。
【传】祭公者何?天子之三公也。何以不称使?婚礼不称主人。遂者何?生事[2]也。大夫无遂事,此其言遂何?成使乎我[3]也。其成使乎我奈何?使我为媒,可,则因用是往逆矣。女在其国称女,此其称王后何?王者无外,其辞成矣[4]。

【经】秋季,攻伐邾娄。
【经】冬季,十月,下雪。
【传】为什么记?记异常现象。异常在哪里?(雪下得)不是时候。
【经】祭公来,就到纪国迎接王后。
【传】祭公是什么人?是天子的三公之一。为什么不说是天子派他来?婚姻礼制规定,结婚人不得以主人的身份出现。"遂"是什么意思?是从一件事生出另一件事。大夫(应事事听命),不能自己生出事来,这里为什么说"遂"?是由我国使事成功。由我国使事成功是怎么回事?(天子)命我国做媒,(如果)可以,就接着(派他)趁此时机去迎接。(照例)女子在自己的国家称女,这里为什么称王后?(天下是天子的,)天子没有境内境外之分,那意思是说许婚就算王后了。

[注释] 1 不时:周之十月,夏之八月,不是下雪的时候。 2 生事:由一事生出另一事。 3 成使乎我:祭公此来,天子命他受命于鲁君而行事。鲁君做媒成功,即可受鲁君之命而往迎后。这里用个"遂"字,不是生事专行,而是受命于鲁君。天子与诸侯通婚,地位不等,于是委托同姓诸侯代为主婚。 4 其辞成矣:是说可以称王后了。其辞,指称为王后这话。

桓公九年

[原文]

【经】九年,春,纪季姜[1]归于京师。

【传】其辞成矣,则其称纪季姜何?自我言纪,父母之于子,虽为天王后,犹曰吾季姜。京师者何?天子之居也。京者何?大也。师者何?众也。天子之居,必以众大之辞言之。

【经】夏,四月。

【经】秋,七月。

【经】冬,曹伯使其世子射姑[2]来朝。

【传】诸侯来曰朝,此世子也,其言朝何?

[译文]

【经】鲁桓公九年,春季,纪季姜出嫁到京师。

【传】上面那些话,已说明(她)成为王后了,而这里为什么又称(她为)纪季姜?是我们代替纪国说的,(纪国)父母对于自己的女儿,虽然(她已)成为王后,仍然说我们的季姜。京师是什么地方?是天子所住的地方。"京"是什么意思?是大的意思。"师"是什么意思?是人口众多的意思。天子所住的地方,必定用人多地方大的词语来称它。

【经】夏季,四月。

【经】秋季,七月。

【经】冬季,曹伯派他的世子射姑前来朝见。

【传】诸侯前来朝见叫朝,这是世子,

《春秋》有讥父老子代从政者,则未知其在齐[3]与?曹与?

这里为什么也说是朝?《春秋》上面有讥讽父亲老了儿子代替处理政事的记载,但不知它是在讥讽齐呢,还是在讥讽曹呢?

注释 1 纪季姜:即上年祭公所迎周桓王王后。纪,国名。季,姊妹排行。姜,为其姓。 2 世子:太子。射(yì)姑:曹桓公太子之名。 3 在齐:襄公九年,中原十二国诸侯结盟伐郑,齐世子光代父会盟。襄公十一年,十二国再次结盟伐郑,世子光再次代父赴会。《传》说"在齐",所指就是这事。

桓公十年

[原文]

【经】十年,春,王正月,庚申,曹伯终生[1]卒。

【经】夏,五月,葬曹桓公。

【经】秋,公会卫侯于桃丘[2],弗遇。

【传】会者何?期辞[3]也。其言弗遇何?公不见要[4]也。

【经】冬,十有二月,丙午,齐侯、卫侯、郑伯来战于郎。

[译文]

【经】鲁桓公十年,春季,周王的正月,庚申日,曹伯终生去世。

【经】夏季,五月,安葬曹桓公。

【经】秋季,桓公在桃丘会卫侯,没有遇到。

【传】会是什么意思?是(相约)按时相会的说法。这里说没有遇到是什么意思?是因为卫侯没有邀请桓公相会。

【经】冬季,十二月,丙午日,齐侯、卫侯、郑伯前来和我军在郎地作战。

【传】郎是什么地方?是我国临近(国都)的邑。我国临近(国都)的邑,这

【传】郎者何？吾近邑也。吾近邑，则其言来战于郎何？近也。恶乎近？近乎围也。此偏战[5]也，何以不言师败绩[6]？内不言战，言战乃败矣。

里说来到郎地作战是什么意思？是表明在近处作战。近到什么程度？与包围我国的国都无异。这是偏战，为什么不记军队大败？（"战"是双方敌对，鲁行王道，王者没有与它敌对的，所以）不说鲁与谁"战"，这里说"战"，就是说被打败了。

注释 1 曹伯终生：即上年所提到的曹伯曹桓公，名终生。 2 桃丘：卫国地名，在今山东阳谷。 3 期辞：是相约会见的话。 4 不见要：未被邀请。实际情况是卫侯背约，更与齐、郑相会。要，通"邀"。 5 偏战：各据一面，堂堂正正作战。 6 败绩：溃败。古人以为"大崩曰败绩"。

桓公十一年

[原文]

【经】十有一年，春，正月，齐人、卫人、郑人盟于恶曹[1]。

【经】夏，五月，癸未，郑伯寤生卒。

【经】秋，七月，葬郑庄公。

[译文]

【经】鲁桓公十一年，春季，正月，齐人、卫人、郑人在恶曹结盟。

【经】夏季，五月，癸未日，郑伯寤生去世。

【经】秋季，七月，安葬郑庄公。

注释 1 恶曹：地名，无考。或以为即乌巢，在今河南延津东。

【经】九月,宋人执[1]郑祭仲[2]。

【传】祭仲者何?郑相也。何以不名?贤也。何贤乎祭仲?以为知权[3]也。其为知权奈何?古者郑国处于留,先郑伯有善于邻公者,通乎夫人以取其国,而迁郑焉,而野留。[4]庄公死,已葬,祭仲将往省[5]于留,涂出于宋,宋人执之,谓之曰:"为我出忽而立突[6]。"祭仲不从其言,则君必死,国必亡;从其言,则君可以生易死,国可以存易亡。少辽缓之[7],则突可故[8]出,而忽可故反。是不可得,则病[9],然后有郑国。古人之有权者,祭仲之权是也。权者何?权者,反于经,然后有善者也。权之所设,舍死亡[10]无所设。行权有道,自贬损以行权,不害人以行权。杀人以

【经】九月,宋人抓住郑国的祭仲。

【传】祭仲是谁?是郑国的相。为什么不写出他的名?因为他贤能。祭仲有什么贤能?因为他懂得权变。他是怎样懂得权变的?在古代,郑国的国都在留,在已死去的郑君中,有一个与邻公相好的,(他)与邻公的夫人私通,用这个办法夺取了邻国,将国都迁到邻国国都,而将留作为陪都。郑庄公死,已经葬了,祭仲去留视察,途经宋国,宋人抓住他,对他说:"替我们把忽赶出(郑国),立突(为国君)!"祭仲(如果)不听从他们的,(宋国出兵,)郑国君主必定死,郑国必定亡;(如果)听从他们的,国君能以生换死,国家能以存换亡。稍微把时间拖久点,突依旧可以赶出,而忽仍然可以回来。(如果)这种假想不能实现,祭仲就会蒙受逐君的耻辱,然后才能保存郑国。古人中存在有权变的人,祭仲的权变就是如此。权变是什么?权变首先违反常道,然后得到好的结果。权变之道的设立,(如果)做不到置生死于度外,就没有理由设立。实行权变有原则:贬损自己来实行权变,不祸害别人来实行权变。杀死他人而求

自生,亡人以自存,君子不为也。 | 得自己活下去,使别人灭亡而求得保存自己,是君子所不做的。

[注释] 1 执:抓捕,拘禁。 2 祭(zhài)仲:即祭足。祭为氏,足是名。仲是排行。 3 权:变通,机变。权与经相对,经是至道不变的原则,反于经而合于道为权。 4 这几句是交代郑和留的关系。原来郑的国都在留,郑的先人与处于郑的邻公交好,与邻的夫人通奸,进而占有了邻国,把国都迁到了郑。于是留就成了一块飞地。野留:让留成了一块边远郊野之地。留在今江苏徐州北,沛县东南。 5 省:视察。 6 出忽而立突:把将为郑君的公子忽赶走,立公子突为郑君。突的母亲是宋女,宋庄公要挟祭足立突,可从中得到好处。忽和突都是郑庄公的儿子。 7 少辽缓之:稍稍延缓一下(等形势有利时)。 8 故:旧,仍旧。等时机一到,依然可以把突赶下君位,忽依然可以再回来为君。 9 病:犹如说耻辱。 10 舍死亡:意思是如果做不到置生死于度外。

【经】突归于郑。

【传】突何以名?挈乎祭仲[1]也。其言归何?顺祭仲也。

【经】郑忽出奔卫。

【传】忽何以名?《春秋》伯、子、男一也[2],辞无所贬。

【经】柔会宋公、陈侯、蔡侯,盟于折[3]。

【传】柔者何?吾大夫 | 【经】突回到郑国。

【传】为什么只称突的名?是因为靠祭仲的提携。说"归"是什么意思?是遵从祭仲的权宜。

【经】郑国的忽逃亡到卫国。

【传】为什么(不写忽的爵,)写他的名?《春秋》伯、子、男一律(称子或称名),这里没有贬义。

【经】柔与宋公、陈侯、蔡叔在折地聚会、结盟。

【传】柔是何人?是我国没有被

之未命者也。

【经】公会宋公于夫童[4]。

【经】冬,十有二月,公会宋公于阚[5]。

天子赐爵的大夫。

【经】桓公与宋公在夫童相会。

【经】冬季,十二月,桓公与宋公在阚地相会。

[注释] 1 挈(qiè)乎祭仲:受祭仲的提携。挈,提携。 2 伯、子、男一也:是说国君薨,嗣君不论伯、子、男,一律称名。 3 折:地名,无考。 4 夫童(fúzhōng):《左传》《穀梁传》作"夫锺",郕地。在今山东汶上东北夫锺里。 5 阚(kàn):鲁地。今山东汶上有阚亭,即其故地。

桓公十二年

【原文】

【经】十有二年,春,正月。

【经】夏,六月,壬寅,公会纪侯、莒子,盟于殴蛇[1]。

【经】秋,七月,丁亥,公会宋公、燕人,盟于穀丘[2]。

【经】八月,壬辰,陈侯跃[3]卒。

【经】公会宋公于郯[4]。

【经】冬,十有一月,公会宋公于龟[5]。

【经】丙戌,公会郑伯,

【译文】

【经】鲁桓公十二年,春季,正月。

【经】夏季,六月,壬寅日,桓公与纪侯、莒子在殴蛇聚会、结盟。

【经】秋季,七月,丁亥日,桓公与宋公、燕人在穀丘聚会、结盟。

【经】八月,壬辰日,陈侯跃去世。

【经】桓公与宋公在郯相会。

【经】冬季,十一月,桓公与宋公在龟地相会。

【经】丙戌日,桓公与郑伯在武父相会、结盟。

【经】丙戌日,卫侯晋去世。

盟于武父[6]。

【经】丙戌,卫侯晋[7]卒。

【经】十有二月,及郑师伐宋。丁未,战于宋。

【传】战不言伐,此其言伐何?辟嫌也。恶乎嫌?嫌与郑人战也。此偏战也,何以不言师败绩?内不言战?言战乃败矣。

【经】十二月,和郑军一起攻伐宋国。丁未日,在宋作战。

【传】写了"战"就不写"伐",这里(写了"战",)为什么又写"伐"?是为了避免疑惑。哪里有疑惑?疑惑(我国)是与郑国作战。这是偏战,为什么不写(我国)军队大败?我们鲁国是不说战的,说战就是被打败了。

注释 1 殴蛇(qūyí):《左传》《穀梁传》作"曲池"。鲁地,在今山东宁阳东北。 2 穀丘:宋邑,在今河南商丘东南。 3 陈侯跃:即陈厉公,继陈佗于鲁桓公六年即位。 4 郯(tán):国名,在今山东郯城西南。 5 龟:宋地。在今河南睢县境内。 6 武父:郑地,在今山东东明西南。 7 卫侯晋:卫宣公,名晋。

桓公十三年

[原文]

【经】十有三年,春,二月,公会纪侯、郑伯。

【经】己巳,及齐侯、宋公、卫侯、燕人战,齐师、宋师、卫师、

[译文]

【经】鲁桓公十三年,春季,二月,桓公与纪侯、郑伯相会。

【经】己巳日,(桓公)与齐侯、宋公、卫侯、燕人作战,齐军、宋军、卫军、燕军大败。

【传】为什么把作战的日子写在(桓

燕师败绩。

【传】曷为后日？恃外[1]也。其恃外奈何？得纪侯、郑伯然后能为日[2]也。内不言战，此其言战何？从外也。曷为从外？恃外，故从外也。何以不地？近也。恶乎近？近乎围。郎亦近矣，郎何以地？郎犹可以地也。

【经】三月，葬卫宣公。

【经】夏，大水。

【经】秋，七月。

【经】冬，十月。

公会纪侯、郑伯）后面？（因为这次作战）是靠外面的援助。是怎样靠外面援助的？在得到纪侯、郑伯的援助后，才能决定作战日子。我国是不说战的，这里为什么说战？是按照写别国的义例写的。为什么要按照写别国的义例写？因为利用了别国的军队，所以按照写别国的义例写。为什么不写作战地点？（因为它离国都）太近了。怎样近？近到（国都几乎）被围了。郎地也近，为什么又写了？郎（虽近），还是可以写出地点的。（这里已攻城池了，写出是耻辱。）

【经】三月，安葬卫宣公。

【经】夏季，发大水。

【经】秋季，七月。

【经】冬季，十月。

[注释] 1 恃外：依靠外国。 2 为日：确定作战日期。

桓公十四年

[原文]

【经】十有四年，春，正月，公会郑伯于曹。

【经】无冰。

[译文]

【经】鲁桓公十四年，春季，正月，桓公与郑伯在曹国会见。

【经】没有结冰。

【传】何以书？记异也。

【经】夏，五，郑伯使其弟语来盟。

【传】夏五者何？无闻焉[1]尔。

【经】秋，八月，壬申，御廪[2]灾。

【传】御廪者何？粢盛[3]委[4]之所藏也。御廪灾何以书？记灾也。

【经】乙亥，尝[5]。

【传】常事不书，此何以书？讥。何讥尔？讥尝也。曰：犹尝乎？御廪灾，不如勿尝而已矣。

【经】冬，十有二月，丁巳，齐侯禄父[6]卒。

【经】宋人以齐人、卫人、蔡人、陈人伐郑。

【传】以者何？行其意[7]也。

【传】为什么记？是记异常现象。

【经】夏季，五，郑伯派他的弟弟语前来结盟。

【传】"夏季，五"是什么意思？没有听说过。

【经】秋季，八月，壬申日，御廪发生火灾。

【传】御廪是什么？是藏粢盛的仓库。御廪被烧为什么记？是记灾害。

【经】乙亥日，举行尝祭。

【传】常事照例不记，这里为什么记？为了讥讽。讥讽什么？讥讽（这次）举行尝祭。（或者有人会）说：还要举行尝祭吗？御廪发生火灾，（用焚烧的剩余物献祭，）就不如不举行尝祭。

【经】冬季，十二月，丁巳日，齐侯禄父去世。

【经】宋人用齐人、卫人、蔡人、陈人攻伐郑国。

【传】"用"是什么意思？（表示齐、卫、蔡、陈伐郑）是实行宋的意图。

注释 1 无闻焉：对此没有听说什么。意思是这里有问题，但无法解释。焉，于是。这里或者是缺"月"字，或者是多"五"字。 2 御廪(lǐn)：储藏公亲耕以奉祭祀的粮仓。 3 粢盛(zīchéng):盛放在祭器内供祭祀用的谷物。指供祭祀用的食粮。粢,谷类的总称,特指稷。 4 委:累积,储积。 5 尝:秋日的祭祀。 6 齐侯禄父:齐僖公,名禄父,在位33年。 7 行其意:行宋人之意,报上年二月战败之仇,以快其意。

桓公十五年

[原文]

【经】十有五年,春,二月,天王使家父来求车。

【传】何以书?讥。何讥尔?王者无求,求车,非礼也。

【经】三月,乙未,天王[1]崩。

【经】夏,四月,己巳,葬齐僖公。

【经】五月,郑伯突出奔蔡。[2]

【传】突何以名?夺正[3]也。

【经】郑世子忽复归于郑。

【传】其称世子何?复

[译文]

【经】鲁桓公十五年,春季,二月,周王派家父来求取车辆。

【传】为什么记?为了讥讽。讥讽什么?做王的人不要对诸侯索求,(派人来)要车,是不合礼仪的。

【经】三月,乙未日,周王驾崩。

【经】夏季,四月,己巳日,安葬齐僖公。

【经】五月,郑伯突逃亡到蔡国。

【传】为什么写出突的名?是(贬他)夺了正嗣的位置。

【经】郑世子忽复归郑国(为君)。

【传】这里为什么称(他)为世子?(表示忽)是返回正位。为什么有的称"归",有的称"复归"?"复

正[4]也。曷为或言归或言归？复归者，出恶，归无恶；复入者，出无恶，入有恶；入者，出入恶；归者，出入无恶。

归"的意思，出奔为恶，归国无罪；"复入"的意思，出奔无恶，入国有罪；"入"的意思，出奔、入国都有罪；"归"的意思，出奔、入国都无罪。

[注释] 1 天王：周桓王，在位23年，其子庄王继位。 2 据《左传》，祭仲专，郑伯患之，使其婿雍纠杀祭仲。雍纠妻、祭仲女雍姬向其父告密。祭仲杀雍纠，逐郑突。 3 夺正：突本是郑庄公庶子，而夺取了当继君位的世子忽的君位。 4 复正：恢复其正统地位，正式做国君。是为郑昭公。

【经】许叔入于许。

【经】公会齐侯于鄗[1]。

【经】郳娄人、牟人、葛人来朝。

【传】皆何以称人？夷狄之[2]也。

【经】秋，九月，郑伯突入于栎[3]。

【传】栎者何？郑之邑。曷为不言入于郑？末言[4]尔。曷为末言尔？祭仲亡矣。然则曷为不言忽之出奔？言忽为君之微[5]也，祭仲存则存矣，祭仲亡则亡矣。

【经】许叔进入许国。

【经】桓公与齐侯在鄗相会。

【经】郳娄人、牟人、葛人前来朝见。

【传】为什么（对他们）都称"人"？是把他们作为夷狄看待。

【经】秋季，九月，郑伯突进入栎邑。

【传】栎是什么地方？是郑国的邑。为什么不说他已进入郑国？这是不用说的。为什么说"不用说"？因为祭仲已死（进入栎就等于进入郑了）。那么为什么不说忽出逃？这是说忽做国君太弱，祭仲存他就存，祭仲死，他也就出逃了。

【经】冬,十有一月,公会齐侯、宋公、卫侯、陈侯于侈⁶,伐郑。

【经】冬季,十一月,桓公在侈地会见齐侯、宋公、卫侯、陈侯,攻伐郑国。

注释 1 鄗(hào):齐地,在今山东新泰西北。 2 夷狄之:把他们看成夷狄。 3 栎(lì):郑国别都,在郑都西南九十里,突之旧邑,后称为阳翟,今河南禹州。 4 末言:无言,不用说。末,无。 5 微:是说软弱无力,自己撑不起场面。 6 侈(chǐ):宋地。《左传》《穀梁传》并作"袲"。

桓公十六年

原文

【经】十有六年,春,正月,公会宋公、蔡侯、卫侯于曹。

【经】夏,四月,公会宋公、卫侯、陈侯、蔡侯伐郑。

【经】秋,七月,公至自伐郑。

【经】冬,城向¹。

【经】十有一月,卫侯朔²出奔齐。

【传】卫侯朔何以名?绝。曷为绝之?得罪于天子也。其得罪于天子奈何?

译文

【经】鲁桓公十六年,春季,正月,桓公与宋公、蔡侯、卫侯在曹国会晤。

【经】夏季,四月,桓公会同宋公、卫侯、陈侯、蔡侯攻伐郑国。

【经】秋季,七月,桓公从攻伐郑国处回国。

【经】冬季,在向筑城。

【经】十一月,卫侯朔逃亡到齐国。

【传】写"卫侯朔",为什么写出他的名?是不承认(君位)。为什么不承认他(君主的地位)?因为他在天子那里犯了罪。他是怎样在天子那里犯了罪的?(他)被任命主持卫国的政事,

见使守卫朔³,而不能使卫小众⁴,越在岱阴齐⁵。属负兹⁶舍,不即罪⁷尔。

却不能用命于卫国的百姓,跨越国境逃到泰山北面的齐国,托辞有病待在那里,不去(向天子)请罪。

[注释] 1 城向:于向地筑城。向,本一国,姜姓,后被莒国吞并,继而为鲁属邑。今山东莒县南七十里有向城,是其故地。 2 卫侯朔:即卫惠公,为国人所不容,逃奔到齐国去,那里是他的母舅家。 3 见使守卫朔:被派遣到卫国去施政。朔,正朔,颁朔是为政之首,指代政务。 4 不能使卫小众:连卫国一小部分人都使不动,是说他无能。《左传》说他杀兄谋位,被国人驱逐,和这里的说法不同。 5 越在岱阴齐:跑到泰山北面的齐国去。越,超过,跑到。岱,指泰山。阴,山北为阴。 6 属负兹:托辞有病。属,托。负兹,诸侯有病称负兹。 7 即罪:等于说请罪。

桓公十七年

[原文]

【经】十有七年,春,正月,丙辰,公会齐侯、纪侯,盟于黄¹。

【经】二月,丙午,公及邾娄仪父盟于趡²。

【经】五月,丙午,及齐师战于奚³。

【经】六月,丁丑,蔡侯封人⁴卒。

[译文]

【经】鲁桓公十七年,春季,正月,丙辰日,桓公会见齐侯、纪侯,在黄地结盟。

【经】二月,丙午日,桓公与邾娄仪父在趡地结盟。

【经】五月,丙午日,与齐军在奚地作战。

【经】六月,丁丑日,蔡侯封人去世。

【经】秋,八月,蔡季[5]自陈归于蔡。

【经】癸巳,葬蔡桓侯。

【经】及宋人、卫人伐邾娄。

【经】冬,十月,朔,日有食之。

【经】秋季,八月,蔡季从陈国回到蔡国。

【经】癸巳日,安葬蔡桓侯。

【经】与宋人、卫人攻伐邾娄国。

【经】冬季,十月,朔日,发生日食。

注释　1 黄:齐邑。　2 趡(cuǐ):鲁地,在今山东泗水、邹县之间。　3 奚:鲁国地名,近于齐。在今山东滕州南的奚公山下。　4 蔡侯封人:蔡桓侯,名封人。　5 蔡季:即蔡哀侯,蔡宣侯之子,蔡桓侯之弟,回国继位。

桓公十八年

原文

【经】十有八年,春,王正月,公会齐侯于泺[1]。

【经】公、夫人姜氏[2]遂如齐。

【传】公何以不言及夫人?夫人外[3]也。夫人外者何?内辞[4]也,其实夫人外公[5]也。

译文

【经】鲁桓公十八年,春季,周王的正月,桓公在泺地会见齐侯。

【经】桓公、夫人姜氏于是进入齐国。

【传】为什么不写成"桓公及夫人"?是表示桓公把夫人作为外人。桓公把夫人当作外人是什么意思?这是我国内部的隐讳之辞,实质上是夫人(自己不肯属于桓公)把桓公当外人。

[注释] 1 泺(luò):指泺口,今山东济南西北有泺口,即其故地。 2 夫人姜氏:又称文姜,鲁桓公夫人,齐襄公诸儿之妹。故尝与诸儿私通。今如齐,复相通。 3 外:被外,被当作外人。 4 内辞:内为公讳之辞。 5 夫人外公:夫人以公为外人,断绝了恩义。

【经】夏,四月,丙子,公薨¹于齐。

【经】丁酉,公之丧至自齐。

【经】秋,七月。

【经】冬,十有二月,己丑,葬我君桓公。

【传】贼未讨,何以书葬?雠在外也。雠在外,则何以书葬?君子辞²也。

【经】夏季,四月,丙子日,桓公在齐国去世。

【经】丁酉日,桓公的灵柩从齐国回来。

【经】秋季,七月。

【经】冬季,十二月,己丑日,安葬我国君桓公。

【传】(杀桓公的)贼还没有讨伐,怎么就记葬(桓公)?因为仇人在外国(讨伐不易)。仇人在外国,那为什么要记葬?这是(记史的)君子宽恕鲁臣的话。

[注释] 1 公薨:齐襄公派力士挟持鲁桓公上车,于车中把他弄死。 2 君子辞:是君子宽容的说法。

庄公

庄公元年

[原文]

【经】元年[1],春,王正月。

【传】公[2]何以不言即位?《春秋》君弑,子不言即位。君弑则子何以不言即位?隐[3]之也。孰隐?隐子也。

【经】三月,夫人孙于齐。

【传】孙者何?孙犹孙[4]也。内讳奔,谓之孙。夫人固在齐矣,其言孙于齐何?念母也[5]。正月以存君,念母以首事。夫人何以不称姜氏?贬。曷为贬?与[6]弑公也。其与

[译文]

【经】鲁庄公元年,春季,周王的正月。

【传】对庄公为什么不记他即位?《春秋》(的义例是)国君被杀,儿子继位不记即位。国君被杀,儿子即位何以不记?是为他悲伤。为谁悲伤?为继位的儿子悲伤。

【经】三月,夫人在齐国逊避。

【传】逊避是什么意思?逊避等于说逃遁。为我国隐讳"奔逃",叫作逊避。夫人本在齐国,《春秋》为什么说她逊避?这是思念母亲的话。《春秋》写"正月",以说明新君庄公已即位;思念母亲,作为首次举行(对桓公的)周年之祭的先导。夫人为什么不称"姜氏"?是表示贬。为什么贬?因她参与谋杀桓公。

弑公奈何？夫人谮[7]公于齐侯："公曰：'同非吾子，齐侯之子也。'"齐侯怒，与之饮酒，于其出焉，使公子彭生送之，于其乘焉，搚干[8]而杀之。念母者所善也，则曷为于其念母焉贬？不与[9]念母也。

她怎样参与谋杀桓公的？夫人在齐侯面前讲桓公的坏话，说："公说：'同不是我的儿子，是齐侯的私生子。'"齐侯发怒，请桓公喝酒，在桓公回去时，派公子彭生送他，在他乘车时，（公子彭生）折断（他的）躯干，杀死了他。思念母亲是人们承认的好事，为什么在他思念母亲时贬（他的母亲）？是不赞许（他这样）思念母亲。

[注释] 1 元年：鲁庄公元年，公元前693年。 2 公：鲁庄公，名同，桓公子，母亲文姜。 3 隐：悲痛，哀伤。 4 孙犹孙："孙"的意思，犹如说是避让。夫人本在齐未回，以躲开鲁人的指责唾骂。 5 这两句解释，为什么首先说"王正月"，为了尊重周王正统，为什么说的第一件事就是夫人所在，那是思念母亲。 6 与：参与。 7 谮(zèn)：说坏话，中伤。 8 搚(xié)干：折断躯干。 9 不与：不认同，不赞许。《春秋》何以不赞许思念母亲，《传》的意思是不赞同不思报父仇而想念母亲。

【经】夏，单伯逆王姬[1]。

【传】单伯者何？吾大夫之命乎天子者也。何以不称使？天子召而使之也。逆之者何？使我主之[2]也。曷为使我主之？天子嫁女乎诸侯，必使诸侯同姓者主之。诸侯嫁女

【经】夏季，单伯迎接王姬。

【传】单伯是谁？是我国在天子那里受了爵赐的大夫。为什么不说（他）是（庄公）派遣的？是天子召他后才派遣他的。迎接王姬是怎么回事？是使我国为王姬主婚。为什么要我国为王姬主婚？天子嫁女到诸侯国，必派同姓诸侯为她主婚。诸侯嫁女给大夫，必派同姓大夫为她主婚。

于大夫,必使大夫同姓者主之。

【经】秋,筑王姬之馆于外。

【传】何以书?讥。何讥尔?筑之,礼也;于外,非礼也。于外何以非礼?筑于外非礼[3]也。其筑之何以礼?主王姬者,必为之改筑。主王姬者,则曷为必为之改筑?于路寝[4]则不可,小寝[5]则嫌,群公子之舍[6]则以卑矣。其道必为之改筑者也。

【经】秋季,在城外建筑王姬的馆舍。

【传】为什么记?为了讥讽。讥讽什么?给王姬建筑馆舍是合乎礼制的;但建在城外,是不合礼制的。建在城外为什么不合礼制?把馆舍建在城外,(防护不如城内安全,)不合礼制。给王姬建馆舍为什么合乎礼制?给王姬主婚,一定要给她改建馆舍。为什么给王姬主婚就一定要给她改建馆舍?因为让她住在路寝是不行的,住小寝难免有亵渎的嫌疑,住各女公子的房寝就鄙视(她)了,按理一定要给她改建馆舍。

[注释] 1 王姬:周庄王之女,下嫁齐襄公。 2 使我主之:天子嫁女于诸侯,使同姓诸侯为之主。周庄王嫁女于齐,使鲁主婚。先迎王姬来鲁,然后由鲁嫁齐。 3 筑于外非礼:意思是城外在安全方面,在生活供应方面,都不如城内。 4 路寝:鲁公朝堂,听政议政之所。 5 小寝:鲁公起居卧室。 6 群公子之舍:鲁公诸女公子的房寝。

【经】冬,十月,乙亥,陈侯林[1]卒。

【经】王使荣叔来锡桓公命。

【传】锡者何?赐也。

【经】冬季,十月,乙亥日,陈侯林去世。

【经】周王派荣叔前来锡桓公命。

【传】"锡"是什么意思?是赐的意思。"命"是什么意思?是加给我国

命者何？加我服[2]也。其言桓公何？追命[3]也。

【经】王姬归于齐。

【传】何以书？我主之也。

【经】齐师迁纪邢、鄑、郚[4]。

【传】迁之者何？取之也。取之，则曷为不言取之也？为襄公讳也。外取邑不书，此何以书？大之也。何大尔？自是始灭也。

君的（表示等级荣耀的）服装。这里称桓公是什么意思？表示是追赐服装。

【经】王姬出嫁到齐国。

【传】为什么记？因为是我国主婚。

【经】齐军迁徙纪国的邢、鄑、郚三邑（的民众）。

【传】迁徙它是什么意思？是夺取了它。是夺取了它为什么不说夺取了它？是替齐襄公隐讳。别国夺取城邑照例不记，这里为什么记？是认为这事太大。为什么把这事看得很大？灭纪是从这儿开始的。

[注释] 1 陈侯林：陈庄公，名林。 2 加我服：加赐我鲁桓公表示恩宠等级的衣物。 3 追命：死后追赐。 4 邢(píng)、鄑(zī)、郚(wú)：纪国所属邑。齐迁徙其地居民，据为己有。三地分别在今山东临朐、昌邑、安丘。

庄公二年

[原文]

【经】二年，春，王二月，葬陈庄公。

【经】夏，公子庆父

[译文]

【经】鲁庄公二年，春季，周王的二月，安葬陈庄公。

【经】夏季，公子庆父率领军队攻伐

帅师伐馀丘[1]。

【传】於馀丘者何？邾娄之邑也。曷为不系乎邾娄？国之[2]也。曷为国之？君存焉尔。

【经】秋，七月，齐王姬卒。

【传】外夫人不卒，此何以卒？录焉[3]尔。曷为录焉尔？我主之也。

【经】冬，十有二月，夫人姜氏会齐侯于郜[4]。

【经】乙酉，宋公冯[5]卒。

【传】"於馀丘"是什么地方？是邾娄的邑。为什么在它上面不加上邾娄国号？是把它看成一个国家。为什么把它看成一个国家？因为邾娄国君当时在这里。

【经】秋季，七月，齐国的王姬去世。

【传】对别国的夫人不记卒，这里为什么记卒？（要把她）记录在史册里。为什么(要把她)记录在史册里？因为她是由我国主婚的。

【经】冬季，十二月，夫人姜氏在郜地会晤齐侯。

【经】乙酉日，宋公冯去世。

[注释] 1 馀丘：下文作"於馀丘"，地名。今不能确指其为何地。 2 国之：把它作为国看待。 3 录焉：记载于此。 4 郜(gào)：齐邑，在今山东济南长清区境。夫人越境会其兄，史以为是通奸。 5 宋公冯(píng)：宋庄公，名冯。

庄公三年

[原文]

【经】三年，春，王正月，溺会齐师伐卫。

[译文]

【经】鲁庄公三年，春季，周王的正月，溺会同齐军攻伐卫国。

【传】溺者何？吾大夫之未命者也。

【经】夏,四月,葬宋庄公。

【经】五月,葬桓王。

【传】此未有言崩者,何以书葬？盖改葬也。

【经】秋,纪季以酅[1]入于齐。

【传】纪季者何？纪侯之弟也。何以不名？贤也。何贤乎纪季？服罪也。其服罪奈何？鲁子曰:请后五庙[2],以存姑、姊妹[3]。

【经】冬,公次于郎[4]。

【传】其言次于郎何？刺欲救纪而后不能也。

【传】溺是谁？是我国没有受天子封命的大夫。

【经】夏季,四月,安葬宋庄公。

【经】五月,安葬周桓王。

【传】前面没有周桓王驾崩的记载,这里为什么记葬？大概是改葬。

【经】秋季,纪季带着酅地归附齐国。

【传】纪季是什么人？是纪侯的弟弟。为什么不写出他的名？因为他贤能。纪季有什么贤名？他能向齐国表示服罪。他怎样向齐国表示服罪？鲁子说:(他)请求保存五庙,使出嫁在别国的姑妈、姊妹回来省视有个地方。

【经】冬季,庄公(领兵)驻扎在郎地。

【传】这里说庄公(领兵)驻扎在郎地是什么意思？是讽刺(他)要救纪国,然而迟迟不动,(时间晚了)不能救(它)。

【注释】 1 酅(xī):在今山东青州西北。 2 请后五庙:请求保存五庙。后,保存。五庙,二昭二穆及太祖庙。 3 存姑、姊妹:让出嫁的姑母、姊妹回故土省亲有个落脚的地方。 4 次于郎:停留在郎地。次,停留,驻留。郎,鲁地,今山东曲阜附近。

庄公四年

[原文]

【经】四年,春,王二月,夫人姜氏飨[1]齐侯于祝丘[2]。

【经】三月,纪伯姬[3]卒。

【经】夏,齐侯、陈侯、郑伯遇于垂[4]。

【经】纪侯大去其国[5]。

【传】大去者何?灭也。孰灭之?齐灭之。曷为不言齐灭之?为襄公讳也。《春秋》为贤者讳,何贤乎襄公?复雠也。何雠尔?远祖也。哀公亨乎周[6],纪侯谮之。以襄公之为于此焉者,事祖祢[7]之心尽矣。尽者何?襄公将复雠乎纪,卜之曰:"师丧分[8]焉。""寡人死之,不为不吉也。"远祖者,几

[译文]

【经】鲁庄公四年,春季,周王的二月,夫人姜氏在祝丘宴请齐侯。

【经】三月,纪伯姬去世。

【经】夏季,齐侯、陈侯、郑伯在垂地相遇。

【经】纪侯永远离开了他的国家。

【传】"永远离开"是什么意思?是被灭的意思。谁灭了它?齐国灭了它。为什么不说是齐国灭了它?是替齐襄公隐讳。《春秋》为贤者隐讳,襄公有什么贤?(他)是复仇。是什么仇呢?是远祖的仇。齐哀公被周天子烹杀,是纪侯说他坏话的缘故。《春秋》认为齐襄公在这里的灭纪行为是尽了侍奉祖宗的心愿。尽了(侍奉祖宗的)什么心愿?齐襄公将对纪复仇,进行卜筮,(卜辞上)说:"军队会在这一战事中损失一半。"襄公说:"寡人为这事死去,(只要复仇成功,)也不是不吉利。"(那)远祖,离现在几代了呢?九代了。九代

世乎？九世矣。九世犹可以复雠乎？虽百世可也。家亦可乎？曰：不可。国何以可？国、君一体也。先君之耻，犹今君之耻也；今君之耻，犹先君之耻也。国君何以为一体？国君以国为体，诸侯世[9]，故国君为一体也。今纪无罪，此非怒[10]与？曰：非也。古者有明天子，则纪侯必诛，必无纪者。纪侯之不诛，至今有纪者，犹[11]无明天子也。古者诸侯必有会聚之事，相朝聘之道，号辞[12]必称先君以相接，然则齐、纪无说[13]焉，不可以并立乎天下。故将去纪侯者，不得不去纪也。有明天子，则襄公得为若行乎？曰：不得也。不得则襄公曷为为之？上无天子，下无方伯[14]，缘恩疾[15]者可也。

了还可以复仇吗？即使一百代也可以。大夫也可以这样吗？（回答）说：不可以。国君为什么可以？因为国、君是一体的。先君的耻辱，如同是今君的耻辱；今君的耻辱，如同是先君的耻辱。国、君为什么是一体的？国君以国为体，（因为）诸侯世代相承，所以国、君为一体。现在的纪无罪过，这不是迁怒于它吗？（回答）说：不是。古代（如果）有贤明天子，纪侯一定被诛，一定没有纪国了。（当时的）纪侯没有被诛，到现在还有纪国，是因为还没有贤明的天子。古代诸侯必定有聚会一类的事情，互相朝聘的规矩：（致送礼物的）名义、（宾主互致的）言辞，（都）一定（要）称先君，以和现在的交往相接。那么，齐和纪面对这种事就不会高兴，它们不能同时存在于天下。所以将要去掉纪侯，不得不去掉纪国。（如果）有贤明的天子，齐襄公能做出这样的行动吗？（回答）说：不能。不能，而襄公为什么又做出了这样的事呢？因为上无英明的天子，下无贤良的方伯，顺应恩怨而复仇是可以的。

[注释] 1 飨(xiǎng):设盛宴招待。 2 祝丘:鲁地,在今山东临沂东南。 3 伯姬:鲁惠公女,隐公二年纪裂繻为纪君来鲁迎娶。 4 垂:卫地,在今山东曹县北之句阳店。 5 大去其国:离开他的国家再不回来。 6 亨(pēng)乎周:被周王烹杀。亨,同"烹"。 7 祖祢(ní):指祖宗。祢,在生曰父,死曰考,入庙曰祢。 8 师丧分:军队损失一半。 9 诸侯世:诸侯是世袭的。 10 怒:迁怒。 11 犹:由于。 12 号辞:正式发言。 13 无说(yuè):不高兴,不友好,没有共同语言。 14 方伯:一方诸侯之长。 15 缘恩疾:顺应恩怨。

【经】六月,乙丑,齐侯葬纪伯姬。

【传】外夫人不书葬,此何以书?隐之也。何隐尔?其国亡矣,徒葬[1]于齐尔。此复雠也,曷为葬之?灭其可灭,葬其可葬。此其为可葬奈何?复雠者,非将杀之,逐之也。以为虽遇纪侯之殡[2],亦将葬之也。

【经】六月,乙丑日,齐侯安葬纪伯姬。

【传】对别国的夫人不记葬,这里为什么记?是为她痛惜。痛惜什么?她的国家亡了,只能被齐国下葬。(齐灭纪)这是复仇,为什么还要葬她?(齐国是)灭应该灭的,葬应该葬的。怎么说这是应该葬的?复仇并不是一定要杀掉对方,而是将他赶下台。因为即使是遇到纪侯殓而未葬,也将(按诸侯之礼)葬他。

[注释] 1 徒葬:是说没有臣子为修葬礼。 2 殡(bìn):殓而未葬。

【经】秋,七月。

【经】冬,公及齐人狩于郜。

【经】秋季,七月。

【经】冬季,庄公与齐国人在郜地狩猎。

【传】公曷为与微者狩？齐侯也。齐侯，则其称人何？讳与雠狩也。前此者有事矣，后此者有事矣，则曷为独于此焉讥？于雠者将壹讥[1]而已，故择其重者而讥焉，莫重乎其与雠狩也。于雠者则曷为将壹讥而已？雠者无时[2]，焉可与通？通则为大讥，不可胜讥，故将壹讥而已，其余从同同[3]。

【传】庄公为什么与地位低的人一起狩猎？（他不是地位低的人，）是齐侯。既是齐侯，为什么称"人"？是隐讳（庄公）与仇人一起狩猎。在此之前（庄公与齐侯）有交往，在此之后（庄公与齐侯也）有交往，为什么独在这里讥讽（他）？（因为）对于仇人，只要讥讽一次就罢了，所以选择重大的事情讥讽，（重大的事情）没有比他与仇人一起狩猎更重大的了。对仇人为什么讥讽一次就罢了？仇人无时间限制，（永远是仇人，）哪里能与他交往？与他交往就是大讥讽，那就讥不胜讥，所以只讥一次就罢了，其余（不讥的）也与此相同。

【注释】 1 壹讥：一次讥讽。壹，同"一"。 2 无时：没有时限，仇人永远是仇人。 3 其余从同同：其余不作讥讽的与作了一次讥讽的相同。同同，即"相同"。

庄公五年

【原文】

【经】五年，春，王正月。

【经】夏，夫人姜氏

【译文】

【经】鲁庄公五年，春季，周王的正月。

【经】夏季，夫人姜氏去到齐国军中。

如齐师。

【经】秋,倪[1]黎来来朝。

【传】倪者何? 小邾娄也。小邾娄则曷为谓之倪? 未能以其名通也。黎来者何? 名也。其名何? 微国也。

【经】冬,公会齐人、宋人、陈人、蔡人伐卫。

【传】此伐卫何? 纳朔[2]也。曷为不言纳卫侯朔? 辟王[3]也。

【经】秋季,倪黎来前来朝见。

【传】倪是什么? 是(后来的)小邾娄国。小邾娄国为什么叫它作倪? 因它当时还未得周室爵命,国君还不能用爵位名与诸侯相通。黎来是谁? 是(倪君主的)名。这里称(他的)名是因为什么? 因为他的国小。

【经】冬季,庄公会同齐国人、宋国人、陈国人、蔡国人攻伐卫国。

【传】这次伐卫是为了什么? 是(为了)护送朔(回卫国)。为什么不说是护送卫侯朔(回卫国)? 是避免违反王命的嫌疑。

[注释] 1 倪:通"郳(ní)",邾娄的附庸国,先世出于邾娄。邾娄国国君名颜字夷父者,有功于周。后把他的小儿子肥别封于郳,作为其附庸国。其后附从齐桓公以尊周室,受周王命封为小邾娄子。战国时灭于楚。 2 纳朔:把卫侯朔送进卫国复位。朔,即卫惠公,桓公十三年立,桓公十六年,公子职、公子泄怨其杀兄夺位,共逐朔。朔出奔齐,流亡八年,齐会诸侯之师伐卫,使朔复位。 3 辟王:回避周王。周王于庄公六年春有救卫之举,纳朔有抗王命之嫌。

庄公六年

【原文】

【经】六年,春,王三月,王人[1]子突救卫。

【传】王人者何?微者也。子突者何?贵也。贵则其称人何?系诸人[2]也。曷为系诸人?王人耳。

【经】夏,六月,卫侯朔入于卫。

【传】卫侯朔何以名?绝。曷为绝之?犯命[3]也。其言入何?篡辞也。

【经】秋,公至自伐卫。

【传】曷为或言致会[4]?或言致伐?得意致会,不得意致伐。[5]卫侯朔入于卫,何以致伐?不敢胜天子也。

【译文】

【经】鲁庄公六年,春季,周王的三月,王人子突援救卫国。

【传】王人是什么人?是官位不高的人。子突是谁?是地位高贵的人。地位高贵却称"人"是为什么?是要把他与"人"字联系起来。为什么要把他与"人"字联系起来?(上面系上"王"字,)是王室的人员了。

【经】夏季,六月,卫侯朔进入卫国。

【传】称"卫侯朔",为什么要称卫侯的名?是不承认(君位)。为什么不承认他(君主的地位)?因为他违反了天子之命。这里说"入"是什么意思?是篡位的意思。

【经】秋季,庄公从攻伐卫国处回来。

【传】为什么有时写从会盟回来,有时写从攻伐某国回来?由于愿望实现而感到满意,就写从会盟回来;不如意时,就写从攻伐某国回来。卫侯朔回到卫国,(庄公的愿望实现了,)为什么写从攻伐卫国回来?(因为护送卫侯朔入卫,是与天子对抗,)

【经】螟。

【经】冬,齐人来归卫宝⁶。

【传】此卫宝也,则齐人曷为来归之?卫人归之也。卫人归之,则其称齐人何?让乎我也。其让乎我奈何?齐侯曰:此非寡人之力,鲁侯之力也。

诸侯不敢胜天子。

【经】发生螟灾。

【经】冬季,齐国前来赠送卫国的宝物。

【传】这是卫国的宝物,齐国人为什么前来赠送?是卫国人送的。卫国人送的,这里为什么说是齐国人送的?是(齐国)让给我国的。他是怎样让给我国的?齐侯说:(卫侯回国,)这不是我的功劳,是鲁侯的功劳。

[注释] 1 王人:周王室的人,也就是周的官员。 2 系诸人:系之于"人",把他的名字挂在"人"字下面。 3 犯命:违逆王命。 4 致会:从会盟归来。致,至自。 5 这两句是说,与他国联合攻伐别的国家,如果达到了目的,他国服了,回国就称为致会;如果未达目的,他国未服,回国就称为致伐。 6 归卫宝:赠送卫国的珍宝。归,用同"馈(kuì)",赠送。

庄公七年

[原文]

【经】七年,春,夫人姜氏会齐侯于防¹。

【经】夏,四月,辛卯,夜,恒星²不见。夜中,星霣如雨³。

[译文]

【经】鲁庄公七年,春季,夫人姜氏在防地会见齐侯。

【经】夏季,四月,辛卯日,夜里,常见的星未出现。半夜里,星坠落如雨。

【传】常见的星是什么星?是(按时

【传】恒星者何？列星也。列星不见，何以知夜之中？星反[4]也。如雨者何？如雨者，非雨也。非雨则曷为谓之如雨？不修《春秋》[5]曰："雨星不及地尺而复[6]。"君子[7]修之曰："星霣如雨。"何以书？记异也。

【经】秋，大水。无麦、苗[8]。

【传】无苗，则曷为先言无麦而后言无苗？一灾不书，待无麦然后书无苗。何以书？记灾也。

【经】冬，夫人姜氏会齐侯于穀[9]。

出现的）列星。列星未出现，凭什么知道是半夜里？星星又返回天空了。"如雨"是什么意思？如雨，并不是雨。不是雨，为什么说它如雨？没有修订过的《春秋》说："星星掉下来离地面不到一尺又返回（空中）。"（修史的）君子将它修改了，说："星坠落如雨。"为什么记？是记奇异现象。

【经】秋季，发大水。麦无收成，（黍稷等其他作物的）苗也（被漂没）没有了。

【传】没有了（其他粮食作物的）苗，为什么要先说没有麦收，后才说苗也没有了？（《春秋》是）一项灾害不记，在麦没有收成后，才把（其他作物的）苗（被水漂没）也记上。为什么记？是记灾害。

【经】冬季，夫人姜氏在穀地会见齐侯。

[注释] 1 防：鲁地，在今山东费县东北。 2 恒星：经常按时成列出现的群星。 3 星霣(yǔn)如雨：星星如下雨一般纷纷坠落。霣，同"陨"，坠落。据天文学家说，这是公元前687年3月16日发生的流星雨。史书上记载此事，是世界上最早的天琴座流星雨的记载。 4 星反：这些星星又返回原位了。 5 不修《春秋》：未经修订的鲁史原文。 6 雨星不及地尺而复：星星落下来，离地一尺远的时候，又返回去了，没有下到地面。修《春秋》的人以为不合理，作了修订。 7 君子：当是指孔子。 8 苗：禾苗。禾，指稷，今北方所说的谷子，去壳后称为小米。 9 穀：齐地，在今山东东阿。

庄公八年

【原文】

【经】八年,春,王正月,师次于郎,以俟¹陈人、蔡人。

【传】次不言俟,此其言俟何?托不得已²也。

【经】甲午,祠兵³。

【传】祠兵者何?出曰祠兵,入曰振旅⁴,其礼一也,皆习战也。何言乎祠兵?为久⁵也。曷为为久?吾将以甲午之日,然后祠兵于是。⁶

【译文】

【经】鲁庄公八年,春季,周王的正月,军队停驻在郎地,以等待陈国人、蔡国人。

【传】说军队停驻是不说有所等待的,这里为什么说有所等待?是推托说(为陈国、蔡国所约,灭盛)是不得已的。

【经】甲午日,治兵。

【传】治兵是什么意思?(军队)出发前叫治兵,回来叫振旅,礼节如一,都是演习作战。治兵为什么记?因为稽留长久。为什么稽留长久?(先前曾宣称)"我们鲁军将于(二月)甲午日出兵,然后才治兵"。

注释 1 俟(sì):等待。 2 托不得已:假托是不得已,并非自愿。鲁将灭同姓小国盛,起兵在郎等待,仿佛是应他国之约,出于不得已的样子。 3 祠兵:是出兵作战前的一种礼仪。军队出战前,在近郊列阵操练,祭告神灵,宰杀牲畜,以飨士卒。 4 振旅:还师回国举行的礼仪,激励、整顿部队,居安思危,不忘再战。 5 为久:为部队久留在外找说辞。 6 吾将以甲午之日,然后祠于是:就说是鲁军于甲午日出兵,然后待在这儿举行战前的祠兵仪式。

【经】夏,师及齐师围成。成[1]降于齐师。

【传】成者何?盛也。盛则曷为谓之成?讳灭同姓也。曷为不言降吾师?辟之[2]也。

【经】秋,师还。

【传】还者何?善辞[3]也。此灭同姓,何善尔?病之[4]也,曰师病矣。曷为病之?非师之罪[5]也。

【经】冬,十有一月,癸未,齐无知弑其君诸儿[6]。

【经】夏季,(我)军与齐军包围成国。成国向齐军投降。

【传】成国是哪一国?就是盛国。盛国为什么叫它做成国?为(庄公)灭同姓隐讳。为什么不说盛国向我国军队投降?是避免灭同姓的恶名。

【经】秋季,军队回还。

【传】"回还"是什么意思?是赞美军队回国之辞。这次出征是灭同姓,为什么要赞美?是认为它们太疲劳了,等于说"军队太疲劳了!"为什么还要认为它们太疲劳?(因为灭同姓并)不是军队的罪过(而是庄公的罪过)。

【经】冬季,十一月,癸未日,齐国的无知杀死他的君主诸儿。

[注释] 1 成:又作盛、郕。国名。初封文王之子,武王、周公之弟。一说成在今山东汶上县西北。 2 辟之:避开灭同姓国的恶名。 3 善辞:是说回来就好。 4 病之:让军队劳累困乏了。 5 非师之罪:部队辛苦了,至于灭成,那是上面人指挥,不是他们的罪过。 6 无知:公孙无知,齐庄公之孙,齐僖公母弟夷仲年之子,齐襄公的堂兄弟。诸儿:齐襄公名。

庄公九年

[原文]

【经】九年,春,齐人杀无知[1]。

【经】公及齐大夫盟于暨[2]。

【传】公曷为与大夫盟?齐无君也。然则何以不名?为其讳与大夫盟也,使若众然[3]。

【经】夏,公伐齐,纳纠[4]。

【传】纳者何?入辞也。其言伐之何?伐而言纳者,犹不能纳也。纠者何?公子纠也。何以不称公子?君前臣名[5]也。

【经】齐小白[6]入于齐。

【传】曷为以国氏[7]?当国[8]也。其言入何?篡辞也。

[译文]

【经】鲁庄公九年,春季,齐国人杀无知。

【经】庄公和齐国大夫在暨结盟。

【传】庄公为什么与(齐国)大夫结盟?因为(这时)齐国没有君主。既然是与齐国大夫结盟,为什么不写出大夫的名?是替庄公隐讳与别国的大夫结盟,使人觉得好像是与齐国众人盟誓一样。

【经】夏季,庄公攻伐齐国,将纠纳入齐国。

【传】"纳入"是什么意思?是护送进入(齐国)之辞。说攻伐齐国是什么意思?攻伐而说护送,是送不进去的意思。纠是什么人?是(齐国的)公子纠。为什么不称他为公子?(因他当时是投鲁为臣)在鲁君前,臣要称名。

【经】齐小白进入齐国。

【传】为什么(小白)以(齐国)国号作氏?因为他早就想在齐国当政。说"入"是什么意思?"入"是篡位之辞。

[注释] 1 齐人杀无知:杀无知的是雍廪,雍廪是渠丘大夫。渠丘是无知的封邑。 2 暨:鲁地,在今山东枣庄市东南。 3 若众然:好像是与齐国众多大夫结盟似的。 4 纳纠:送公子纠回国为齐君。纠,公子纠,齐襄公弟。 5 君前臣名:在君面前臣当称名。这句意思是纠已臣服于鲁。 6 小白:齐僖公庶子,齐襄公异母弟。避内乱奔莒,这时回齐抢夺君位。他就是历史上著名的齐桓公。 7 以国氏:以国为氏。是说在小白之前加上"齐"。 8 当国:意图篡国当政。

【经】秋,七月,丁酉,葬齐襄公。

【经】八月,庚申,及齐师战于乾时[1],我师败绩。

【传】内不言败,此其言败何?伐败[2]也。曷为伐败?复雠也。此复雠乎大国,曷为使微者?公也。公则曷为不言公?不与[3]公复雠也。曷为不与公复雠?复雠者在下也。

【经】九月,齐人取子纠,杀之。

【传】其取之何?内辞也。胁我,使我杀之也。其称子纠何?贵也。其

【经】秋季,七月,丁酉日,安葬齐襄公。

【经】八月,庚申日,(我军)和齐军在乾时作战,我军大败。

【传】对我国是不写败的,这里说败是为什么?是以败为荣。为什么以败为荣?是复仇(所以以败为荣)。这是向大国复仇,为什么派官位不高的人?是庄公。既然是庄公,为什么不说明是庄公?是不赞许庄公复仇。为什么不赞许庄公这次复仇?因为复仇是次要的(主要是送公子纠回国)。

【经】九月,齐国人索取子纠,将他杀死。

【传】这里说"索取子纠"是什么意思?是我国(把杀子纠的过失推给齐国)的说法。本是齐国胁迫我国,使我国杀他的。这里称他为"子纠"是什么意思?

贵奈何？宜为君者也。

【经】冬，浚洙。

【传】洙者何？水也。浚之者何？深之也。曷为深之？畏齐也。曷为畏齐也？辞[4]杀子纠也。

是认为他高贵。他怎样高贵？（他）应该成为（齐国）君主的。

【经】冬季，疏浚洙。

【传】洙是什么？是洙水。疏浚洙是什么意思？是挖深河道。为什么要挖深河道？是怕齐兵来攻打。为什么怕齐国来攻打？因为曾拒绝杀子纠。

注释　1 乾时：齐地，今属山东淄博。　2 伐败：夸耀失败。伐，夸耀。传以此战为鲁复仇之战，复仇以死败为荣。　3 不与：不赞同，不认可。　4 辞：（曾经）拒绝。一说"辞"谓说辞，曾作说辞以为子纠辩解。

庄公十年

原文

【经】十年，春，王正月，公败齐师于长勺[1]。

【经】二月，公侵宋。

【传】曷为或言侵，或言伐？觕者曰侵[2]，精者曰伐[3]。战不言伐，围不言战，入不言围，灭不言入，书其重者[4]也。

译文

【经】鲁庄公十年，春季，周王的正月，庄公在长勺打败齐军。

【经】二月，庄公侵宋国。

【传】为什么有时说侵？有时说伐？粗略用兵（随即撤去）叫作侵，用兵精细（深入敌境）叫作伐。写战就不写伐，写包围就不写战，写深入就不写包围，写灭亡就不写深入，这都是只写最重大的事。

【注释】 1 长勺(zhuó)：鲁地，在今山东曲阜北。 2 觕者曰侵：把部队开到人家的国土内，粗略地打一转，并未宣战。杜预注《左传》，以为鸣金击鼓，公然进犯，那是伐；不鸣金击鼓袭击人家叫侵。觕，同"粗"。 3 精者曰伐：经过周密组织，堂堂正正地攻击叫伐。 4 书其重者：选择严重的、厉害的写。

【经】三月，宋人迁宿[1]。

【传】迁之者何？不通[2]也，以地还之也。子沈子[3]曰："不通者，盖因而臣之[4]也。"

【经】夏，六月，齐师、宋师次[5]于郎。公败宋师于乘丘[6]。

【传】其言次于郎何？伐也。伐则其言次何？齐与伐而不与战，故言伐也。我能败之，故言次也。

【经】三月，宋国人迁徙宿国。

【传】迁徙宿国是怎么回事？是使它不能与外界交通，(宋国)用领土把它包围起来。子沈子说：不使它与外界交通，大概是就此迫使宿国君主向宋称臣。

【经】夏季，六月，齐军、宋军停驻在郎地。庄公在乘丘打败宋军。

【传】这里说(齐军、宋军)停驻在郎地是什么意思？(它们本来)是攻伐我国。攻伐(我国)为什么说停驻？齐国参与(宋国)攻伐(我国)，而没有参与(宋国与我国)作战，所以应当说伐。(但是)我国能够打败宋国，所以说是停驻。

【注释】 1 迁宿：迁宿国之民而取其地。宿，注家有以为在今江苏宿迁。 2 不通：这是宋迁宿的手段。占领其周围的土地，断其交通，阻其往来。下句说"还之"，就是环之，把它包围起来。 3 子沈子：《公羊》经师，据说是鲁国人，别无可考。 4 臣之：迫使它对宋称臣。 5 次：驻扎。 6 乘(shèng)丘：鲁地，在今山东曲阜西北。

【经】秋,九月,荆败蔡师于莘[1],以蔡侯献舞[2]归。

【传】荆者何?州名[3]也。州不若国,国不若氏,氏不若人,人不若名,名不若字,字不若子。蔡侯献舞何以名?绝。曷为绝之?获也。曷为不言其获?不与夷狄之获中国也。

【经】冬,十月,齐师灭谭[4]。谭子奔莒。

【传】何以不言出?国已灭矣,无所出也。

【经】秋季,九月,荆在莘打败蔡军,把蔡侯献舞带回国。

【传】荆是什么?是州的名称。称州名比不上称国名(尊敬),称国名比不上称氏(尊敬),称氏比不上称"人"(尊敬),称"人"比不上称名(尊敬),称名比不上称字(尊敬),称字比不上称"子"(尊敬)。称"蔡侯献舞",为什么要写出他的名?是不承认(君位)。为什么不承认他(君主的地位)?因为(他被楚国)俘获。为什么不说他被(楚国)俘获?是不肯让夷狄俘获中原诸侯。

【经】冬季,十月,齐军灭亡谭国。谭子逃亡到莒国。

【传】为什么不说"出"?因为国已灭亡,无国可出了。

[注释] 1 莘(shēn):蔡地名,在今河南汝南县境。 2 献舞:蔡侯名,即蔡季,蔡哀侯。此战楚人把他俘获带走。 3 州名:荆,本指楚,国名。《传》贬之,称它为州。 4 谭:国名,地在今山东济南东南。

庄公十一年

【原文】

【经】十有一年,春,王正月。

【经】夏,五月,戊寅,公败宋师于鄑。

【经】秋,宋大水。

【传】何以书?记灾也。外灾不书,此何以书?及我也。

【经】冬,王姬归于齐。

【传】何以书?过我也。

【译文】

【经】鲁庄公十一年,春季,周王的正月。

【经】夏季,五月,戊寅日,庄公在鄑地打败宋军。

【经】秋季,宋国发大水。

【传】为什么记?记灾害。别国的灾害照例不记,这里为什么记?因为我国连带受灾。

【经】冬季,王姬出嫁到齐国。

【传】为什么记?因为途经我国。

庄公十二年

【原文】

【经】十有二年,春,王三月,纪叔姬归于酅[1]。

【传】其言归于酅何?隐之也。何隐尔?其国亡矣,徒归于叔尔也。

【经】夏,四月。

【译文】

【经】鲁庄公十二年,春季,周王的三月,纪叔姬(从我国)回到酅。

【传】说(她)回到酅是什么意思?是为她痛惜。痛惜什么?她的国家亡了,只好回到小叔子这里来了。

【经】夏季,四月。

[注释] 1 酅(xī)：纪君知齐必灭纪，分酅邑于其弟纪季，使入齐为附庸，以保存宗庙。纪灭，叔姬先回母国鲁，而后往酅，依于小叔子纪季。

【经】秋，八月，甲午，宋万[1]弑其君接[2]，及其大夫仇牧。

【传】及者何？累也。弑君多矣，舍此无累者乎？孔父、荀息皆累[3]也。舍孔父、荀息无累者乎？曰：有。有则此何以书？贤也。何贤乎仇牧？仇牧可谓不畏强御[4]矣。其不畏强御奈何？万尝与庄公战，获乎庄公[5]。庄公归，散舍诸宫中[6]，数月，然后归之。归反，为大夫于宋。与闵公博[7]，妇人皆在侧。万曰："甚矣，鲁侯之淑[8]，鲁侯之美也！天下诸侯宜为君者，唯鲁侯尔。"闵公矜此妇人[9]，妒其言，顾曰："此虏也[10]！""尔虏焉故[11]，鲁侯之美恶乎至[12]？"万怒，搏闵公，绝其脰[13]。仇牧闻君弑，趋而至，遇之于门，

【经】秋季，八月，甲午日，宋万杀了他的君主接，以及他的大夫仇牧。

【传】及是什么意思？是连累的意思。国君被杀的例子很多，除开这里就没有受连累的了吗？孔父、荀息都是受连累的。除开孔父、荀息，再没有受连累的了吗？（回答）说：有。既然有，这里为什么记？因为（他）贤能。为什么认为仇牧贤能？仇牧可以说是不畏强暴了。他是怎样不畏强暴的？万曾和庄公作战，被庄公俘获。庄公回宫，将他放在宫中住下，几个月后，放他回国。（他）回去后，在宋国做大夫。一次他与宋闵公下棋，宋闵公的妻妾都在身旁。万说："鲁侯多么贤良！鲁侯多么美好！天下诸侯适合做国君的，只有鲁侯了。"宋闵公在这些妇人面前骄傲自夸，对万称赞鲁侯贤良的话妒忌，回头（对身边的妻妾）说："这人是俘虏！"（对万说：）"你做了他的俘虏，所以才这么说，鲁侯很美，美在哪里？"万发怒，与闵公搏斗，弄断了闵公的颈项。仇牧听到君主被杀，跑着来，在门

手剑[14]而叱之。万臂挶[15]仇牧,碎其首,齿著乎门阖[16]。仇牧可谓不畏强御矣。

【经】冬,十月,宋万出奔陈。

【经】冬季,十月,宋万出国逃到陈国。

前遇上万,手持着剑骂他。万用手臂击杀仇牧,捶碎了他的头,牙齿黏附在门扇上。仇牧可以说是不畏强暴了。

注释 1 宋万:南宫万,一作南宫长万。 2 接:宋闵公名。 3 孔父、荀息皆累:桓公二年,宋督弑其君与夷及其大夫孔父。僖公十年,晋里克弑其君卓子及其大夫荀息。 4 强御:强暴。 5 获乎庄公:被鲁庄公俘获。乎,于,表示被动。 6 散舍诸宫中:把他放了,安置在宫中。诸,之于。 7 博:一种分胜负的游戏。 8 淑:善。 9 矜此妇人:在这些妇人面前骄傲自夸。 10 此虏也:这人是俘虏。 11 尔虏焉故:(你说这话,)是因为你被他俘虏过的缘故。 12 恶乎至:在哪里? 13 脰(dòu):颈项。 14 手剑:持剑。手,用如动词。 15 臂挶(sà):以手臂击杀。 16 门阖:门扇,门扉。

庄公十三年

原文

【经】十有三年,春,齐侯、宋人、陈人、蔡人、邾娄人会于北杏[1]。

【经】夏,六月,齐人灭遂[2]。

【经】秋,七月。

译文

【经】鲁庄公十三年,春季,齐侯、宋人、陈人、蔡人、邾娄人在北杏聚会。

【经】夏季,六月,齐国人灭亡遂国。

【经】秋季,七月。

[注释] 1 北杏:齐地,在今山东东阿县境。 2 遂:妫姓小国,在今山东宁阳西北与肥城接界处。

【经】冬,公会齐侯,盟于柯¹。

【传】何以不日？易²也。其易奈何？桓之盟不日,其会不致³,信之⁴也。其不日何以始乎此？庄公将会乎桓,曹子进曰:"君之意何如？"庄公曰:"寡人之生则不若死矣。"曹子⁵曰:"然则君请当其君,臣请当其臣。"庄公曰:"诺。"于是会乎桓。庄公升坛⁶,曹子手剑而从之。管子⁷进曰:"君何求乎？"曹子曰:"城坏压竟⁸,君不图与⁹？"管子曰:"然则君将何求？"曹子曰:"愿请汶阳¹⁰之田。"管子顾曰:"君许诺！"桓公曰:"诺。"曹子请盟,桓公下与之盟。已盟,曹子摽¹¹剑而去之。要盟可

【经】冬季,庄公会见齐侯,在柯地结盟。

【传】为什么不记结盟的日子？因为齐桓公态度平和。他的态度怎样平和？与齐桓公结盟不记日子,和他相会不记会后回国,都是信任他。会盟不记日子为什么从这次开始？庄公将会齐桓公,曹子走上前说:"君的心意如何？"庄公说:"寡人这样活着比不上死(好)！"曹子说:"既然如此,请君对他们的君主,臣对他们的臣。"庄公说:"好！"于是会见齐桓公。庄公登上盟坛,曹子手握着佩剑跟随他。管子向前说:"君要求什么？"曹子说:"(齐多次侵鲁取邑,)鲁城郭坏败,(齐兵)逼近鲁国边境,齐君不考虑一下吗？"管子说:"那么君将要求什么？"曹子说:"希望求得还我汶水北岸的田地。"管子回头(对桓公)说:"君允诺！"桓公说:"好！"曹子要求与桓公盟誓,桓公下坛,与鲁君盟誓。盟毕,曹子丢下手中的剑离开。被要挟所订的盟约可以违

犯[12],而桓公不欺;曹子可雠,而桓公不怨。桓公之信著[13]乎天下,自柯之盟始焉。

反,而齐桓公信守不欺骗;曹子可以被视为仇人,而齐桓公不怨(他)。齐桓公的诚信天下人都知道,是从柯之盟开始的。

[注释] 1 柯:齐邑,在今山东阳谷东北。 2 易:(齐桓公)平易谦和。 3 不致:不写(鲁庄公)至自会。致,至自。 4 信之:以盟会为可信。时齐强鲁弱,主要是说齐国信守盟约。 5 曹子:《穀梁传》以为是曹刿,《史记》以为是曹沫。 6 升坛:登上土筑高台。坛,土筑高台,用以祭祀、盟会等。 7 管子:管夷吾,字仲。曾奉公子纠奔鲁,纠被杀,管仲请囚。齐桓公赦免了他,并重用他为相。这时他在会参与其事。 8 城坏压竟:鲁受齐侵,城邑被毁,齐大兵压鲁国境。 9 君不图与:齐国君难道不考虑一下吗? 10 汶阳:鲁地,在汶水之北,地近齐,屡被齐所侵占。曹刿请求归还。 11 摽(biāo):挥,弃。 12 要(yāo)盟可犯:武力挟持之下所订的盟约可以不遵守。 13 著:显著,显扬。

庄公十四年

[原文]

【经】十有四年,春,齐人、陈人、曹人伐宋。

【经】夏,单伯[1]会伐宋。

【传】其言会伐宋何?后会[2]也。

[译文]

【经】鲁庄公十四年,春季,齐国人、陈国人、曹国人攻伐宋国。

【经】夏季,单伯与攻伐宋国(的诸侯)相会。

【传】这里说(单伯)与攻伐宋国

【经】秋,七月,荆入蔡。

【经】冬,单伯会齐侯、宋公、卫侯、郑伯于鄄[3]。

(的诸侯)相会是什么意思?是说他到会迟了。

【经】秋季,七月,荆攻入蔡国。

【经】冬季,单伯与齐侯、宋公、卫侯、郑伯在鄄地相会。

注释 1 单(shàn)伯:当是庄公元年迎王姬的那个鲁国大夫。 2 后会:是说迟到了。 3 鄄(juàn):卫邑,故地为今山东鄄城北旧城。

庄公十五年

[原文]

【经】十有五年,春,齐侯、宋公、陈侯、卫侯、郑伯会于鄄。

【经】夏,夫人姜氏如齐。

【经】秋,宋人、齐人、邾娄人伐郳[1]。

【经】郑人侵宋。

【经】冬,十月。

[译文]

【经】鲁庄公十五年,春季,齐侯、宋公、陈侯、卫侯、郑伯在鄄地聚会。

【经】夏季,夫人姜氏到齐国。

【经】秋季,宋国人、齐国人、邾娄国人攻伐郳国。

【经】郑人侵伐宋国。

【经】冬季,十月。

注释 1 郳(ní):《左传》《穀梁传》作"郎",宋之附庸国,叛宋。

庄公十六年

[原文]

【经】十有六年,春,王正月。

【经】夏,宋人、齐人、卫人伐郑。

【经】秋,荆伐郑。

【经】冬,十有二月,公会齐侯、宋公、陈侯、卫侯、郑伯、许男、曹伯、滑伯、滕子,同盟于幽[1]。

【传】同盟者何?同欲[2]也。

【经】邾娄子克卒。

[译文]

【经】鲁庄公十六年,春季,周王的正月。

【经】夏季,宋国人、齐国人、卫国人攻伐郑国。

【经】秋季,荆攻伐郑国。

【经】冬季,十二月,庄公会见齐侯、宋公、陈侯、卫侯、郑伯、许男、曹伯、滑伯、滕子,在幽地同盟。

【传】同盟是什么意思?是同心愿的意思。

【经】邾娄子克去世。

[注释] 1 幽:宋地,或在今河南兰考县境。 2 同欲:共同的心愿,都想结盟。

庄公十七年

[原文]

【经】十有七年,春,齐人执郑瞻[1]。

[译文]

【经】鲁庄公十七年,春季,齐国人逮捕了郑瞻。

【传】郑瞻者何？郑之微者也。此郑之微者，何言乎齐人执之？书甚佞[2]也。

【经】夏，齐人瀸[3]于遂。

【传】瀸者何？瀸，积也[4]，众杀戍者[5]也。

【经】秋，郑瞻自齐逃来。

【传】何以书？书甚佞也。曰佞人来矣，佞人来矣。

【经】冬，多麋[6]。

【传】何以书？记异也。

【传】郑瞻是何人？是郑国的微贱的人。这是个郑国的微贱的人，为什么要记齐国人逮捕了他？是记下这个巧言谄媚的人。

【经】夏季，齐国的守军在遂地被歼灭。

【传】"瀸"是什么意思？就是"瀸积"，(遂地)众人杀死了齐国戍守士兵的意思。

【经】秋季，郑瞻从齐国逃来。

【传】为什么记？是记巧言谄媚的人。是说：巧言谄媚的人来了，巧言谄媚的人来了！

【经】冬季，出现很多麋。

【传】为什么记？是记异常事情。

注释 1 郑瞻：《左传》作"郑詹"，以为是郑之执政者。 2 甚佞(nìng)：花言巧语，超级奸邪。佞，能言善辩，行不中正。 3 瀸(jiān)：《左传》《穀梁传》作"歼(殲)"，谓被歼灭。 4 积也：《传》的意思是，全部杀光了，尸体成堆。 5 戍者：齐人在遂的驻军。 6 麋(mí)：一种哺乳动物，所谓"四不像"。雄的有角，角像鹿，尾像驴，蹄像牛，颈像骆驼，但从整体来看哪一种动物都不像。

庄公十八年

【原文】

【经】十有八年,春,王三月,日有食之。

【经】夏,公追戎于济西。

【传】此未有言伐者,其言追何?大其为中国追也。此未有伐中国者,则其言为中国追何?大其未至而豫御之也。其言于济西何?大之也。

【经】秋,有蜮[1]。

【传】何以书?记异也。

【经】冬,十月。

【译文】

【经】鲁庄公十八年,春季,周王的三月,发生日食。

【经】夏季,庄公追逐戎人到济水之西。

【传】这里没有说攻伐,却说追逐是什么意思?是赞颂他替中原诸国追逐(戎人)。这时又没有攻伐中原诸国的(戎人),而说替中原诸国追逐(戎人)是什么意思?是赞颂他在戎人没有来犯(中原诸国)时就预先防备它。这里说"到济水之西"是什么意思?是夸赞他的功绩。

【经】秋季,出现蜮虫。

【传】为什么记?记异常现象。

【经】冬季,十月。

【注释】 1 蜮(yù):传说水中一种害人的动物。或说是一种食苗的害虫。一作螣。

庄公十九年

[原文]

【经】十有九年,春,王正月。

【经】夏,四月。

【经】秋,公子结媵[1]陈人之妇于鄄,遂及齐侯、宋公盟。

【传】媵者何?诸侯娶一国,则二国往媵之,以侄娣从。侄者何?兄之子也。娣者何?弟也。诸侯壹聘九女,诸侯不再娶。媵不书,此何以书?为其有遂事[2]书。大夫无遂事,此其言遂何?聘礼[3],大夫受命不受辞[4],出竟有可以安社稷利国家者,则专之[5]可也。

【经】夫人姜氏如莒。

[译文]

【经】鲁庄公十九年,春季,周王的正月。

【经】夏季,四月。

【经】秋季,公子结到鄄地给陈人的媳妇送随嫁女子,接着与齐侯、宋公结盟。

【传】送随嫁女子是怎么回事?诸侯在一个国家娶亲,另外两个国家要给女方送随嫁女子,用侄与娣随嫁。侄是什么人?是兄的女儿。娣是什么人?是女弟弟。诸侯一次聘娶九个女子,诸侯不再婚。送随嫁女子照例不记,这里为什么记?因为伴随它出现了另外一件事,所以记下。大夫本不能在办一件事时(自作主张)接着去办另一件事,这里却说他接着与齐侯、宋公结盟是怎么回事?按聘礼:大夫接受君主的使命,不从君主那里接受辞令;出了国境,遇上可以安定社稷、利于国家的事,自作主张地去办是可以的。

【经】夫人姜氏到莒国。

【经】冬,齐人、宋人、陈人伐我西鄙[6]。

【经】冬季,齐国人、宋国人、陈国人攻打我国西部的边境地区。

[注释] 1 媵(yìng):随嫁女,送随嫁女。按古代的常规做法,诸侯一娶九女。一个正妻夫人,两个随嫁女,侄女与妹妹。另外两个同姓国送庶出女陪嫁,陪嫁女也各有两个随嫁,侄女与妹妹。这些随嫁陪嫁的统称为媵。公子结送鲁女去卫陪嫁,也叫作媵。陈娶于卫,卫女称为"陈人之妇"。 2 遂事:另一任务。遂,表示连接的副词。连接的是两项。第二项就是"遂事"了。 3 聘礼:朝聘会盟婚娶等的礼仪。 4 受命不受辞:接受命令,即接受任务,至于话怎么说,并没有硬性规定。 5 专之:自己做主,不必再请示。 6 鄙:边境地区。

庄公二十年

[原文]

【经】二十年,春,王二月,夫人姜氏如莒。

【经】夏,齐大灾。

【传】大灾者何?大瘠[1]也。大瘠者何?疠[2]也。何以书?记灾也。外灾不书,此何以书?及我也。

【经】秋,七月。

【经】冬,齐人伐戎。

[译文]

【经】鲁庄公二十年,春季,周王的二月,夫人姜氏到莒国。

【经】夏季,齐国发生大灾害。

【传】大灾害是什么?是大病。大病指什么?指疾疫。为什么记?是记灾。别国的灾害照例不记,这里为什么记?因为流传到我国了。

【经】秋季,七月。

【经】冬季,齐国人攻伐戎人。

[注释] 1 瘠(jí):疾疫。 2 疠(lì):疾疫。

庄公二十一年

【原文】

【经】二十有一年，春，王正月。

【经】夏，五月，辛酉，郑伯突[1]卒。

【经】秋，七月，戊戌，夫人姜氏[2]薨。

【经】冬，十有二月，葬郑厉公。

【译文】

【经】鲁庄公二十一年，春季，周王的正月。

【经】夏季，五月，辛酉日，郑伯突去世。

【经】秋季，七月，戊戌日，夫人姜氏去世。

【经】冬季，十二月，安葬郑厉公。

【注释】 1 郑伯突：郑厉公，名突。 2 姜氏：桓公夫人文姜，庄公之母。

庄公二十二年

【原文】

【经】二十有二年，春，王正月，肆大眚。

【传】肆者何？跌[1]也。大眚者何？灾眚[2]也。肆大眚何以书？讥。

【译文】

【经】鲁庄公二十二年，春季，周王的正月，放肆地大加省察。

【传】放肆是什么意思？是过度的意思。大眚是什么意思？是在(夏亡的卯日、殷亡的子日这样的)大灾日子里(禁止作

何讥尔？讥始忌省³也。

【经】癸丑,葬我小君⁴文姜。

【传】文姜者何？庄公之母也。

【经】陈人杀其公子御寇。

【经】夏,五月。

【经】秋,七月,丙申,及齐高傒⁵盟于防。

【传】齐高傒者何？贵大夫也。曷为就吾微者而盟？公也。公则曷为不言公？讳与大夫盟也。

【经】冬,公如齐纳币⁶。

【传】纳币不书,此何以书？讥。何讥尔？亲纳币,非礼也。

乐)省察自己(有无亡国)的行为。放肆地大加省察为什么记？是讥讽。讥讽什么？讥讽(庄公)开始在忌日禁止所不当禁止的哀悼母丧的仪式。

【经】癸丑日,安葬我国君夫人文姜。

【传】文姜是什么人？是庄公的母亲。

【经】陈人杀了他们的公子御寇。

【经】夏季,五月。

【经】秋季,七月,丙申日,与齐国的高傒在防地结盟。

【传】齐国的高傒是什么人？是地位尊贵的大夫。他为什么来(我国),与我国地位低下的人结盟？是与庄公结盟。既是庄公,为什么不说是庄公？是(替庄公)隐讳与(别国)大夫结盟。

【经】冬季,庄公到齐国下聘礼。

【传】下聘礼照例不记,这里为什么记？为了讥讽。讥讽什么？(国君远离国家,)亲自去女方那里下聘礼,是不合礼制的。

[注释]　1 跌:谓过度。　2 灾省:于大灾难的日子(子日、卯日,夏亡于卯日,殷亡于子日)省除吉事,自我反省,告诫自己不得做坏事。　3 忌省:忌谓吉庆不举,省谓自省自诫。　4 小君:君之夫人称小君,对外言之。　5 高傒(xī):即高敬仲。高氏出于姜姓。齐太公六世孙文公赤,生公子高,傒为高之孙。高氏世为齐国上卿。　6 纳币:送礼。缔婚之后,

男方送聘礼给女方。据称婚礼有六,一纳采,二问名,三纳吉,四纳徵,五请期,六亲迎。纳币即纳徵,六礼之一。币,帛。而玉、马、皮、圭、璧等礼物,皆可称币。

庄公二十三年

原文

【经】二十有三年,春,公至自齐。

【传】桓之盟不日,其会不致,信之也。此之桓国,何以致?危之也。何危尔?公一陈佗也[1]。

【经】祭叔[2]来聘。

【经】夏,公如齐观社[3]。

【传】何以书?讥。何讥尔?诸侯越竟观社,非礼也。

【经】公至自齐。

【经】荆人来聘。

【传】荆何以称人?始能聘[4]也。

译文

【经】鲁庄公二十三年,春季,庄公从齐国回来。

【传】与齐桓公的盟誓不记日子,和他的聚会不记会后回国,是信任他。这是去齐桓公的国家,为什么记回国?是认为庄公有危险。有什么危险?庄公可能成为另一个陈佗。

【经】祭叔前来聘问。

【经】夏季,庄公到齐国去观看阅兵社祭。

【传】为什么记?为了讥讽。讥讽什么?诸侯跨越国境去别国观看阅兵社祭,不合礼制。

【经】庄公从齐国回来。

【经】荆人前来聘问。

【传】(以前称荆,这里)为什么称荆人?(因为他)开始能够(慕王化)聘问诸侯了。

[注释] 1 公一陈佗也：鲁庄公是另一个陈佗。陈佗是陈国君，桓公六年私入蔡国与蔡女通奸，被蔡人杀死。这里是说，鲁庄公入齐，是冒陈佗入蔡那样的风险。 2 祭叔：周室大夫。 3 观社：观看祭祀社神的盛典。社神，土地之神。这里是说祭社，聚男女游观以为乐。 4 始能聘：是说楚人仰慕中原文化，开始学会与中原各国互通聘问。

【经】公及齐侯遇于穀[1]。

【经】萧叔[2]朝公。

【传】其言朝公何？公在外也。

【经】秋，丹桓宫楹[3]。

【传】何以书？讥。何讥尔？丹桓宫楹，非礼也。

【经】冬，十有一月，曹伯射姑[4]卒。

【经】十有二月，甲寅，公会齐侯，盟于扈[5]。

【传】桓之盟不日，此何以日？危之也。何危尔？我贰[6]也。鲁子[7]曰："我贰者，非彼然[8]，我然也。"

【经】庄公与齐侯在穀地相遇。

【经】萧叔朝见庄公。

【传】这里（不说"来朝"而）说朝见庄公是为什么？因为庄公在外地。

【经】秋季，将桓公庙里的楹柱漆成朱红色。

【传】为什么记？为了讥讽。讥讽什么？将桓公庙里的楹柱漆成朱红色，是不合礼制的。

【经】冬季，十一月，曹伯射姑去世。

【经】十二月，甲寅日，庄公会见齐侯，在扈地结盟。

【传】与齐桓公的盟誓不记日子，这里为什么记？是为庄公忧惧。忧惧什么？是我国有二心。鲁子说："我国有二心的意思是：不是他们这样，而是我们这样。"

[注释] 1 穀：齐地，故地为今山东东阿旧县治。 2 萧叔：宋附庸国萧

的国君。 3 丹桓宫楹(yíng)：漆红桓公庙寝堂前的柱子。丹，红，漆红。楹，宫室前部的大柱。 4 曹伯射(yì)姑：曹庄公，名射姑。 5 扈：齐地，在今山东观城旧县境。 6 我贰：我鲁国不专诚，怀有二心。 7 鲁子：《公羊传》经师，无可考。 8 非彼然：不是他齐国如此怀有二心。然，如此。

庄公二十四年

[原文]

【经】二十有四年，春，王三月，刻桓宫桷¹。

【传】何以书？讥。何讥尔？刻桓宫桷，非礼也。

【经】葬曹庄公。

【经】夏，公如齐逆女²。

【传】何以书？亲迎，礼也。

【经】秋，公至自齐。

【经】八月，丁丑，夫人姜氏入。

【传】其言入何？难也。其言日何？难也。其难奈何？夫人不僂³，不可使入，与公有所约，然后入。

[译文]

【经】鲁庄公二十四年，春季，周王的三月，雕刻桓公庙寝的橼桷。

【传】为什么记？为了讥讽。讥讽什么？雕刻桓公庙寝的橼桷，是不合礼制的。

【经】安葬曹庄公。

【经】夏季，庄公到齐国迎接齐女。

【传】为什么记？亲自迎亲，符合礼制。

【经】秋季，庄公从齐国回来。

【经】八月，丁丑日，夫人姜氏入国。

【传】这里（不说"至"，而）说"入"是什么意思？是难的意思。记"入"的日子是因为什么？也是因为难。那是怎么难的？夫人不肯马上顺从，不能使她（随即跟着）入国，（她）与庄公盟誓订约后才入国。

[注释] 1 桷(jué)：架在檩上承托屋瓦的方木条。说刻桷，是于其端雕刻花纹。 2 逆女：迎娶姜氏夫人。 3 偻(lóu)：本义是曲背，这里指顺从。

【经】戊寅，大夫宗妇觌[1]，用币[2]。

【传】宗妇者何？大夫之妻也。觌者何？见也。用者何？用者不宜用也。见用币，非礼也。然则曷用？枣栗云乎[3]，腶脩[4]云乎。

【经】大水。

【经】冬，戎侵曹，曹羁出奔陈。

【传】曹羁者何？曹大夫也。曹无大夫，此何以书？贤也。何贤乎曹羁？戎将侵曹，曹羁谏曰："戎众以无义。君请勿自敌[5]也。"曹伯曰："不可。"三谏不从，遂去之。故君子以为得君臣之义也。

【经】赤归于曹，郭公[6]。

【传】赤者何？曹无赤

【经】戊寅日，同姓大夫的主妇进见(夫人姜氏)，用财物作见面礼。

【传】宗妇是什么人？是大夫的妻子。进见是什么意思？是见面。"用"是什么意思？用是不宜用而用了的意思。(宗妇)见(夫人)时用财物，不合礼制。那么应该用什么？是用枣栗、肉干之类吧。

【经】发大水。

【经】冬季，戎侵伐曹国，曹羁出奔到陈国。

【传】曹羁是谁？是曹国的大夫。曹没有(天子所命的)大夫，这里为什么记他？因为他贤能。为什么认为曹羁贤能？戎将侵伐曹，曹羁劝谏(曹君)说："戎兵众多而不讲道义，请君不要亲自与他们作战。"曹伯说："不行。"多次劝谏，仍不听从，曹羁就离开他(出奔了)。所以君子认为(他)懂得君臣之义。

【经】赤回到曹国，(赤就是)郭公。

【传】赤是何人？曹国没有叫赤

者,盖郭公也。郭公者何? 失地之君也。

的人,大概就是郭公。郭公是什么人?是丧失了国家(出奔在曹)的国君。

【注释】 1 觌(dí):见面。 2 币:帛,后用来表示送礼用的财物。如璧、玉、马、皮等。 3 云乎:表示不十分确定的语气助词。 4 腶(duàn)脩:加上姜桂制作的干肉。 5 自敌:亲自抗敌。 6 郭公:名词谓语。意思是,赤就是郭公。

庄公二十五年

【原文】

【经】二十有五年,春,陈侯使女叔[1]来聘。

【经】夏,五月,癸丑,卫侯朔[2]卒。

【经】六月,辛未,朔,日有食之。鼓、用牲于社。

【传】日食,则曷为鼓、用牲于社?求乎阴之道[3]也。以朱丝营[4]社,或曰胁之[5],或曰为暗[6],恐人犯之,故营之。

【经】伯姬[7]归于杞。

【经】秋,大水,鼓、用牲于社、于门。

【译文】

【经】鲁庄公二十五年,春季,陈侯派女叔前来聘问。

【经】夏季,五月,癸丑日,卫侯朔去世。

【经】六月,辛未日,朔日,发生日食。鸣鼓,用牲体祭社神。

【传】日食时为什么鸣鼓、用牲体祭社神?是向阴提出要求的办法。用红色的丝线缠绕社神,有的说是胁迫它,有的说是因为日食天暗,恐怕别人侵凌冒犯它,所以(用红线)将它缠绕起来。

【经】伯姬出嫁到杞国。

【经】秋季,发大水,鸣鼓,用牲体

【传】其言于社于门何？于社礼也，于门非礼也。

【经】冬，公子友[8]如陈。

【传】这里为什么记对社神、对城门神（鸣鼓、祭祀）？对社神（鸣鼓、祭祀）是合乎礼的。对城门神就不合乎礼了。

【经】冬季，公子友到了陈国。

[注释] 1 女(rǔ)叔：陈国大夫。女，其氏。叔，其字。 2 卫侯朔：卫惠公，名朔。 3 求乎阴之道：古人以为，日食是阴气侵阳，人应当抑阴以助阳。鸣鼓以助阳；杀牲祭社，求于土地勿张扬阴气。 4 营：环绕。 5 胁之：胁迫阴气（收敛）。 6 为暗：因为日食昏暗不明。 7 伯姬：鲁庄公长女，为杞成公夫人。 8 公子友：季友，鲁桓公幼子。其后为季氏，世专鲁政。

庄公二十六年

[原文]

【经】二十有六年，公伐戎。

【经】夏，公至自伐戎。

【经】曹杀其大夫。

【传】何以不名？众也。曷为众杀之[1]？不死于曹君者也。君死乎位曰灭，曷为不言其灭？为曹羁讳也。此盖战也，

[译文]

【经】鲁庄公二十六年，（春季，）庄公攻伐戎。

【经】夏季，庄公从攻伐戎处回来。

【经】曹国杀了他们的大夫。

【传】为什么不写被杀大夫的名字？因为杀了很多。为什么杀众多大夫？（因为他们）是不为曹君殉节的人。国君战死在职位上叫作灭，这里为什么不说他灭？是为曹羁（出奔，没有为国难而死）隐讳。这次应该有一场战事，为什么不

何以不言战？为曹羁讳也。

【经】秋，公会宋人、齐人伐徐[2]。

【经】冬，十有二月，癸亥，朔，日有食之。

说有战事？也是替曹羁(谏战，国君不听从)隐讳。

【经】秋季，庄公会同宋国人、齐国人攻伐徐国。

【经】冬季，十二月，癸亥日，朔日，发生日食。

注释　1 众杀之：即杀之众，杀大夫众多。　2 徐：嬴姓小国，在今安徽泗县西北。

庄公二十七年

原文

【经】二十有七年，春，公会杞伯姬于洮[1]。

【经】夏，六月，公会齐侯、宋公、陈侯、郑伯，同盟于幽。

【经】秋，公子友如陈，葬原仲。

【传】原仲者何？陈大夫也。大夫不书葬，此何以书？通[2]乎季子之私行[3]也。何通乎季子之私行？辟内难也。君子辟内难而

译文

【经】鲁庄公二十七年，春季，庄公在洮地会见杞伯姬。

【经】夏季，六月，庄公会见齐侯、宋公、陈侯、郑伯，在幽地同盟。

【经】秋季，公子友到陈国，参加原仲的葬礼。

【传】原仲是谁？是陈国的大夫。大夫的葬礼，照例不记，这里为什么记？因为(参加原仲的葬礼)与季子为私事出行相一致。怎么说与季子为私事出行相一致？因季子要躲避国内的祸难。君子躲避国内的祸难而不躲避

不辟外难。内难者何？公子庆父、公子牙、公子友，皆庄公之母弟也。公子庆父、公子牙通乎夫人，以胁公。季子起而治之，则不得与于国政，坐而视之则亲亲[4]。因不忍见也，故于是复请至于陈而葬原仲也。

国外加给的祸难。国内祸难是什么？公子庆父、公子牙、公子友，都是庄公的同母弟弟。公子庆父、公子牙与（庄公的夫人）私通，威胁到庄公。季子想行动起来整治他们，却不能参与国政；坐着观看他们的行动，而有亲爱兄长的情谊。因为不忍心看下去，所以在这时请求到陈国参加原仲的葬礼。

[注释] 1 洮(táo)：鲁地，在今山东濮阳西南。 2 通：联通，通融。 3 私行：私下的行为。是说季子与原仲有私交，去参加他的葬礼。就季子而言，他有避内乱的动机。 4 亲亲：亲爱亲人。

【经】冬，杞伯姬来。

【传】其言来何？直来曰来，大归[1]曰来归。

【经】莒庆来逆叔姬[2]。

【传】莒庆者何？莒大夫也。莒无大夫，此何以书？讥。何讥尔？大夫越竟逆女，非礼也。

【经】杞伯来朝。

【经】公会齐侯于城濮。

【经】冬季，杞伯姬来。

【传】这里说"来"是什么意思？（未在他地停留）直接来叫作来，不再回夫家的大归叫作来归。

【经】莒庆来迎接叔姬。

【传】莒庆是什么人？是莒国的大夫。莒国没有（天子所命的）大夫，这里为什么记他？为了讥讽。讥讽什么？大夫越过国境迎亲，是不合礼制的。

【经】杞伯前来朝见。

【经】庄公在城濮会见齐侯。

[注释] 1 大归：被休弃回娘家，叫作大归。 2 叔姬：鲁庄公次女，嫁莒国大夫庆为妻。

庄公二十八年

[原文]

【经】二十有八年，春，王三月，甲寅，齐人伐卫。卫人及齐人战，卫人败绩。

【传】伐不日，此何以日？至之日[1]也。战不言伐，此其言伐何？至之日也。《春秋》伐者为客[2]，伐者为主[3]，故使卫主之也。曷为使卫主之？卫未有罪尔。败者称师，卫何以不称师？未得乎师[4]也。

[译文]

【经】鲁庄公二十八年，春季，周王的三月，甲寅日，齐国人攻伐卫国。卫国人与齐国人作战，卫国人大败。

【传】伐国照例不记日子，这里为什么记日子？这是（齐兵）至卫国的日子。说战就不说伐，这里说战又说伐是什么意思？是齐兵至卫国的那天就攻打卫国。《春秋》以攻伐别人的为客，以被人攻伐的为主，所以（在记录秩序上，）让卫国作为这次战争之主。为什么要让卫国作为这次战争之主？因为卫国没有罪。战败的称军队（败），卫国战败何以不称军队（败）？（因为齐兵一到就攻打，卫国）还没来得及展开军队。

[注释] 1 至之日：齐师抵达当天即展开迅猛残暴的攻击。 2 伐者为客：征伐他人的居于客位。此伐，前人注解，以为读如今之去声，长言之。 3 伐者为主：被伐者居于主位。此伐，前人注解，以为读如今之入声，短言之。 4 未得乎师：还没来得及展开形成部队的战斗力。

【经】夏，四月，丁未，邾娄子琐[1]卒。

【经】夏季，四月，丁未日，邾娄子琐去世。

【经】秋,荆伐郑。公会齐人、宋人、邾娄人救郑。

【经】冬,筑微[2]。大无麦、禾[3]。

【传】冬既见无麦、禾矣,曷为先言筑微,而后言无麦、禾?讳以凶年造邑也。

【经】臧孙辰[4]告籴[5]于齐。

【传】告籴者何?请籴也。何以不称使?以为臧孙辰之私行也。曷为以臧孙辰之私行?君子之为国也,必有三年之委[6]。一年不熟告籴,讥也。

【经】秋季,荆攻伐郑国。庄公会合齐国人、宋国人、邾娄国人援救郑国。

【经】冬季,在微筑城。麦和禾完全没有收成。

【传】(已是)冬天,麦和禾没有收成已看到了,为什么这里却先记筑微城,然后说麦禾无收成?是替在凶年造邑隐讳。

【经】臧孙辰到齐国通报买粮。

【传】通报买粮是怎么回事?是请求买粮食。为什么不称出使?是将这当作臧孙辰的个人行为。为什么把这当作臧孙辰的个人行为?因为君子治理国家,必须有三年的粮食积存。一年没有收成就请求买粮,是讥讽。

[注释] 1 邾娄子琐:邾娄国君名琐。子,称其爵位。 2 微:鲁邑。《左传》作郿。在今山东东平县境。 3 大无麦、禾:谓麦与禾(稷)都无收成。 4 臧孙辰:鲁孝公之后,僖伯曾孙。僖伯字子臧,后因为氏。事庄、闵、僖、文四公为正卿。史书又称之为臧文仲。谥曰文,排行老二称仲。 5 籴(dí):买粮。 6 委:积,储备。

庄公二十九年

[原文]

【经】二十有九年,春,新延厩[1]。

【传】新延厩者何?修旧也。修旧不书,此何以书?讥。何讥尔?凶年不修。

【经】夏,郑人侵许。

【经】秋,有蜚[2]。

【传】何以书?记异也。

【经】冬,十有二月,纪叔姬[3]卒。

【经】城诸及防[4]。

[译文]

【经】鲁庄公二十九年,春季,修缮旧延厩,使它焕然一新。

【传】使延厩焕然一新是什么意思?是修缮旧延厩。修旧照例不记,这里为什么记?是讥讽。讥讽什么?凶年不应该修缮。

【经】夏季,郑国人侵伐许国。

【经】秋季,出现蜚虫。

【传】为什么记?是记异常事情。

【经】冬季,十二月,纪叔姬去世。

【经】在诸地和防地筑城。

[注释]　1 延厩(jiù):名叫延的马棚。厩,马棚。　2 蜚(fěi):一种有害的小飞虫,形椭圆,发恶臭,群生草中,啮食稻花。　3 纪叔姬:鲁惠公之女,隐公七年归纪。　4 诸、防:皆鲁邑名。诸在今山东诸城西南。防在今山东费县东北。

庄公三十年

【原文】

【经】三十年,春,王正月。

【经】夏,师次于成[1]。

【经】秋,七月,齐人降鄣[2]。

【传】鄣者何?纪之遗邑也。降之者何?取之也。取之则曷为不言取之?为桓公讳也。外取邑不书,此何以书?尽[3]也。

【译文】

【经】鲁庄公三十年,春季,周王的正月。

【经】夏季,军队驻扎在成地。

【经】秋季,七月,齐国人使鄣投降。

【传】鄣是什么地方?是纪国遗留下来的城邑。使它投降是什么意思?是取得它的意思。取得它,为什么不说取得它?是替齐桓公隐讳。别国取得城邑照例不记,这里为什么记?因为(纪国的国土)全部归齐所有了。

【注释】 1 成:鲁邑,在今山东宁阳北。 2 降鄣:迫使鄣邑向齐投降。 3 尽:纪所有国土全部被侵占了。

【经】八月,癸亥,葬纪叔姬。

【传】外夫人不书葬,此何以书?隐之也。何隐尔?其国亡矣,徒葬乎叔[1]尔。

【经】八月,癸亥日,安葬纪叔姬。

【传】别国的夫人不记葬,这里为什么记?是为她哀痛。哀痛什么?她的国家已经灭亡,只好由小叔子安葬了。

【经】九月,庚午,朔日,发生日

【经】九月,庚午,朔,日有食之。鼓,用牲于社。

【经】冬,公及齐侯遇于鲁济²。

【经】齐人伐山戎³。

【传】此齐侯也,其称人何?贬。曷为贬?子司马子⁴曰:"盖以操⁵之为已蹙⁶矣。"此盖战也,何以不言战?《春秋》敌者言战,桓公之与戎狄,驱之尔。

【经】九月初一庚午这天,发生日食。击鼓,用牺牲祭社神。

【经】冬季,庄公与齐侯在鲁国济水边临时会晤。

【经】齐国人攻伐山戎。

【传】伐山戎的是齐侯,这里称齐国人是什么意思?是贬他。为什么贬?子司马子说:"大概因为逼迫山戎太急了。"这是(与山戎)作战,为什么不说作战?《春秋》(的体例是)双方对等就说战。齐桓公对戎狄,是将它驱逐罢了。

【注释】 1 叔:指其夫君的弟弟纪季。 2 鲁济:春秋时济水流经曹、卫、齐、鲁,其流经鲁地,谓之鲁济。在今山东巨野、废寿张县及东平县境。 3 山戎:戎人的一个部落,散处于今河北迁安、卢龙、滦县一带。 4 子司马子:公羊学说发展史上的经师之一。 5 操:操持,实行。 6 蹙(cù):促迫,激烈。

庄公三十一年

【原文】

【经】三十有一年,春,筑台¹于郎。

【传】何以书?讥。何讥尔?临民之所漱浣²也。

【译文】

【经】鲁庄公三十一年,春季,在郎筑台。

【传】为什么记?为了讥讽。讥讽什么?因(所筑的台)临近民间妇

【经】夏,四月,薛伯[3]卒。

【经】筑台于薛[4]。

【传】何以书?讥。何讥尔?远也。

【经】六月,齐侯来献戎捷。

【传】齐大国也,曷为亲来献戎捷[5]?威我也。其威我奈何?旗获[6]而过我也。

【经】秋,筑台于秦[7]。

【传】何以书?讥。何讥尔?临国[8]也。

【经】冬,不雨。

【传】何以书?记异也。

女洗涤的地方(有亵渎之嫌)。

【经】夏季,四月,薛伯去世。

【经】在薛地筑台。

【传】为什么记?为了讥讽。讥讽什么?(台筑得)太远了。

【经】六月,齐侯前来献战胜山戎所得的物品。

【传】齐是大国,为什么亲自前来(向我国)献胜山戎所得的物品?这是向我国示威。怎么向我国示威?将旗帜悬在战利品上经过我国。

【经】秋季,在秦地筑台。

【传】为什么记?为了讥讽。讥讽什么?因(台)临近国都(下视宗庙社稷)。

【经】冬季,没有下雨。

【传】为什么记?是记异常现象。

[注释] 1 台:高而平的建筑,通常供眺望游观。 2 漱(shù)浣(huàn):冲刷洗濯。 3 薛伯:薛国国君。薛,任姓小国,在今山东滕州东南的薛城。 4 薛:鲁邑,不是薛国,地无考。 5 献戎捷:赠送战胜山戎所获宝物。 6 旗获:将旗帜挂在战利品上(炫耀)。 7 秦:鲁邑,当在鲁国都曲阜附近,地无可考。 8 临国:俯临国都曲阜。

庄公三十二年

原文

【经】三十有二年,春,城小穀[1]。

【经】夏,宋公、齐侯遇于梁丘[2]。

译文

【经】鲁庄公三十二年,春季,在小穀筑城。

【经】夏季,宋公、齐侯在梁丘相遇。

注释 1 小穀:即穀,齐邑。在今山东东阿县境。齐以穀邑封管仲,鲁为筑城助役,修好于齐。 2 梁丘:宋邑,在今山东成武东北。

【经】秋,七月,癸巳,公子牙[1]卒。

【传】何以不称弟?杀也。杀则曷为不言刺?为季子[2]讳杀也。曷为为季子讳杀?季子之遏恶[3]也,不以为国狱[4]。缘季子之心而为之讳。季子之遏恶奈何?庄公病将死,以病召季子,季子至而授之以国政,曰:"寡人即不起此病,吾将焉为

【经】秋季,七月,癸巳日,公子牙去世。

【传】为什么不称(牙是庄公之)弟?(因为牙)是被杀的。是被杀的,为什么不说刺杀?是替季子隐讳杀(兄)。为什么要替季子隐讳杀(兄)?季子遏止(公子牙的)恶行,不将他作为国家罪犯(使他受刑)。顺季子的心意,替季子隐讳。季子怎样遏止恶行?庄公病重将死,用患病的理由召季子回国,季子回来就授给他国政,说:"寡人这场病如果好不了,我将鲁国交给谁?"季子说:"有般

乎鲁国[5]？"季子曰："般[6]也存，君何忧焉？"公曰："庸得若是乎？牙谓我曰：'鲁一生一及[7]，君已知之矣。庆父[8]也存。'"季子曰："夫[9]何敢？是将为乱乎？夫何敢？"俄而牙弑械[10]成。季子和药而饮之，曰："公子从吾言而饮此，则必可以无为天下戮笑[11]，必有后乎鲁国。不从吾言而不饮此，则必为天下戮笑，必无后乎鲁国。"于是从其言而饮之，饮之无傫氏[12]，至乎王堤[13]而死。公子牙今将尔，辞曷为与亲弑者同？君亲无将，将而诛焉。然则善之与？曰：然。杀世子母弟直称君者，甚之也。季子杀母兄，何善尔？诛不得辟兄，君臣之义也。然则曷为不直诛而鸩之？行诛乎兄，隐而逃之，使托若以疾死然，亲亲之道也。

在那里，君忧什么呢？"庄公说："如何才能够如此呢？牙对我说：'鲁国是父死子继和兄死弟及轮换来，君已知道这事了。庆父在（应该他继位）。'"季子说："他怎么敢？这个人将要作乱吗？他怎么敢？"没多久，牙杀君的器械准备完毕，季子和毒药到酒中，强迫他饮下，说："公子听我的话喝下此药，就一定能够不被天下人辱骂耻笑，必定有后嗣在鲁国（为官）。如果不听我的话不饮此酒，就一定被天下人辱骂耻笑，必定没有后嗣在鲁国（为官）。"（牙）于是听从他的劝说饮下这酒，在无傫氏那里饮下，走到王堤就死了。公子牙只是打算杀君，措辞为什么与公子牙已经亲自杀了国君相同？君主、父母那里，不能有将为逆乱的，如果有将为逆乱的，就应该诛杀。那么认为季子做得好吗？（回答）说：是这样。杀世子、同母弟，直称君主所杀，是太过分了。季子杀同母兄有什么好呢？诛杀不得避开兄长，是守君臣正义。那么为什么不直接杀他，却用酒毒死他？对兄长进行诛杀，要为他隐讳，让他逃掉杀亲之罪，使其兄好像死于疾病一样，这是对亲人亲爱的办法。

【注释】 1 公子牙：鲁庄公次弟，又称叔牙，僖叔。 2 季子：庄公三弟季友，或称成季，公子友。庄公临死，命他执掌国政。 3 遏恶：阻止行恶。 4 不以为国狱：不把它当作朝廷里刑事大案来处理。 5 焉致乎鲁国：把鲁国交付给谁。焉，疑问代词，这里相当于谁。 6 般：鲁庄公子，又称子般。庄公死，般继位，为庆父所弑。 7 一生一及：上一代父死子继，下一代兄终弟及。生，谓父死子继，如上一代惠公死，子隐公继。下一代，隐公死，弟桓公及。照此推论，桓公死，子庄公继。庄公死，就该其弟庆父接位了。 8 庆父：庄公弟，一说庄公庶兄。庄公死，他派人杀死继位的子般，立闵公。继又派人杀死闵公。 9 夫：彼，指公子牙他们。 10 弑械：弑君的器械装备。 11 戮(lù)笑：羞辱、嘲笑。 12 无僇(lěi)氏：一大夫之家。 13 王堤：地名，无考。

【经】八月，癸亥，公薨于路寝。

【经】路寝者何？正寝也。

【经】冬，十月，乙未，子般卒。

【传】子卒云子卒，此其称子般卒何？君存称世子，君薨称子某，既葬称子，逾年称公。子般卒，何以不书葬？未逾年之君也。有子则庙，庙则书葬；无子不庙，不庙则不书葬。

【经】八月，癸亥日，庄公在路寝薨。

【经】路寝是什么地方？是（听政治事的）正寝。

【经】冬季，十月，乙未日，子般去世。

【传】儿子死了就说儿子死了，这里称子般死是什么意思？君主在世时，嗣子称世子；君主死后，嗣子称子某某；君主下葬后，嗣子称子；过年后，嗣子称公。子般去世，为什么不记葬？因为他是没有过一个年头的嗣君。有子就立庙，立庙就记葬；无子不立庙，不立庙就不记葬。

【经】公子庆父如齐[1]。　　　　【经】公子庆父到齐国。

【经】狄伐邢[2]。　　　　　　【经】狄人攻伐邢国。

[注释]　1 庆父如齐：庆父弑般，本欲自立，惧公子友如陈，有所忌，改立闵公，叔姜之子，齐人之甥。庆父如齐以结外援。　2 邢：姬姓小国，在今河北邢台市西南。

闵公

闵公元年

[原文]

【经】元年[1],春,王正月。

【传】公[2]何以不言即位？继弑君不言即位。孰继？继子般也。孰弑子般？庆父也。杀公子牙,今将尔[3],季子不免。庆父弑君,何以不诛？将而不免[4],遏恶也；既而[5]不可及,因狱[6]有所归,不探其情而诛焉,亲亲之道也。恶乎归狱？归狱仆人邓扈乐。曷为归狱仆人邓扈尔？庄公存之时,乐曾淫于宫中,子般执而鞭之。庄公死,庆父谓乐曰："般之辱

[译文]

【经】鲁闵公元年,春季,周王的正月。

【传】闵公为什么不写他即位？继承被杀的君主(为君主),不记即位。(他)继承谁？继承子般。谁杀了子般？是庆父。杀公子牙,是因为他当时打算杀君,所以季子不免杀他。庆父杀君,为什么不诛杀庆父？打算杀君的不免被杀,是阻止恶行；已杀了君的,(诛杀他)也来不及(阻止恶行了),又因罪名有人担当,不追究其中的真情而诛死庆父,是对亲人亲爱的做法。罪名归在哪里？归在仆人邓扈乐身上。为什么归在仆人邓扈乐身上？庄公在世的时候,邓扈乐曾在宫中淫乱,子般抓住鞭打了他。庄公死后,庆父对乐说："般侮

尔,国人莫不知,盍[7]弑之矣?"使弑子般,然后诛邓扈乐而归狱焉。季子至而不变也。

辱你,国人没有不知道的,何不把他杀了?"(庆父)指使(他)杀了子般,然后杀了邓扈乐,了结这一罪案。季子到来,(对此案)不作变动。

[注释] 1 元年:鲁闵公元年,公元前661年。 2 公:鲁闵公,名启方,庄公与叔姜所生子,时年八岁。 3 今将尔:季子当时(毒杀公子牙时)认为公子牙将弑君,所以季子不免于下此狠手。今,当时的"今"。尔,如此,指杀般。 4 将而不免:将弑而不免于被毒杀。 5 既而:谓已然,君已被弑。 6 狱:这里指罪责。 7 盍(hé):表祈使语气副词,通常译为"何不"。

【经】齐人救邢。

【经】夏,六月,辛酉,葬我君庄公。

【经】秋,八月,公及齐侯盟于洛姑[1]。

【经】季子[2]来归。

【传】其称季子何?贤也。其言来归何?喜之也。

【经】冬,齐仲孙来。

【传】齐仲孙者何?公子庆父也。公子庆父则曷为谓之齐仲孙?系之齐也。曷为系之齐?

【经】齐国人援救邢国。

【经】夏季,六月,辛酉日,安葬我国君庄公。

【经】秋季,八月,闵公与齐侯在洛姑结盟。

【经】季子回来。

【传】这里称他为季子是因为什么?是因为他贤能。说他"回来"是什么意思?是为他回来高兴。

【经】冬季,齐仲孙来。

【传】齐仲孙是谁?是公子庆父。公子庆父为什么叫他做齐仲孙?是将他系在齐国上。为什么将他系在齐国上?是把他当成外国人。为什么把他

外之[3]也。曷为外之?《春秋》为尊者讳,为亲者讳,为贤者讳。子女子[4]曰:"以《春秋》为《春秋》[5],齐无仲孙,其诸[6]吾仲孙与?"

当成外国人?《春秋》为地位高贵的人隐讳,为亲人隐讳,为贤明的人隐讳。(闵公、季子接纳了贼人庆父,是替闵公、季子隐讳。)子女子说:"根据古代的《春秋》写作(现在的)《春秋》,齐国没有仲孙氏,莫非是我国的仲孙氏吗?"

[注释] 1 洛姑:齐邑,在今山东平阴县境。 2 季子:季友,公子友,称之为"子",是褒美的说法。避子般被弑之祸奔陈,此时归国。 3 外之:把他当外国人看待。 4 子女(rǔ)子:公羊学说经师之一。女,姓。 5 以《春秋》为《春秋》:以古时写《春秋》的眼光来看现时的《春秋》。 6 其诸:表示揣测疑问的语气副词。或者是,大概是。

闵公二年

[原文]

【经】二年,春,王正月,齐人迁阳[1]。

【经】夏,五月,乙酉,吉禘[2]于庄公。

【传】其言吉何?言吉者,未可以吉也。曷为未可以吉?未三年[3]也。三年矣,曷为谓之未三年?三年之丧,

[译文]

【经】鲁闵公二年,春季,周王的正月,齐人(逼)迁阳民(夺取阳地)。

【经】夏季,五月,乙酉日,吉禘于庄公。

【传】这里说"吉"是什么意思?说吉,是不可以说吉。为什么不可以说吉?(庄公死)还没有三年。已经三个年头了,为什么说没有三年?三年之丧,实际上要二十五个月(这时只有二十一个月)。

实以二十五月。其言于庄公何？未可以称宫庙[4]也。曷为未可以称宫庙？在三年之中矣。吉禘于庄公，何以书？讥。何讥尔？讥始不三年也。

(禘祭照例应说"于某庙")这里说"于庄公"是怎么回事？因为还不可以称庙。为什么还不可以称庙？因为还在三年之内(死者的牌位还没有进庙)。"吉禘于庄公"，为什么记？为了讥讽。讥讽什么？讥讽(闵公)开始不满三年(丧就举行吉禘)。

[注释] 1 阳：姬姓小国，在今山东沂水西南。 2 吉禘(dì)：守孝期满除去丧服，换上吉服，将新死者的神主送入宗庙，为此举行的大祭叫吉禘。 3 未三年：三年之丧，实际上为25个月。庄公薨于三十二年八月，到此年夏五月，只21个月，未达三年之数。 4 未可以称宫庙：说吉禘"于庄公"，表示是在庄公新庙中举行，不是在宫庙(祖庙，太庙)中举行。

【经】秋，八月，辛丑，公薨。

【传】公薨何以不地？隐之也。何隐尔？弑也。孰弑之？庆父也。杀公子牙，今将尔，季子不免。庆父弑二君，何以不诛？将而不免，遏恶也；既而不可及，缓追逸贼[1]，亲亲之道也。

【经】九月，夫人姜氏

【经】秋季，八月，辛丑日，闵公去世。

【传】闵公去世为什么不记他去世的地点？是为他哀痛。哀痛什么？哀痛他被杀。谁杀他？是庆父。杀公子牙，是因为他当时打算杀君主，季子不免杀他。庆父杀了两个君主，为什么不诛庆父？打算(杀君的)，不免(于被杀)，是为了阻止恶行；已经(杀君的)，(杀掉他)也无济于事了，缓于追究，使贼逃去，是亲爱亲人的做法。

孙于邾娄。[2]

【经】公子庆父出奔莒。

【经】九月,夫人姜氏躲避到邾娄国。

【经】公子庆父出逃到莒国。

[注释] 1 缓追逸贼:不马上追捕弑君的逆臣贼子,让其逃窜。 2 九月,夫人娄氏孙于邾娄:庆父弑二君,庄公夫人哀姜都参与其事,这时为避免国人指责,逃避到邾娄国去躲一下风头。孙,读同"逊",避让,回避。

【经】冬,齐高子来盟。

【传】高子者何?齐大夫也。何以不称使?我无君也。然则何以不名?喜之也。何喜尔?正我[1]也。其正我奈何?庄公死,子般弑,闵公弑,比三君死,旷年无君,设以齐取鲁,曾不兴师,徒以言而已矣。桓公使高子将南阳之甲[2],立僖公而城鲁。或曰自鹿门至于争门者是也;或曰自争门至于吏门者是也。鲁人至今以为美谈,曰:"犹望高子也。"

【经】十有二月,狄入卫。

【经】冬季,齐国的高子前来(与我国)结盟。

【传】高子是什么人?是齐国的大夫。为什么不称他出使?因为我国没有君主。那么为什么不称他的名?是为他来高兴。为什么高兴?(他是来)安定我国的。他怎样安定我国?庄公死了,子般被杀,闵公又被杀,接连三君死去,长年没有君主,如果凭齐国的实力夺取鲁国,就不需兴师,只用几句话就可以了。齐桓公却派高子率领南阳的兵(来我国),立僖公为君,替鲁国修城。有的说:从鹿门到争门那段是他们修筑的;有的说:从争门到吏门那段是他们修筑的。鲁国人至今将这作为美谈,说:"仍然想念盼望高子。"

【经】十二月,狄人进入卫国国都。

【经】郑国抛弃它的军队。

【经】郑弃其师。

【传】郑弃其师者何?恶其将也。郑伯恶高克,使之将,逐而不纳,弃师之道也。

【传】郑国抛弃它的军队是怎么回事?是因为厌恶这军队的将领。郑伯厌恶高克,就派他领兵(在外),驱逐他,不让(他)回来(直到军队溃散),这是抛弃军队的做法。

[注释] 1 正我:使我鲁国正本清源,政治走上正轨。 2 南阳之甲:齐南阳地区的武装部队。甲,甲兵,指军队。

僖公

僖公元年

[原文]

【经】元年[1],春,王正月。

【传】公[2]何以不言即位?继弑君,子不言即位。此非子也,其称子何?臣、子一例也。

【经】齐师、宋师、曹师次于聂北[3],救邢。

【传】救不言次,此其言次何?不及事也。不及事者何?邢已亡矣。孰亡之?盖狄灭之。曷为不言狄灭之?为桓公讳也。曷为为桓公讳?上无天子,下无方伯[4],天下诸侯有相灭亡者,桓公

[译文]

【经】鲁僖公元年,春季,周王的正月。

【传】僖公为什么不记即位?继承被杀的君主(为君主),儿子不说即位。僖公不是闵公的儿子,这里视为儿子是何缘故?因为臣与子视同一例。

【经】齐军、宋军、曹军驻扎在聂北,援救邢国。

【传】救兵是不说停驻的,这里说停驻是什么意思?是指来不及赶上救亡的事。未赶上救亡的事是什么意思?是说邢已灭亡了。谁灭了它?是狄灭了它。为什么不说狄灭了它?是替齐桓公隐讳。为什么要替齐桓公隐讳?上无(英明的)天子,下无(贤能的)方伯,天下诸侯有被灭亡的,齐桓公不能

不能救,则桓公耻之。曷为先言次,而后言救?君也[5]。君则其称师何?不与诸侯专封[6]也。曷为不与?实与而文不与。文曷为不与?诸侯之义,不得专封也。诸侯之义不得专封,则其曰实与之何?上无天子,下无方伯,天下诸侯有相灭亡者,力能救之,则救之可也。

救,齐桓公以为耻辱。为什么先说停驻后说救?因为这是国君亲自率领军队。是国君却称军队是为什么?是不赞许诸侯擅自进行分封。为什么不赞许?实质上赞许而字面上不赞许。为什么字面上不赞许?诸侯之道,不能擅行分封。既然诸侯之道不能擅行分封,这里却说实质上赞许是为什么?上无(英明的)天子,下无(贤能的)方伯,天下诸侯中有被灭亡的,(别的诸侯在)力量上能够救它的,去救它是可以的。

【注释】 1 元年:鲁僖公元年,公元前659年。 2 公:僖公,名申,闵公庶兄。 3 聂北:邢地,在今山东博平废治博平镇。 4 方伯:一方诸侯的领袖。 5 君也:是说领导各国军队的是国君。 6 专封:谓有权封建诸侯。

【经】夏,六月,邢迁于陈仪[1]。

【传】迁者何?其意也[2]。迁之者何?非其意也[3]。

【经】齐师、宋师、曹师城邢。

【传】此一事也,曷为复言齐师、宋师、曹师?不

【经】夏季,六月,邢国国都迁到陈仪。

【传】"迁"是什么意思?是迁徙出于他们自己的意愿。"迁徙它"是什么意思?迁徙不是出于他们自己的意愿。

【经】齐军、宋军、曹军为邢国筑城。

【传】救邢和为邢筑城本是一回

复言师,则无以知其为一事也。

【经】秋,七月,戊辰,夫人姜氏薨于夷[4],齐人以归[5]。

【传】夷者何?齐地也。齐地则其言齐人以归何?夫人薨于夷,则齐人以归。夫人薨于夷,则齐人曷为以归?桓公召而缢杀之。

【经】楚[6]人伐郑。

【经】八月,公会齐侯、宋公、郑伯、曹伯、邾娄人于柽[7]。

【经】九月,公败邾娄师于缨[8]。

事,为什么(这里)又说齐军、宋军、曹军?因为如果不再说军队,后人就无从知道它是一回事。

【经】秋季,七月,戊辰日,夫人姜氏在夷地去世,齐人将她带回齐国。

【传】夷是何地?是齐地。夷既是齐地,这里却说齐人将她带回齐国是什么意思?夫人在夷地去世,是齐人把她(从邾娄)带回齐国的。夫人在夷地去世,齐人为什么把她带回齐国?是齐桓公召她回齐国,(到夷地时)绞死她的。

【经】楚人攻伐郑国。

【经】八月,僖公在柽地会见齐侯、宋公、郑伯、曹伯、邾娄人。

【经】九月,僖公在缨地打败邾娄的军队。

【注释】 1 陈仪:邢地,在今山东聊城西。 2 其意也:是他自己的意愿。例如此次邢迁于陈仪便是。 3 非其意也:不是自愿,而是被迫迁徙。如《闵公二年》"齐人迁阳",是齐人迁之,那是齐人掠夺其地,并非阳人自愿。 4 夷:齐地,在今山东费县西。庄公夫人哀姜本逃至邾娄,齐桓公把她召回齐国绞死。 5 归:谓归于齐都。 6 楚:《庄公二十八年》尚称为荆,至此始称为楚。 7 柽(tīng):宋地,在今河南周口淮阳区西北。 8 缨:邾娄地,在今山东费县南。

【经】冬,十月,壬午,公子友帅师败莒师于犁[1],获莒挐[2]。

【传】莒挐者何?莒大夫也。莒无大夫,此何以书?大[3]季子之获也。何大乎季子之获?季子治内难以正[4],御外难以正。其御外难以正奈何?公子庆父弑闵公,走而之莒,莒人逐之;将由乎齐,齐人不纳,却反,舍于汶水之上,使公子奚斯入请。季子曰:"公子不可以入,入则杀矣。"奚斯不忍反命于庆父,自南涘北面[5]而哭。庆父闻之曰:"嘻!此奚斯之声也。诺已[6]。"曰:"吾不得入矣。"于是抗辀[7]经而死。莒人闻之曰:"吾已得子之贼矣!"以求赂乎鲁,鲁人不与,为是兴师而伐鲁,季子待之以偏战[8]。

【经】冬季,十月,壬午日,公子友率领军队在犁打败莒军,俘获莒挐。

【传】莒挐是何人?是莒国的大夫。莒国没有(受天子封命的)大夫,这里为什么记(他)?是为了赞颂季子的俘获。为什么赞颂季子的俘获?季子治理内乱,使国内平稳;抵御外患,使国家安定。他是怎样抵御外患,使国家安定的?公子庆父杀了闵公,逃跑去莒国,莒国人赶走他;将要去齐国,齐国人不接纳,转身回来,住在汶水边上,派公子奚斯进入国都请求(让他回来)。季子说:"公子不能回来,回来就杀了(他)!"奚斯不忍心向庆父复命,从南边的水涯面向北边哭。庆父听见哭声,说:"哎呀!这是奚斯的声音。唉!完了!"又说:"我不能进入国都了!"于是将小车辕高举,自缢而死。莒国人听说了(对鲁国)说:"我们已得到你们的逆贼了!"以此向鲁国索取财物,鲁人不给,莒国为此兴师攻伐鲁国,季子用偏战对付它。

[注释] 1 犁:鲁地,在今山东范县。 2 莒挐(rú):莒君之弟,时为莒军统帅。 3 大:重大,以……为重大。 4 正:正道,恰当的举措。

5 自南涘(sì)北面：从南岸向着北面。涘，水。 6 诺已：表示已经知道（他完了）。 7 抗辀(zhōu)：抬高车辕。 8 偏战：约好时间，摆好阵势的正规战。

【经】十有二月，丁巳，夫人氏之丧[1]至自齐。

【传】夫人何以不称姜氏？贬。曷为贬？与弑公也。然则曷为不于弑焉贬？贬必于重者，莫重乎其以丧至也。

【经】十二月，丁巳日，夫人哀姜的遗体从齐国回到鲁国。

【传】"夫人"后面为什么不称"姜氏"？是为了贬。为什么贬（她）？（她）参与谋杀闵公。那么为什么不在杀闵公时贬她？因为贬必须是在重要的事情与时间上，而没有什么比以丧告庙更为重要的了。

注释　1 夫人氏之丧：庄公夫人哀姜的遗体。

僖公二年

原文

【经】二年，春，王正月，城楚丘[1]。

【传】孰城？城卫[2]也。曷为不言城卫？灭也。孰灭之？盖狄灭之。曷为不言狄灭之？为桓公讳也。曷为为桓公讳？

译文

【经】鲁僖公二年，春季，周王的正月，在楚丘筑城。

【传】为谁筑城？为卫国筑城。为什么不说是为卫国筑城？因为它被灭了。是谁灭了它？是狄灭了它。为什么不说是狄灭了它？是为齐桓公隐讳。为什么要为齐桓公隐讳？上无（英明

上无天子,下无方伯,天下诸侯有相灭亡者,桓公不能救,则桓公耻之也。然则孰城之?桓公城之。曷为不言桓公城之?不与诸侯专封也。曷为不与?实与而文不与。文曷为不与?诸侯之义,不得专封。诸侯之义不得专封,则其曰实与之何?上无天子,下无方伯,天下诸侯有相灭亡者,力能救之,则救之可也。

的)天子,下无(贤能的)方伯,天下诸侯中有被灭亡的,齐桓公不能救,齐桓公以为耻辱。那么是谁为它筑城?是齐桓公为它筑城。为什么不说是齐桓公为它筑城?是不赞许诸侯擅自行封。为什么不赞许?实质上赞许而字面上不赞许。字面上为什么不赞许?诸侯之道,不能擅自行封。既然诸侯之道不能擅自行封,这里说实质上赞许是什么原因?上无(英明的)天子,下无(贤能的)方伯,天下诸侯中有被灭亡的,(别的诸侯)在力量上能够救它的,去救它是可以的。

[注释] 1 楚丘:地在今河南滑县东。 2 城卫:为卫国筑城。卫于闵公二年灭于狄,今齐桓公率诸侯为卫筑城,安置流亡政府。

【经】夏,五月,辛巳,葬我小君[1]哀姜。

【传】哀姜者何?庄公之夫人也。

【经】夏季,五月,辛巳日,安葬我国君夫人哀姜。

【传】哀姜是什么人?是庄公的夫人。

[注释] 1 小君:国君夫人。是讣告各国的文件中的称呼。《论语·季氏》说:"君称之曰夫人,夫人自称曰小童,邦人称之曰君夫人,称诸异邦曰寡小君,异邦人称之亦曰君夫人。"

【经】虞师、晋师灭夏阳[1]。

【传】虞[2],微国也。曷为序乎大国之上？使虞首恶也。曷为使虞首恶？虞受赂,假[3]灭国者道,以取亡焉。其受赂奈何？献公[4]朝诸大夫而问焉,曰："寡人夜者寝而不寐,其意也何？"诸大夫有进对者曰："寝不安与？其诸侍御有不在侧者与？"献公不应。荀息进曰："虞、郭见与[5]？"献公揖而进之,遂与之入而谋曰："吾欲攻郭,则虞救之,攻虞则郭救之,如之何？愿与子虑之！"荀息对曰："君若用臣之谋,则今日取郭,而明日取虞尔。君何忧焉？"献公曰："然则奈何？"荀息曰："请以屈产之乘[6]与垂棘[7]之白璧往,必可得也。则宝出之内藏[8],藏之外府[9],马出之内厩,系之

【经】虞军、晋军灭了夏阳。

【传】虞是小国,为什么把它排在大国（晋）的前面？是为了使虞成为首恶。为什么要使虞成为首恶？虞接受贿赂,借道给灭国的人,从而自己灭亡。它是怎样接受贿赂的？晋献公在诸大夫朝见时问他们,说："寡人夜里睡觉睡不着,那心事是什么？"大夫中有人上前回答说："是睡不安稳吗？那些侍御们有不在身边的吗？"晋献公不应声,荀息上前说："是虞国、郭国出现在脑子里了吗？"献公作揖,招他向前,就与他一同进入内室谋划说："我想攻郭国,虞国就会援救它；攻虞国,郭国就会援救它。对这种情况该怎么办？想和你一起思考这件事！"荀息回答说："君如果用臣的计谋,就可以今日取得郭国,明日取得虞国。君忧什么呢？"晋献公说："那么该怎样去做？"荀息说："请带着屈地所产的马和垂棘所出的白璧前去,就一定能得到（郭国）。而这宝是把它从内仓库拿出,藏到外仓库里；马是从内厩里把它牵出,系到外厩里。君有什么损失呢？"献公说："是的！即使如此,宫之

外厌尔,君何丧焉?"献公曰:"诺。虽然,宫之奇[10]存焉,如之何?"荀息曰:"宫之奇知[11]则知矣。虽然,虞公贪而好宝,见宝必不从其言。请终以往。"于是终以往,虞公见宝,许诺。宫之奇果谏:"《记》[12]曰:'唇亡则齿寒。'虞、郭之相救,非相为赐,则晋今日取郭,而明日虞从而亡尔,君请勿许也。"虞公不从其言,终假之道以取郭。还,四年,反取虞。虞公抱宝牵马而至,荀息见曰:"臣之谋何如?"献公曰:"子之谋则已行矣,宝则吾宝也,虽然,吾马之齿亦已长矣。"盖戏之也。夏阳者何?郭之邑也。曷为不系于郭?国之也。曷为国之?君存焉尔。

奇在那里,如何对付他?"荀息说:"宫之奇聪明是聪明了。即使如此,虞公贪婪而嗜好宝物,看到这些宝物,一定不会听从他的意见。请决定带了(这些宝物)去。"于是决定带了(这些宝物)去,虞公见了宝物,答应(借道的请求)。宫之奇果然谏阻,说:"史书上说:'唇亡则齿寒。'虞和郭应该相互救助,而不应该相互将对方给予别人。(如果应允晋国,)那么晋国今天取得郭,明天虞就随着灭亡了。君请不要同意!"虞公不听从他的话,终于借给他们道路取得郭国。(晋军)返国四年,再来攻取虞国。虞公抱宝牵马而来,荀息见了(对晋献公)说:"臣的计谋如何?"晋献公说:"您的计谋已经实现了,宝还是我的宝,即使如此,但我的马的牙齿也已经长长了。"这是和他开玩笑。夏阳是什么地方?是郭国的邑。为什么不把它系在郭国?是把它看成一个国家。为什么把它看成一个国家?因为国君在那里。

注释

1 夏阳:郭(虢)邑,在今山西平陆东北。要塞之地。郭,即"虢",也是姬姓国,有东虢西虢之分。东虢在今河南荥阳,后为郑所灭。西虢在今陕西宝鸡,后随周平王迁到上阳,今河南三门峡。这里的郭(虢)是西虢。 **2** 虞:姬姓小国。在今山西平陆县境。 **3** 假:借给。 **4** 献公:晋献公,晋国国君。名诡诸,晋武公之子。 **5** 虞、郭见与:(脑子里总是)出现虞国郭国的事吗? **6** 屈产之乘(shèng):屈产这个地方出产的宝马。屈产,晋地名,产良马,在今山西石楼。乘,驾车的马,这里就是说马。 **7** 垂棘:晋国出产美玉的地方,在今山西潞城北。 **8** 内藏(zàng):宫内藏财物的地方。 **9** 外府:宫外藏财物的地方。府,府库,储存财物处。 **10** 宫之奇:虞国大夫,一作宫奇,谏虞君不听,率家族奔曹。 **11** 知:读为智,富有智慧。 **12**《记》:谓记录古人言谈的史书。

【经】秋,九月,齐侯、宋公、江人、黄人[1]盟于贯泽[2]。

【传】江人、黄人者何?远国之辞也。远国至矣,则中国曷为独言齐、宋至尔?大国言齐、宋,远国言江、黄,则以其余为莫敢不至也。

【经】冬,十月,不雨。

【传】何以书?记异也。

【经】楚人侵郑。

【经】秋季,九月,齐侯、宋公、江国人、黄国人在贯泽结盟。

【传】举出"江国人、黄国人"是为什么?是说的远方国家。远方国家都来了,为什么中原国家只说齐、宋来了?大国举出齐、宋,远国举江、黄,就表明其余国家没有谁敢不来。

【经】冬季,十月,没有下雨。

【传】为什么记?是记异常现象。

【经】楚人侵伐郑国。

[注释] **1** 江人、黄人:实指江国与黄国国君。江、黄皆嬴姓小国,江在今河南息县西南。黄在今河南潢川西。 **2** 贯泽:宋地,在今山东曹县南。

僖公三年

[原文]

【经】三年,春,王正月,不雨。

【经】夏,四月,不雨。

【传】何以书？记异也。

【经】徐[1]人取舒[2]。

【传】其言取之何？易也。

【经】六月,雨。

【传】其言六月雨何？上雨而不甚[3]也。

[译文]

【经】鲁僖公三年,春季,周王的正月,没有下雨。

【经】夏季,四月,没有下雨。

【传】为什么记？记异常情况。

【经】徐国人取得舒国。

【传】(本是徐国人灭舒,)这里说取得舒是什么意思？是表示灭得容易。

【经】六月,下雨。

【传】这里说"六月,下雨"是什么意思？是以上没记下雨的那些月份下了雨,但雨不大。

[注释] 1 徐:国名,嬴姓。在今安徽泗县西北。 2 舒:国名,散居于今安徽舒城、庐江、巢县一带。 3 上雨而不甚:上几次下雨,雨量都不够。

【经】秋,齐侯、宋公、江人、黄人会于阳谷[1]。

【传】此大会也,曷为末言[2]尔？桓公曰：

【经】秋季,齐侯、宋公、江国人、黄国人在阳谷聚会。

【传】这是一次大会,为什么没有说结盟？(在会上,)齐桓公说："不要用堤防堵住水流(使邻国受到水旱之灾);(在

"无障谷[3],无贮粟[4],无易树[5]子,无以妾为妻[6]。"

【经】冬,公子友如齐莅[7]盟。

【传】莅盟者何?往盟乎彼也。其言来盟者何?来盟于我也。

【经】楚人伐郑。

邻国需要粮食时)不要禁止卖粮食给邻国;不要擅自更换所立的世子;不得立妾为正妻。"

【经】冬季,公子友到齐国去结盟。

【传】"去结盟"是什么意思?是去和别国结盟。说"来盟"是什么意思?是别国前来与我国结盟。

【经】楚国人攻伐郑国。

注释 1 阳谷:齐地,在今山东阳谷北。 2 末言:没有说(结盟)。 3 障谷:阻断川谷水流,致下游邻国受灾。 4 贮粟:囤积粮食不卖。 5 易树子:改换所立世子。 6 以妾为妻:把妾作为正妻。 7 莅(lì):临,到,参加。

僖公四年

原文

【经】四年,春,王正月,公会齐侯、宋公、陈侯、卫侯、郑伯、许男、曹伯侵蔡。蔡溃。

【传】溃者何?下叛上也。国曰溃,邑曰叛。

【经】遂伐楚,次于陉[1]。

译文

【经】鲁僖公四年,春季,周王的正月,僖公领兵会同齐侯、宋公、陈侯、卫侯、郑伯、许男、曹伯侵伐蔡国。蔡军溃。

【传】溃是什么意思?是下面的人反叛他们上面的人。就国讲叫溃,就邑讲叫叛。

【经】接着攻伐楚国,(军队)停驻在陉。

【传】其言次于陉何？有俟也。孰俟？俟屈完[2]也。

【传】这里说（军队）停驻在陉是什么意思？是有所等待。等待谁？等待屈完。

[注释] 1 陉(xíng)：陉山，楚之北塞。 2 屈完：楚大夫，结盟使者。

【经】夏，许男新臣[1]卒。

【经】楚屈完来盟于师，盟于召陵[2]。

【传】屈完者何？楚大夫也。何以不称使？尊屈完也。曷为尊屈完？以当桓公[3]也。其言盟于师、盟于召陵何？师在召陵也。师在召陵，则曷为再言盟？喜服楚也。何言乎喜服楚？楚有王者则后服，无王者则先叛。夷狄也，而亟[4]病中国。南夷与北狄交[5]，中国不绝若线[6]。桓公救中国，而攘夷狄，卒怗荆[7]，以此为王者之事也。其言来

【经】夏季，许男新臣（在军中）去世。

【经】楚国屈完来到军中与诸侯们结盟，在召陵结盟。

【传】屈完是什么人？是楚国的大夫。为什么不说他是奉命出使？是为了尊重屈完。为什么尊重屈完？是因为楚方以他为代表，与齐桓公对等。这里说"在军中结盟，在召陵结盟"是什么意思？是当时军队（从陉退驻）在召陵。既然军队在召陵，（说一次结盟就行了，）为什么又说第二次？是嘉许齐桓公使楚服。为什么说是嘉许齐桓公使楚服？楚在有王者出现时，服在其他诸侯之后；无王者时，首先反叛。（它是）夷狄之国，而屡次危害中原各国。南方的夷与北方的狄相交替进犯，中原各国（虽然）保存下来，（但）像线一样微弱。齐桓公援救中原诸国，赶走夷狄，终使荆服帖，《春秋》以为这是为王的人所做的事情。这里说屈完"来"是什

何?与⁸桓为主也。前此者有事⁹矣,后此者有事¹⁰矣,则曷为独于此焉与桓公为主?序绩¹¹也。

么意思?是赞许齐桓公做主。在这之前,有(做主的)事,在这之后,也有(做主的)事,为什么单独在这里赞许他呢?赞许齐桓公做主,是叙列他的功绩。

【注释】 1 新臣:许国国君,与七国诸侯同次于陉,卒于军中。 2 召(shào)陵:楚地,在今河南郾城东。 3 当桓公:与齐桓公地位相当。齐桓公为诸侯领袖,为结盟一方,屈完为楚代表,为结盟另一方。 4 亟(qì):屡次,常常。 5 交:相交替。这里用如动词,指夷狄相交替来侵灭(中原各国)。 6 不绝若线:意思是岌岌可危。像一根线一样延续着,随时可能断裂。 7 卒帖(tiē)荆:终于让楚人平服。帖,平服。 8 与:赞许,承认。 9 前此者有事:指救邢、卫之事。 10 后此者有事:如十四年春诸侯城缘陵之事。 11 序绩:以功绩排序,以此为大。

【经】齐人执陈袁涛涂¹。

【传】涛涂之罪何?辟军之道也。其辟军之道²奈何?涛涂谓桓公曰:"君既服南夷矣,何不还师滨海而东,服东夷且归。"桓公曰:"诺!"于是还师滨海而东,大陷于沛泽³之中,顾而执涛涂。执者曷为或称侯?或称人?称侯而执者,伯

【经】齐国人逮捕陈国袁涛涂。

【传】涛涂的罪过是什么?是回避军队取道他们的国家(北归)。他是怎样回避军队取道他们的国家(北归的)?涛涂对齐桓公说:"君已使南夷服了,何不回师顺海涯向东走,征服东夷北归?"齐桓公说:"好!"于是回师,沿海边向东走,(结果军队)严重地陷进草泽之中,(齐桓公)回过头来逮捕涛涂。对逮捕人的人,为什么有的称侯,有的称人?称侯而逮捕的,是作为方伯讨伐有罪;称人而逮捕的,不是作为方伯讨伐

讨[4]也;称人而执者,非伯讨也。此执有罪,何以不得为伯讨? 古者周公东征则西国怨,西征则东国怨。桓公假涂于陈而伐楚,则陈人不欲其反由己者,师不正[5]故也。不修其师,而执涛涂,古人之讨,则不然也。

有罪。这里是逮捕有罪的人,为什么不能作为方伯讨伐? 古代周公东征则西国怨(为什么把他们放在后面),西征则东国怨(为什么不去他们那里)。齐桓公向陈国借道伐楚,陈国不愿意他们返回时也从自己国家经过,是军队纪律不严整的缘故。(齐桓公)不整顿他的军队的纪律,反而逮捕涛涂,古代方伯之讨不是这样的。

[注释] 1 袁涛涂:陈国大夫,代表陈人的意志。 2 辟军之道:避开当走的行军大道。 3 沛泽:水草丰沛的沼泽。 4 伯讨:一方诸侯之长代表王的意思进行征讨。 5 师不正:军队纪律不严整,滋事扰民。

【经】秋,及江人、黄人伐陈。

【经】八月,公至自伐楚。

【传】楚已服矣,何以致伐? 楚叛盟也。

【经】葬许缪公[1]。

【经】冬,十有二月,公孙慈[2]帅师会齐人、宋人、卫人、郑人、许人、曹人侵陈。

【经】秋季,与江国人、黄国人攻伐陈国。

【经】八月,僖公由攻伐楚国处回来。

【传】(上次攻伐楚国,)楚国已经服了,为什么又说从攻伐楚国回来? 是因为楚国背叛了盟约。

【经】安葬许缪公。

【经】冬季,十二月,公孙慈领兵与齐国人、宋国人、卫国人、郑国人、许国人、曹国人会同侵伐陈国。

[注释] 1 许缪(mù)公：即上文提到的许男新臣。缪，《左传》《穀梁传》作"穆"。 2 公孙慈：叔牙之子，鲁国大夫。

僖公五年

[原文]

【经】五年，春，晋侯[1]杀其世子申生[2]。

【传】曷为直称晋侯以杀？杀世子、母弟[3]直称君者，甚之也。

【经】杞伯姬[4]来朝其子[5]。

【传】其言来朝其子何？内辞也，与其子俱来朝也。

【经】夏，公孙慈如牟[6]。

【经】公及齐侯、宋公、陈侯、卫侯、郑伯、许男、曹伯会王世子[7]于首戴[8]。

【传】曷为殊会王世子[9]？世子贵也，世子犹世世子也。

[译文]

【经】鲁僖公五年，春季，晋侯杀死他的世子申生。

【传】为什么直接说是晋侯杀的？杀世子、杀同母弟直接说是君主干的，是认为(他们杀亲骨肉)太过分了。

【经】杞伯姬来使她的儿子朝见。

【传】这里说"来使她的儿子朝见"是什么意思？（"来"）是就我国说的，（"使她的儿子朝见"）是携带她的儿子一同来朝见。

【经】夏季，公孙慈到牟国。

【经】僖公与齐侯、宋公、陈侯、卫侯、郑伯、许男、曹伯在首戴会见王世子。

【传】为什么写王世子与会写得特别(不把王世子排在诸侯之列)？因为王世子尊贵。世子等于说是世世袭父位的儿子。

[注释] 1 晋侯:晋献公。名诡诸,晋武公之子。晋国在他治下日益强大。 2 申生:晋献公太子。为骊姬所诬害自杀。 3 杀世子母弟:指郑庄公杀其同母弟段,见《隐公元年》。这话前文当有"杀世子"字样,因顺叙而下省。 4 杞伯姬:杞成公夫人,鲁庄公长女,庄公二十五年出嫁。 5 来朝其子:使其子来朝。 6 牟:鲁的附属国,在今山东莱芜东之牟城。据《左传》,公孙慈去牟是为自己迎亲。 7 王世子:周惠王太子,名郑。 8 首戴:卫地,在今河南睢县东南。 9 殊会王世子:按身份说,王世子的序列应在诸侯之上,经文特书"会王世子",不与诸侯同列。

【经】秋,八月,诸侯盟于首戴。

【传】诸侯何以不序?一事而再见者,前目而后凡[1]也。

【经】郑伯逃归不盟[2]。

【传】其言逃归不盟者何?不可使盟也。不可使盟,则其言逃归何?鲁子[3]曰:盖不以寡犯众也。

【经】楚人灭弦[4]。弦子奔黄[5]。

【经】九月,戊申,朔,日有食之。

【经】冬,晋人执虞公。

【传】虞已灭矣,其言

【经】秋季,八月,诸侯们在首戴结盟。

【传】诸侯(是哪些)为什么不一一叙列出来?(《春秋》的书写体例是)同一事两次出现,前者叙列细目,后者概括地说。

【经】郑伯逃回,不参加结盟。

【传】这里说郑伯逃回,不参加结盟,是怎么回事?因为(齐桓公)无法使他参盟。无法使他参盟,说他逃回,是什么意思?鲁子说:是不以个人冒犯众人。

【经】楚国人灭了弦国。弦子出逃到黄国。

【经】九月,戊申日,朔日,发生日食。

【经】冬季,晋人逮捕虞公。

【传】虞国已灭亡了,这里为什么

执之何？不与灭[6]也。曷为不与灭？灭者亡国之善辞也。灭者上下之同力者也。

还说逮捕虞公？是不赞同用灭字。为什么不赞同用灭字？因为"灭"是亡国的一个好词语。灭，必须是（被灭国家的）君臣能同心协力（以死抗拒）的。

[注释] 1 前目而后凡：多项列举时，前面一次列出细目，后面一次就概括地说。 2 周王欲废太子郑，立王子带。齐桓公会诸侯盟，请太子莅临，意欲巩固其政治地位。而周王反对齐桓公的做法，唆使郑伯退场。于是郑伯不盟而归。 3 鲁子：公羊学说的经师之一。 4 弦：姬姓小国，在今河南潢川西南。 5 黄：弦国的婚姻之国。 6 不与灭：不承认他有被灭的资格。按传的意思，说"灭"，是一句好话，是承认他们国家曾经上下同心抗拒外敌入侵，而虞没有。

僖公六年

【经】六年，春，王正月。

【经】夏，公会齐侯、宋公、陈侯、卫侯、曹伯伐郑[1]，围新城[2]。

【传】邑不言围，此其言围何？强也。

【经】秋，楚人围许，诸侯遂救许。

【经】鲁僖公六年，春季，周王的正月。

【经】夏季，僖公会同齐侯、宋公、陈侯、卫侯、曹伯攻伐郑国，包围新城。

【传】对邑不说包围，这里说包围是为什么？是（厌恶齐桓公不修文德而）逞霸强。

【经】秋季，楚国人包围许国（以援救郑），诸侯们于是去援救许国。

【经】冬,公至自伐郑。　　【经】冬季,僖公从攻伐郑国处回来。

[注释] 1 伐郑:为郑伯逃首戴之盟。 2 新城:郑邑,在今河南新密东南。

僖公七年

[原文]

【经】七年,春,齐人伐郑。

【经】夏,小邾娄子[1]来朝。【经】郑杀其大夫申侯。

【传】其称国以杀何?称国以杀者,君杀大夫之辞也。

【经】秋,七月,公会齐侯、宋公、陈世子款、郑世子华,盟于甯毋[2]。

【经】曹伯般[3]卒。

【经】公子友如齐。

【经】冬,葬曹昭公。

[译文]

【经】鲁僖公七年,春季,齐国人攻伐郑国。

【经】夏季,小邾娄子前来朝见。

【经】郑国杀它的大夫申侯。

【传】这里称郑国杀是什么意思? 称为国家杀是君主杀大夫的话。

【经】秋季,七月,僖公会见齐侯、宋公、陈国世子款、郑国世子华,在甯毋结盟。

【经】曹伯般去世。

【经】公子友到齐国。

【经】冬季,安葬曹昭公。

[注释] 1 小邾娄子:即庄公五年所提到的倪黎来,齐国的附庸国的国君。 2 甯毋:鲁地,在今山东鱼台东。 3 曹伯般:即下文曹昭公,名般。

僖公八年

【原文】

【经】八年，春，王正月，公会王人、齐侯、宋公、卫侯、许男、曹伯、陈世子款、郑世子华，盟于洮[1]。

【传】王人者何？微者也。曷为序乎诸侯之上？先[2]王命也。

【经】郑伯乞[3]盟。

【传】乞盟者何？处其所而请与也。其处其所而请与奈何？盖酌[4]之也。

【译文】

【经】鲁僖公八年，春季，周王的正月，僖公会见王人、齐侯、宋公、卫侯、许男、曹伯、陈国的世子款、郑国的世子华，在洮地结盟。

【传】"王人"是什么人？是身份低微的人。那么为什么把他排列在众诸侯之上？（因为他是奉王命而来，）是为了尊崇王命。

【经】郑伯请求参盟。

【传】请求参盟是怎么回事？是他自己待在国内，派使者前来请求参加盟誓。他待在国内派使者前来请求参加盟誓是怎么回事？大概是试探(齐侯的意见)。

【注释】 1 洮(táo)：曹地，在今河南濮阳东南黄河西岸。 2 先：以……为先。意思就是尊崇。 3 乞：求，请求。 4 酌：斟酌，试探。

【经】夏，狄伐晋。

【经】秋，七月，禘于太庙[1]，用致夫人[2]。

【经】夏季，狄人攻伐晋国。

【经】秋季，七月，在太庙举行大祭，并用作夫人到达后的庙见之礼。

【传】用者何？用者不宜用也。致者何？致者不宜致也。禘用致夫人，非礼也。夫人何以不称姜氏？贬。曷为贬？讥以妾为妻也。其言以妾为妻奈何？盖胁于齐媵女之先至者也。[3]

【经】冬，十有二月，丁未，天王崩[4]。

【传】"用"是什么意思？"用"是不应用。用作夫人到达后的庙见之礼是什么意思？"用作"是不应用作。用大祭始祖周公之礼，使夫人见于庙，不合礼制。夫人为什么不写出她的姓氏姜氏？是贬。为什么贬？是讥讽(僖公)以妾为嫡妻。以妾为嫡妻是怎么回事？齐国的媵女先到，(僖公)被齐侯胁迫(以她为夫人，行庙见之礼)。

【经】冬季，十二月，丁未日，周王驾崩。

[注释] 1 禘(dì)于太庙：大祭于祖庙。禘，大祭，合祭。太庙，祖庙。 2 用致夫人：用此大祭作为夫人庙见之礼。 3 僖公本以楚女为正妻，齐女为媵妾。齐女先至，受齐之胁迫，不得不以齐女声姜为正妻。 4 天王崩：周惠王逝世。周惠王实死于七年闰冬月，因王室内乱，过了一年才发讣告。

僖公九年

【原文】

【经】九年，春，王三月，丁丑，宋公御说[1]卒。

【传】何以不书葬？为襄公讳[2]也。

【译文】

【经】鲁僖公九年，春季，周王的三月，丁丑日，宋公御说去世。

【传】为什么不记(他)下葬？是为宋襄公(夏季父丧未葬出会诸侯，不尽

【经】夏,公会宰周公³、齐侯、宋子⁴、卫侯、郑伯、许男、曹伯于葵丘⁵。

【传】宰周公者何?天子之为政者也。

【经】夏季,僖公在葵丘会见宰周公、齐侯、宋子、卫侯、郑伯、许男、曹伯。

【传】宰周公是什么人?是周天子的治理政事的官。

[注释] 1 宋公御说:宋桓公,名御说。宋襄公之父。 2 为襄公讳:宋桓公刚死不久,还在停枢待葬期间,宋襄公就出国会见诸侯,孝道有亏。但宋襄公有尊王室忧天下之心,所以经文讳而不书其父之葬。 3 宰周公:又称宰孔,周室冢宰,为百官之首,亲理政事。 4 宋子:即宋襄公,宋桓公之子。 5 葵丘:宋地,在今河南兰考东南,其地有盟台。

【经】秋,七月,乙酉,伯姬¹卒。

【传】此未适²人,何以卒?许嫁矣。妇人许嫁,字而笄之³,死则以成人之丧治之。

【经】九月,戊辰,诸侯盟于葵丘。

【传】桓之盟不日,此何以日?危之也。何危尔?贯泽之会,桓公有忧中国之心,不召而至者,江人、黄人也。葵丘之会,桓公震⁴而矜⁵之,

【经】秋季,七月,乙酉日,伯姬去世。

【传】她未嫁人,为什么记"卒"?因(她)已经许嫁了。女人许嫁后,称她的字,发上加簪。死了,按照成人的丧礼治丧。

【经】九月,戊辰日,诸侯们在葵丘结盟。

【传】与齐桓公的盟誓不记日子,这里为什么记日子?是认为他危险。什么危险?贯泽之会,齐桓公有忧虑中原诸侯国的心,那时没有召集,自己来参加会的有江国人、黄国人。葵丘之会,齐桓公气盛而且自傲,叛离他的有许多国家。

叛者九国。震之者何？犹曰振振然[6]。矜之者何？犹曰莫若我[7]也。

【经】甲戌，晋侯诡诸卒。

【经】冬，晋里克弑其君之子奚齐[8]。

【传】此未逾年之君[9]，其言弑其君之子奚齐何？杀未逾年君之号也。

气盛是什么意思？等于说（在别人面前摆出）盛气凌人的样子。自傲是什么意思？等于说在别人面前表现出"没有谁比得上我"的样子。

【经】甲戌日，晋侯诡诸去世。

【经】冬季，晋国的里克杀了他的君主的儿子奚齐。

【传】这是个为君尚未过一个年头的君主，这里说"杀了他的君主的儿子奚齐"是什么意思？这是杀（为君）尚未过一个年头的嗣君的写法。

【注释】 1 伯姬：僖公长女。 2 适：出嫁。 3 字而笄(jī)之：名之外，为她取一个字，加簪于头上以固定其挽上去的头发。笄，簪。 4 震：谓盛气凌人。 5 矜：骄傲自大。 6 振振然：气盛的样子。 7 莫若我：没有人比得上我。 8 奚齐：献公与骊姬所生子。时太子申生已死，公子重耳、夷吾逃亡在外，奚齐以嗣君身份守灵，为晋重臣里克所弑。 9 未逾年之君：国君死，继位者过了一年（逾年）即第二年才能正式称为国君。国君死的当年，准备继位的称为未逾年之君。

僖公十年

【原文】

【经】十年，春，王正月，公如齐。

【译文】

【经】鲁僖公十年，春季，周王的正月，僖公去到齐国。

【经】狄灭温[1]。温子奔卫。

【经】晋里克弑其君卓子[2]及其大夫荀息。

【传】及者何？累也。弑君多矣，舍此无累者乎？曰：有。孔父、仇牧皆累也。舍孔父、仇牧无累者乎？曰：有。有则此何以书？贤也。何贤乎荀息？荀息可谓不食其言[3]矣。其不食其言奈何？奚齐、卓子者，骊姬[4]之子也[5]，荀息傅焉。骊姬者，国色[6]也。献公爱之甚，欲立其子，于是杀世子申生。申生者，里克傅之。献公病将死，谓荀息曰："士何如则可谓之信矣？"荀息对曰："使死者反生[7]，生者不愧乎其言，则可谓信矣。"献公死，奚齐立。里克谓荀息曰："君杀正而立不正，废长而立幼，如之何？愿与子虑之。"荀息曰："君尝讯[8]臣矣。臣对曰：

【经】狄灭亡温国。温子逃到卫国。

【经】晋国的里克杀了他的君主卓子及他们的大夫荀息。

【传】"及"是什么意思？是连累的意思。杀君主的例子多，除开这里就没有受连累的吗？（回答）说：有。孔父、仇牧都是受连累的。除开孔父、仇牧就再没有受连累的吗？（回答）说：有。有，这里为什么记？因为荀息贤能。荀息有什么贤能？荀息可以说是不违背他的诺言了。他怎样不违背他的诺言？奚齐、卓子是骊姬的儿子，荀息是他们的师傅。骊姬是一国中最美貌的女人。献公特别喜爱她，要立她的儿子为嗣，于是杀了世子申生。申生，里克是他的师傅。献公病重快要死了，对荀息说："士人怎样做才可以说他守信？"荀息回答说："假使死了的人复活过来，活着的人对自己的话不感到惭愧，才可以说是守信了。"献公死，奚齐立为君。里克对荀息说："君主杀了嫡子立庶子，废了长子立幼子，对这事怎么办？希望和你一起谋划它。"荀息说："君主曾经问过我，我回答说：'假使死了的人复活过来，活

'使死者反生,生者不愧乎其言,则可谓信矣。'"里克知其不可与谋,退弑奚齐。荀息立卓子,里克弑卓子,荀息死之。荀息可谓不食其言矣。

着的人对自己的话不感到惭愧,才可以说是守信了。'"里克知道不能与他一起谋划,退下来杀了奚齐。荀息立卓子为君,里克又杀了卓子,荀息为君而死。荀息可以说是不违背自己的诺言了!

[注释] 1 温:小国名。故城在今河南温县西南。 2 卓子:献公与骊姬娣所生子。 3 食言:言而无信,不履行诺言。犹如说把说出的话又吞咽下去,作不得数。 4 骊姬:晋献公打败骊戎,骊戎国君献其长女骊姬、次女少姬以求和。骊姬深得献公宠爱,立为夫人。据说是因为她的缘故,献公逼死太子申生,另外两个儿子重耳和夷吾逃亡出国。 5 说奚齐、卓子是骊姬之子,是个笼统的说法。其实,奚齐确是骊姬所生,卓子是其从嫁的妹妹(娣)所生。 6 国色:一国中最美丽的女子。 7 使死者反生:如果死人复活。 8 讯:询问。

【经】夏,齐侯、许男伐北戎。

【经】晋杀其大夫里克。

【传】里克弑二君,则曷为不以讨贼之辞言之?惠公[1]之大夫也。然则孰立惠公?里克也。里克弑奚齐、卓子,逆[2]惠公而入。里克立惠公,则惠公曷为杀之?惠公曰:"尔既杀夫二

【经】夏季,齐侯、许男攻伐北戎。

【经】晋国杀了它的大夫里克。

【传】里克杀了两个君主,为什么不用讨贼的词语记他?因为他是晋惠公的大夫。那么是谁立的惠公?是里克。里克杀了奚齐、卓子,迎接惠公进入国都。里克立惠公,惠公为什么要杀他?惠公说:"你已经杀了两个小孩子了,又将要图谋杀寡人,做你的君主不是很难吗?"于是杀了

孺子[3]矣,又将图寡人,为尔君者,不亦病乎?"于是杀之。然则曷为不言惠公之入?晋之不言出入者,踊[4]为文公讳也。齐小白[5]入于齐,则曷为不为桓公讳?桓公之享国也长,美见乎天下[6],故不为之讳本恶也。文公之享国也短,美未见乎天下,故为之讳本恶也。

【经】秋,七月。

【经】冬,大雨雹。

【传】何以书?记异也。

他。那么为什么不记惠公回朝为君?(记)晋(史)不说(惠公、怀公、文公的)出奔和返国,是预先替晋文公(入国为君)隐讳。齐小白进入齐,为什么不替齐桓公(入国为君)隐讳?齐桓公在君位时间长,他的美德在天下表现出来了,所以不替他隐讳原来的坏处。晋文公在君位时间短,(他的)善处还没有为天下人所知,所以替他隐讳原来的坏处。

【经】秋季,七月。

【经】冬季,下大冰雹。

【传】为什么记?是记异常现象。

[注释] 1 惠公:公子夷吾入为晋君,是为晋惠公。 2 逆:迎。 3 夫二孺子:那两个孩子。指奚齐、卓子。夫,指示代词,那。孺子,幼童,孩子。 4 踊:前人注解,以为是齐人语,预先的意思。 5 小白:齐桓公名,这里是据后说前,称之为"小白"。 6 见乎天下:显露于天下,天下人都知道。见,现。

僖公十一年

原文

【经】十有一年,春,晋杀其大夫丕郑父[1]。

译文

【经】鲁僖公十一年,春季,晋国杀了他们的大夫丕郑父。

【经】夏,公及夫人姜氏[2]会齐侯于阳穀[3]。

【经】秋,八月,大雩[4]。

【经】冬,楚人伐黄。

【经】夏季,僖公与夫人姜氏在阳穀会见齐侯。

【经】秋季,八月,举行大雩祭。

【经】冬季,楚国人攻伐黄国。

[注释] 1 丕(pī)郑父:即丕郑,里克之党。丕,即丕。 2 姜氏:僖公夫人声姜,齐桓公女。 3 阳穀:齐地,在今山东阳穀北。 4 大雩(yú):天子求雨的祭祀。成王命周公得行天子之礼,鲁是周公之后,沿用天子礼。

僖公十二年

[原文]

【经】十有二年,春,王三月,庚午,日有食之。

【经】夏,楚人灭黄。

【经】秋,七月。

【经】冬,十有二月,丁丑,陈侯处臼[1]卒。

[译文]

【经】鲁僖公十二年,春季,周王的三月,庚午日,发生日食。

【经】夏季,楚国人灭亡黄国。

【经】秋季,七月。

【经】冬季,十二月,丁丑日,陈侯处臼去世。

[注释] 1 处臼:陈宣公,名处臼。

僖公十三年

[原文]

【经】十有三年,春,狄侵卫。

【经】夏,四月,葬陈宣公。

【经】公会齐侯、宋公、陈侯、卫侯、郑伯、许男、曹伯于咸[1]。

【经】秋,九月,大雩。

【经】冬,公子友如齐。

[译文]

【经】鲁僖公十三年,春季,狄人侵伐卫国。

【经】夏季,四月,安葬陈宣公。

【经】僖公在咸地会见齐侯、宋公、陈侯、卫侯、郑伯、许男、曹伯。

【经】秋季,九月,举行大雩祭。

【经】冬季,公子友去到齐国。

[注释] 1 咸:卫地。在今河南濮阳东南。

僖公十四年

[原文]

【经】十有四年,春,诸侯城缘陵[1]。

【传】孰城之?城杞也。曷为城杞?灭也。孰灭之?盖徐、莒胁之。曷

[译文]

【经】鲁僖公十四年,春季,诸侯的军队在缘陵筑城。

【传】为谁筑城?为杞国筑城。为什么为杞国筑城?因杞被人灭了。谁灭了它?是徐、莒威胁逼迫它。为什么

为不言徐、莒胁之？为桓公讳也。曷为为桓公讳？上无天子，下无方伯，天下诸侯有相灭亡者，桓公不能救，则桓公耻之也。然则孰城之？桓公城之。曷为不言桓公城之？不与诸侯专封也。曷为不与？实与而文不与。文曷为不与？诸侯之义，不得专封也。诸侯之义不得专封，则其曰实与之何？上无天子，下无方伯，天下诸侯有相灭亡者，力能救之，则救之可也。

不说是徐、莒威胁逼迫它？是为齐桓公隐讳。为什么要为齐桓公隐讳？上无（英明的）天子，下无（贤能的）方伯，天下诸侯中有被人灭亡的，齐桓公不能去援救，齐桓公以为耻辱。那么是谁在为它筑城？是齐桓公为它筑城。为什么不说是齐桓公为它筑城？是不赞许诸侯擅自行封。为什么不赞许？实质上赞许而字面上不赞许。字面上为什么不赞许？因为诸侯之道，是不能擅自行封的。既然诸侯之道是不能擅自行封的，可又说实质上赞许，是为什么？上无（英明的）天子，下无（贤能的）方伯，天下诸侯中有被灭亡的，诸侯有能力救它，去救它是可以的。

[注释] 1 缘陵：本齐地，齐城之以封杞，欲使为附庸。地在今山东昌乐东南。

【经】夏，六月，季姬及鄫子遇于防，使鄫子来朝。

【传】鄫子曷为使乎季姬来朝？内辞也。非使来朝，使来请己也。

【经】夏季，六月，季姬与鄫子在防地相遇，使鄫子前来朝见。

【传】鄫子为什么被季姬派遣来朝见？（这）是为我国遮门面的话。其实季姬不是教他来朝见，而是教他来（向僖公）请求娶自己为夫人。

【经】秋,八月,辛卯,沙鹿崩。

【传】沙鹿者何?河上之邑也。此邑也,其言崩何?袭[1]邑也。沙鹿崩,何以书?记异也。外异不书,此何以书?为天下记异也。

【经】狄侵郑。

【经】冬,蔡侯肸[2]卒。

【经】秋季,八月,辛卯日,沙鹿崩陷。

【传】沙鹿是什么地方?是黄河岸边的邑。这是邑,这里说"崩"是什么意思?是邑陷落下去。沙鹿陷落下去,为什么记?是记异常事情。别国的异常事情照例不记,这里为什么记?是为天下记异常事情。

【经】狄人侵伐郑国。

【经】冬季,蔡侯肸去世。

注释　1 袭:无声塌陷。　2 蔡侯肸(xī):蔡穆侯,名肸。蔡哀侯之子。

僖公十五年

原文

【经】十有五年,春,王正月,公如齐。

【经】楚人伐徐[1]。

【经】三月,公会齐侯、宋公、陈侯、卫侯、郑伯、许男、曹伯,盟于牡丘[2],遂次于匡[3]。

【经】公孙敖[4]率师及诸侯之大夫救徐。

【经】夏,五月,日有食之。

译文

【经】鲁僖公十五年,春季,周王的正月,僖公去到齐国。

【经】楚国人攻伐徐国。

【经】三月,僖公会见齐侯、宋公、陈侯、卫侯、郑伯、许男、曹伯,在牡丘结盟,于是在匡地停驻。

【经】公孙敖领兵与诸侯的大夫援救徐国。

【经】夏季,五月,发生日食。

[注释] 1 徐:嬴姓小国。在今安徽泗县西北。 2 牡丘:齐地,在今山东聊城东北。 3 匡:宋邑。在今河南睢县西。 4 公孙敖:鲁大夫孟穆伯,庆父之子。

【经】秋,七月,齐师、曹师伐厉[1]。

【经】八月,螽[2]。

【经】九月,公至自会。

【传】桓公之会不致,此何以致?久[3]也。

【经】季姬归于鄫。

【经】秋季,七月,齐军、曹军攻伐厉国。

【经】八月,发生蝗灾。

【经】九月,僖公从参加会盟回国。

【传】参加齐桓公的会不记会后回国,这里为什么记回国?因为去的时间太久了。

【经】季姬出嫁到鄫国。

[注释] 1 厉:国名,在今湖北随州东北之厉山店。 2 螽:即蚤,蝗虫。 3 久:本年正月,僖公往齐国。三月又在齐地牡丘会齐侯及其他诸侯。至此时九月才归鲁国,所以说久。

【经】己卯,晦,震夷伯之庙。

【传】晦者何?冥[1]也。震之者何?雷电击夷伯之庙者也。夷伯者曷为者也?季氏之孚[2]也。季氏之孚则微者,其称夷伯何?大之也。曷为大之?天戒之,故大之也。何以书?记异也。

【经】己卯日,(白天)阴晦,雷震夷伯的庙。

【传】阴晦是什么意思?是昏暗的意思。雷震夷伯的庙是回什么事?是雷电击夷伯的庙。夷伯是干什么的?他是季氏所信任的家臣。季氏的信臣应该是身份卑微的人,这里称(他的字)夷伯是为什么?是把他看得尊大。为什么把他看得尊大?因

【经】冬,宋人伐曹。

【经】楚人败徐于娄林[3]。

【经】十有一月,壬戌,晋侯[4]及秦伯[5]战于韩[6],获晋侯。

【传】此偏战也,何以不言师败绩?君获不言师败绩也。

【经】冬季,宋国人攻伐曹国。

【经】楚国人在娄林打败徐国。

【经】十一月,壬戌日,晋侯和秦伯在韩作战。(秦)俘虏了晋侯。

【传】这是偏战,为什么不说(晋)军大败?国君已被俘虏,就无须说军队大败了。

[注释] 1 冥:昏暗不明。 2 孚:信,信任的人。 3 娄林:徐地,在今安徽泗县东北。 4 晋侯:晋惠公。 5 秦伯:秦穆公。 6 韩:晋地,在今山西芮城西南之韩亭。

僖公十六年

【原文】

【经】十有六年,春,王正月,戊申,朔,霣石于宋五。

【经】是月,六鹢[1]退飞,过宋都。

【传】曷为先言霣而后言石?霣石记闻,闻其磌[2]然,视之则石,察

【译文】

【经】鲁僖公十六年,春季,周王的正月,戊申日,朔日,坠落石头在宋地,一共五块。

【经】这个月,有六只鹢鸟退着飞,经过宋国国都。

【传】为什么先说"坠落"而后说"石头"?"坠落石头"是记听到的声音,听到石头落下时磌磌地响,一看是石头,仔

之则五。是月者何?仅逮是月也。何以不日?晦[3]日也。晦则何以不言晦?《春秋》不书晦也。朔有事则书,晦虽有事不书。曷为先言六而后言鹢?六鹢退飞,记见也,视之则六,察之则鹢,徐而察之则退飞。五石、六鹢何以书?记异也。外异不书,此何以书?为王者之后记异也。

细察看是五块。"这个月"是什么意思?是这个月将完,这天仅能挂在这个月的边上。为什么不记日子?因为那天是晦日。既是晦日,而为什么不说是晦日?《春秋》(记事的体例)不记晦日。朔日,有事就记;晦日,即使有事,也不记。为什么先说"六只"而后说"鹢鸟"?"六只鹢鸟退着飞",是记所见,一望是六只,仔细看才知是鹢鸟,慢慢观察(发现)是退着飞。五块石头、六只鹢鸟为什么记?是记怪异事情。别国的怪事照例不记,这里为什么记?是为商王的后代记怪异的事。

注释 1 鹢(yì):水鸟名。形如鹭而大,羽色苍白,善高飞。 2 磌(tián):石坠地声。 3 晦:每月初一日朔,月底曰晦。

【经】三月,壬申,公子季友[1]卒。

【传】其称季友何?贤也。

【经】夏,四月,丙申,鄫季姬卒。

【经】秋,七月,甲子,公孙慈[2]卒。

【经】三月,壬申日,公子季友去世。

【传】这里称季友(不称他的名),是为什么?是因为他贤能。

【经】夏季,四月,丙申日,鄫季姬去世。

【经】秋季,七月,甲子日,公孙慈去世。

【经】冬,十有二月,公会齐侯、宋公、陈侯、卫侯、郑伯、许男、邢侯、曹伯于淮[3]。

【经】冬季,十二月,僖公在淮地会见齐侯、宋公、陈侯、卫侯、郑伯、许男、邢侯、曹伯。

注释 1 季友:鲁国大夫,亦称公子友、季子、季友、成季友、成季。 2 公孙慈:鲁国大夫叔孙戴伯,叔牙之子。 3 淮:无可考。有说在今江苏盱眙附近。

僖公十七年

[原文]

【经】十有七年,春,齐人、徐人伐英氏[1]。

【经】夏,灭项[2]。

【传】孰灭之?齐灭之。曷为不言齐灭之?为桓公讳也。《春秋》为贤者讳。此灭人之国,何贤尔?君子之恶恶[3]也,疾始[4];善善[5]也,乐终[6]。桓公尝有继绝存亡之功,故君子为之讳也。

【经】秋,夫人姜氏[7]会齐于卞[8]。

[译文]

【经】鲁僖公十七年,春季,齐国人、徐国人攻伐英氏国。

【经】夏季,灭亡项国。

【传】谁灭它?是齐灭它。为什么不说是齐灭它?是为齐桓公隐讳。《春秋》为贤者隐讳。这是灭别人的国家,有什么贤?君子憎恨恶行,憎恨他开头做坏事;嘉许善行,乐于嘉许直到最后。齐桓公曾经有继绝世、使已灭的国家保存下来的功绩,所以君子为他隐讳。

【经】秋季,夫人姜氏在卞与齐侯会见。

【经】九月,公至自会。

【经】十有二月,乙亥,[9]齐侯小白卒。

【经】九月,僖公从(淮之)会回国。

【经】(冬季,)十二月,乙亥日,齐侯小白去世。

[注释] 1 英氏:国名,偃姓。楚之与国,曾助楚败徐。 2 项:国名。在今河南项城市境。 3 恶恶(wù è):憎恨恶行。 4 疾始:恨其作恶之始。始作恶,后必有续。 5 善善:嘉许善行。 6 乐终:乐见其善始善终。 7 姜氏:僖公夫人声姜,齐桓公女。 8 卞:鲁邑,在今山东泗水东。 9 十有二月,乙亥:齐桓公小白实卒于十月乙亥,因立君之乱,此时方赴告诸侯,鲁史即以此时为桓公死期。

僖公十八年

[原文]

【经】十有八年,春,王正月,宋公会曹伯、卫人、邾娄人伐齐[1]。

【经】夏,师救齐。

【经】五月,戊寅,宋师及齐师战于甗[2],齐师败绩。

【传】战不言伐,此其言伐何? 宋公与伐而不与战,故言伐。《春秋》伐者[3]为客,伐者[4]为主,曷为不

[译文]

【经】鲁僖公十八年,春季,周王的正月,宋公会同曹伯、卫国人、邾娄国人攻伐齐国。

【经】夏季,(鲁)军援救齐国。

【经】五月,戊寅日,宋军和齐军在甗地作战,齐军大败。

【传】说战就不说伐,这里(说了战,又)说伐是为什么? 因为宋公参与攻伐(齐国),没有参与(同齐国)作战,所以要说伐。《春秋》以攻伐别人的为客,以被人攻伐的为主,为什么这里不

使齐主之？与襄公之征齐也。曷为与襄公之征齐？桓公死,竖刁、易牙[5]争权不葬,为是故伐之也。

【经】狄救齐。

【经】秋,八月,丁亥,葬齐桓公。

【经】冬,邢人、狄人伐卫。

让齐为主？是赞许宋襄公征伐齐国。为什么赞许宋襄公征伐齐国？齐桓公死后,竖刁、易牙争权,不葬(齐桓公),宋襄公因为这个缘故讨伐齐国。

【经】狄人援救齐国。

【经】秋季,八月,丁亥日,安葬齐桓公。

【经】冬季,邢国人、狄人攻伐卫国。

[注释] 1 伐齐:为平定齐国内乱。 2 甗(yǎn):齐地,在今山东济南历城区。 3 伐者:谓伐人者。此"伐",据古注,"长言之",或者就是去声。 4 伐者:谓被伐者。此"伐",据古注,"短言之",或者就是入声。 5 竖刁、易牙:齐桓公宠幸的近臣。竖刁,齐桓公的男宠。易牙,齐桓公的厨师,据说曾烹自己的儿子给齐桓公尝美味。他们勾结起来,杀大臣,立公子无亏。齐国大乱。

僖公十九年

[原文]

【经】十有九年,春,王三月,宋人执滕子婴齐[1]。

【经】夏,六月,宋人、

[译文]

【经】鲁僖公十九年,春季,周王的三月,宋国人逮捕滕子婴齐。

【经】夏季,六月,宋国人、邾娄国人在曹国南方(一个地方)结盟。

曹人、邾娄人盟于曹南[2]。

【经】鄫子会于邾娄[3]。

【传】其言会盟何？后会也。

【经】鄫子参加会盟，（路过）到邾娄。

【传】这里说"会盟"是什么意思？是说鄫子迟到没能赶上会盟。

[注释] 1 滕子婴齐：滕宣公，名婴齐。 2 曹南：曹地，曹之南鄙。 3 会于邾娄：曹南之会结束后，鄫子才赶到邾娄，不是另有会。

【经】己酉，邾娄人执鄫子，用之。

【传】恶乎用之？用之社[1]也。其用之社奈何？盖叩[2]其鼻以血社也。

【经】秋，宋人围曹。

【经】卫人伐邢。

【经】冬，公会陈人、蔡人、楚人、郑人，盟于齐。

【经】梁亡。

【传】此未有伐者，其言梁亡何？自亡也。其自亡奈何？鱼烂[3]而亡也。

【经】己酉日，邾娄国人逮捕鄫子，把他用上了。

【传】把他用在哪里？把他用于社祭。怎样把他用于社祭？是敲击他的鼻子，用鼻血涂到社祭的物品上。

【经】秋季，宋国人包围曹国。

【经】卫国人攻伐邢国。

【经】冬季，僖公会见陈国人、蔡国人、楚国人、郑国人，在齐国结盟。

【经】梁国灭亡。

【传】这时没有谁攻伐它，这里说梁灭亡是什么意思？是梁自己灭亡。它是怎么自己灭亡的？是像鱼坏一样（从内部烂出）灭亡的。

[注释] 1 社：祭祀土地之神。 2 叩：敲击。 3 鱼烂：像鱼腐烂一样，从肚子里烂出。指内部腐烂衰败。

僖公二十年

原文

【经】二十年,春,新作南门。

【传】何以书?讥。何讥尔?门有古常[1]也。

【经】夏,郜子[2]来朝。

【传】郜子者何?失地之君也。何以不名?兄弟辞也。

【经】五月,乙巳,西宫灾。

【传】西宫者何?小寝[3]也。小寝则曷为谓之西宫?有西宫则有东宫矣。鲁子曰:以有西宫,亦知诸侯之有三宫也。西宫灾何以书?记异也。

【经】郑人入滑[4]。

【经】秋,齐人、狄人盟于邢。

【经】冬,楚人伐随[5]。

译文

【经】鲁僖公二十年,春季,新作南城门。

【传】为什么记?为了讥讽。讥讽什么?城门的规模古代有常制(新作的城门不合古制)。

【经】夏季,郜子前来朝见。

【传】郜子是什么人?是丧失了封地的国君。为什么不写他的名?这是对同姓兄弟的写法。

【经】五月,乙巳日,西宫发生火灾。

【传】西宫是什么地方?是小寝。小寝为什么叫它做西宫?有西宫也就有东宫了。鲁子说:因为有西宫,也就知道诸侯有三宫(中宫、东宫、西宫)。西宫发生火灾为什么记?是记灾异。

【经】郑国人攻入滑国。

【经】秋季,齐国人、狄人在邢国结盟。

【经】冬季,楚国人攻伐随国。

【注释】 1 古常:古制常法。 2 郜子:郜国国君。郜始封君为文王之子。 3 小寝:天子、诸侯居息的宫室,在中者曰路寝、燕寝,在旁者曰小寝。 4 滑:姬姓国,都于费,一名费滑,在今河南偃师之缑氏镇。 5 随:姬姓国,春秋后期成为楚的附庸。故地在今湖北随州。

僖公二十一年

【原文】

【经】二十有一年,春,狄侵卫。

【经】宋人、齐人、楚人盟于鹿上[1]。

【经】夏,大旱。

【传】何以书?记灾也。

【经】秋,宋公[2]、楚子、陈侯、蔡侯、郑伯、许男、曹伯会于霍[3],执宋公以伐宋。

【传】孰执之?楚子执之。曷为不言楚子执之?不与夷狄之执中国也。

【译文】

【经】鲁僖公二十一年,春季,狄侵伐卫国。

【经】宋国人、齐国人、楚国人在鹿上结盟。

【经】夏季,大旱。

【传】为什么记?是记灾。

【经】秋季,宋公、楚子、陈侯、蔡侯、郑伯、许男、曹伯在霍地聚会,逮捕宋公而攻伐宋国。

【传】谁逮捕宋公?是楚子逮捕宋公。为什么不说是楚子逮捕宋公?是不赞同夷狄逮捕中原诸侯。

【注释】 1 鹿上:宋地,在今安徽阜阳南。 2 宋公:宋襄公。 3 霍:国名,在今山西霍县西。

【经】冬,公伐邾娄。

【经】楚人使宜申[1]来献捷。

【传】此楚子也,其称人何?贬。曷为贬?为执宋公贬。曷为为执宋公贬?宋公与楚子期以乘车之会[2],公子目夷[3]谏曰:"楚,夷国也,强而无义,请君以兵车之会[4]往。"宋公曰:"不可。吾与之约以乘车之会,自我为之,自我堕[5]之,曰不可。"终以乘车之会往。楚人果伏兵车,执宋公以伐宋。宋公谓公子目夷曰:"子归守国矣,国,子之国也。吾不从子之言,以至乎此。"公子目夷复曰:"君虽不言国,国固臣之国也。"于是归,设守械而守国。楚人谓宋人曰:"子不与我国,吾将杀子君矣。"宋人应之曰:"吾赖社稷之神灵,吾国已有君矣。"楚人知虽杀宋公,犹不得宋国,于是释宋

【经】冬季,僖公攻伐邾娄国。

【经】楚国人派遣宜申来献战利品。

【传】这本是楚子,这里称"人"是什么意思?是贬(他)。为什么贬?为他逮捕宋公贬。为什么要因他逮捕宋公而贬他?宋公与楚子相约举行乘车之会(不带甲兵),公子目夷劝谏说:"楚是夷国,强横不讲道义,请君以兵车之会(的准备)前往。"宋公说:"不行!我与他约定举行乘车之会,自己作的规定,自己破坏它?我说不行!"最终还是用乘车之会前往。楚国人果然埋伏兵车,逮捕宋公,攻伐宋国。宋公对公子目夷说:"你要回去守国了。国是你的国。我不听从你的意见,以至于此!"公子目夷回答说:"君即使不说,这国本来也是臣的国。"于是回国,准备防守器械防守国家。楚国人对宋国人说:"你不给我们国家,我将杀你们的国君!"宋国人回答他说:"我们靠社稷的神灵,我国已有君主了!"楚国人知道即使杀了宋公,仍然得不到宋国,于是释放了宋公,宋公被释放后,跑到

公。宋公释乎执,走之卫。公子目夷复曰:"国为君守之,君曷为不入?"然后逆襄公归。恶乎捷?捷乎宋。曷为不言捷乎宋?为襄公讳也。此围辞也,曷为不言其围?为公子目夷讳也。

【经】十有二月,癸丑,公会诸侯盟于薄[6]。释宋公。

【传】执未有言释之者,此其言释之何?公与为尔也。公与为尔奈何?公与议尔也。

卫国。公子目夷回命说:"国,我替君守住了它,君为什么不回(国)?"于是迎接襄公回国。战利品从哪里来?从宋国来。为什么不说战利品从宋国来?是为襄公隐讳。这里说的是宋国曾被包围的话,为什么不写它被包围?是为公子目夷守国被围隐讳。

【经】十二月,癸丑日,僖公会见诸侯,在薄地结盟。释放宋公。

【传】记被捕没有记释放的,这里记释放是为什么?释放是僖公参与办成的。僖公怎样参与办成的?僖公参加讨论这事(为他说话,主张释放)。

[注释] 1 宜申:楚臣,又称鬭宜申,或称子西、司马子西。 2 乘车之会:乘普通车相见,谓和平的会议。 3 公子目夷:宋襄公弟。 4 兵车之会:以兵车相会,指武装相见,准备动武。 5 堕:同"隳(huī)",毁坏。 6 薄:《史记》作"亳",宋邑,商之故都。在今河南商丘市境。

僖公二十二年

[原文]

【经】二十有二年,春,公伐邾娄,取须朐[1]。

【经】夏,宋公、卫

[译文]

【经】鲁僖公二十二年,春季,僖公攻伐邾娄国,夺取(邾娄所侵占的)须朐。

【经】夏季,宋公、卫侯、许男、滕子攻

侯、许男、滕子伐郑。

【经】秋,八月,丁未,及邾娄人战于升陉²。

【经】秋季,八月,丁未日,(我国)与邾娄国在升陉作战。

[注释] 1 须朐(qú):国名,风姓,故地在今山东东平。僖公母成风娘家。国为邾娄所灭,僖公出兵取须朐,还之须朐国君。 2 升陉:鲁地,无考。

【经】冬,十有一月,己巳,朔,宋公及楚人战于泓¹,宋师败绩。

【传】偏战者日尔,此其言朔何?《春秋》辞繁而不杀²者,正也。何正尔?宋公与楚人期战于泓之阳³。楚人济泓而来,有司⁴复曰:"请迨其未毕济而击之。"宋公曰:"不可。吾闻之也,君子不厄人。吾虽丧国之余⁵,寡人不忍行也。"既济,未毕陈,有司复曰:"请迨其未毕陈⁶而击之。"宋公曰:"不可。吾闻之也,君子不鼓不成列。"已陈,然后襄公鼓之,宋师大败。故君子大其不鼓不成列,临大事而

【经】冬季,十一月,己巳日,朔日,宋公与楚国人在泓水边上作战,宋军大败。

【传】偏战记日子而已,这里又说朔日是为什么?《春秋》用辞繁多而不简省的,是宣扬正道。宣扬什么正道?宋襄公与楚国人约定时日,在泓水之北作战。楚国人渡泓水前来(对阵),官员报告说:"请趁他们军队没有渡完时攻击他们。"宋公说:"不行!我听说,君子不为难人。我虽然几乎被楚灭亡,幸得余生为国君主,寡人仍不忍心去做。"(楚军)渡河完毕,没有完全布好阵,官员报告说:"请趁他们没有完全布好阵时攻击他们。"宋公说:"不行!我听说,君子不击鼓进攻未布好阵的敌军。"(楚军)已布好阵,然后襄公击鼓进攻他们,宋军大败。所以(修史的)君子褒扬他不击鼓进攻未布好

不忘大礼,有君而无臣[7]。以为虽文王之战,亦不过此也。

阵的敌人,面临战争仍不忘大礼,有仁德的君主,(可惜)无辅佐的贤臣。认为即使是周文王作战,也不过这样。

[注释] 1 泓:水名,故道在今河南柘城西北,古涣水支流。 2 杀(shài):简省。 3 阳:北边。 4 有司:官员,官吏。设官分职,各有所司。 5 丧国之余:是说他宋国是商的后代,商早已被周灭掉,所以说是丧国之余。 6 陈(zhèn):"阵"的古字,列阵。 7 有君而无臣:谓宋襄公有君德而无君佐。

僖公二十三年

[原文]

【经】二十有三年,春,齐侯伐宋[1],围缗[2]。

【传】邑不言围,此其言围何?疾重[3]故也。

【经】夏,五月,庚寅,宋公慈父[4]卒。

【传】何以不书葬?盈乎讳[5]也。

【经】秋,楚人伐陈。

【经】冬,十有一月,杞子卒。

[译文]

【经】鲁僖公二十三年,春季,齐侯攻伐宋国,包围缗邑。

【传】对邑是不说包围的,这里说包围是为什么?是憎恨(齐趁宋之危攻宋)加重宋国过去所受的创伤的缘故。

【经】夏季,五月,庚寅日,宋公慈父去世。

【传】为什么不记他下葬?全是(为宋襄公当年背殡出国与会和霸业不成)隐讳。

【经】秋季,楚国人攻伐陈国。

【经】冬季,十一月,杞子去世。

【注释】 1 齐侯:齐孝公。伐宋:是与宋襄公争霸。 2 缗:宋邑,在今山东金乡县东北。 3 疾重:厌恶齐国用兵加重了宋新败于楚的创痛。 4 宋公慈父:即宋襄公,名慈父。 5 盈乎讳:满满的忌讳,全是为宋襄公隐讳。盈,满。

僖公二十四年

【原文】

【经】二十有四年,春,王正月。

【经】夏,狄伐郑。

【经】秋,七月。

【经】冬,天王[1]出居[2]于郑。

【传】王者无外,此其言出何?不能乎母[3]也。鲁子曰:"是王也,不能乎母者,其诸[4]此之谓与?"

【经】晋侯夷吾[5]卒。

【译文】

【经】鲁僖公二十四年,春季,周王的正月。

【经】夏季,狄攻伐郑国。

【经】秋季,七月。

【经】冬季,周天子(从直辖地区)走出,住在郑国。

【传】对于为王的人,没有国境内国境外的提法,这里说"走出"是为什么?是(他)不能与母亲相安。鲁子说:"(听老师所说)就是这个王,不能与母亲相安的,或许就是说的这个王吧?"

【经】晋侯夷吾去世。

【注释】 1 天王:周襄王。 2 出居:出奔的委婉说法。 3 不能乎母:与母亲相处不好。周襄王继母惠后,本想立爱子王子带为王,所图未成身死。襄王娶狄女隗氏为后,王子带与之私通,襄王废隗氏。周臣颓叔召狄师奉王子带伐周,周师大败。襄王奔郑。 4 其诸:表示揣测的复合副词。 5 晋侯夷吾:晋惠公,名夷吾。

僖公二十五年

【原文】

【经】二十有五年,春,王正月,丙午,卫侯燬灭邢。

【传】卫侯燬何以名?绝。曷为绝之?灭同姓[1]也。

【经】夏,四月,癸酉,卫侯燬卒。

【经】宋荡伯姬[2]来逆妇[3]。

【传】宋荡伯姬者何?荡氏之母[4]也。其言来逆妇何?兄弟辞也。其称妇何?有姑之辞也。

【译文】

【经】鲁僖公二十五年,春季,周王的正月,丙午日,卫侯燬灭亡邢国。

【传】卫侯燬为什么称他的名?是不承认(君位)。为什么不承认他(君主的地位)?因为他灭亡了同姓的国家邢。

【经】夏季,四月,癸酉日,卫侯燬去世。

【经】宋国荡伯姬前来迎接儿媳妇。

【传】宋国荡伯姬是什么人?是荡氏的母亲。这里说她前来迎接儿媳妇是什么意思?(荡伯姬是鲁女,)这是兄弟姊妹之间的(亲切)话语。称"儿媳妇"是什么意思?这话是有婆婆的意思。

【注释】 1 同姓:卫国、邢国都是姬姓。 2 荡伯姬:鲁女,僖公的姐姐,宋国大夫公子荡的妻子。 3 逆妇:迎娶儿媳妇。 4 荡氏之母:宋桓公生公子荡,后人以荡为氏,公子荡为始祖,其妻伯姬为始母。

【经】宋杀其大夫。

【传】何以不名？宋三世无大夫，三世内娶也。[1]

【经】秋，楚人围陈。纳顿子于顿[2]。

【传】何以不言遂？两之[3]也。

【经】葬卫文公[4]。

【经】冬，十有二月，癸亥，公会卫子[5]、莒庆[6]，盟于洮[7]。

【经】宋国杀它的大夫。

【传】为什么不写出被杀的大夫的名？因为宋三代君主没有大夫，这三代君主都是娶国内大夫之女儿为妻（不敢以妻父为臣）。

【经】秋季，楚国人包围陈。把顿子送进顿国。

【传】为什么不在中间用"遂"字？是把它看成两件事。

【经】安葬卫文公。

【经】冬季，十二月，癸亥日，僖公会见卫子、莒庆，在洮结盟。

[注释] 1《传》说不确。因国君娶大夫之女，便不敢以岳丈为臣，故无大夫。内娶不臣妻父，无此礼制。而且不会以一大夫之亲而废非亲之大夫。经明说"杀其大夫"，怎么能说"三世无大夫"？ 2 纳顿子于顿：把顿国国君送回顿国去。顿是邻近陈国的一个小国，受陈威逼而奔楚，楚助顿，纳其国君。 3 两之：把它看成两件事。楚围陈，纳顿子，可说是一件事的两步，中间可用"遂"字连接。经文不用这个"遂"字，说明经的意思不把它看成一件事，而是看成两件事。 4 卫文公：即前文所说"卫侯燬卒"的卫侯燬。 5 卫子：卫成侯，其父卒未逾年，故称子。 6 莒庆：莒大夫，其妻叔姬为鲁庄公之女。 7 洮：鲁地，东近莒，在今山东泗水县境。

僖公二十六年

【原文】

【经】二十有六年,春,王正月,己未,公会莒子、卫宁遬[1],盟于向[2]。

【经】齐人侵我西鄙。公追齐师至巂[3],弗及。

【传】其言至巂弗及何?侈[4]也。

【经】夏,齐人伐我北鄙。

【经】卫人伐齐。

【经】公子遂[5]如楚乞师。

【传】乞师者何?卑辞也。曷为以外内同若辞[6]?重师也。曷为重师?师出不正反[7],战不正胜[8]也。

【译文】

【经】鲁僖公二十六年,春季,周王的正月,己未日,僖公会见莒子、卫国宁遬,在向结盟。

【经】齐国人侵伐我国西部边境地区。僖公率军追逐齐军直追到巂,没有追上。

【传】这里说"直追到巂,没有追上"是什么意思?(齐人畏惧,退兵快,以致僖公追不上,)是夸大(僖公的武功)。

【经】夏季,齐国人攻伐我国北部边境地区。

【经】卫国人攻伐齐国。

【经】公子遂到楚国去恳求出兵。

【传】"恳求出兵"是什么意思?是卑下的言辞。为什么对外对内同用这样的辞令?是重视军队。为什么重视军队?因为军队出征不一定能全部返回,仗打起来,不一定都能取胜。

【注释】 1 宁遬(sù):卫大夫宁庄子。 2 向:莒地,在今山东莒县南。 3 巂:齐地,在今山东东阿县南巂。 4 侈:往多里说,往大里说,夸张。

5 公子遂：鲁卿，鲁庄公之子。又称东门襄仲、东门遂、仲遂、东门氏。
6 鲁派公子遂如楚乞师，是内卑之辞。成公十三年、十六年晋派使臣来鲁乞师，是外卑之辞。内外都用"乞师"这样的卑辞。若，这样，这样的。
7 师出不正反：军队派出去了，不一定能回来。正，定。 8 战不正胜：作战不一定能打胜仗。

【经】秋，楚人灭隗[1]，以隗子归。

【经】冬，楚人伐宋，围缗[2]。

【传】邑不言围，此其言围何？刺道用师[3]也。

【经】公以楚师伐齐，取穀[4]。公至自伐齐。

【传】此已取穀矣，何以致伐[5]？未得乎取穀也。曷为未得乎取穀？曰：患之起，必自此始也。[6]

【经】秋季，楚国人灭亡隗国，把隗子带回（楚国）。

【经】冬季，楚国人攻伐宋国，包围缗邑。

【传】对邑是不说包围的，这里说"包围"是为什么？是讥讽（楚国人为鲁伐齐）中途对宋用兵。

【经】僖公用楚军攻伐齐国，夺取穀邑。僖公从伐齐回国。

【传】（愿望未实现，才写从攻伐回国。）这时已经攻取了穀邑，为什么写从攻伐齐国回来？因为不能说已经取得穀邑（愿望就实现了）。为什么不能说已经取得穀邑？（回答）说：祸患的产生，必定从这里开始。

[注释] 1 隗(wěi)：国名，与楚同姓。在今湖北秭归东。 2 缗：宋邑，在今山东金乡东北缗城阜。 3 道用师：半路中间，突然用兵滋事。楚本出师伐齐，中间突然节外生枝，用兵攻宋。 4 穀：齐地，在今山东东阿县旧治东阿镇。 5 致伐：从征伐归来。据庄公六年"得意致会，不得

意致伐",这次取榖,是不得意的事。 6 此句是说鲁国虚弱,向外乞师,以犯强齐,后患将至。

僖公二十七年

[原文]

【经】二十七年,春,杞子来朝。

【经】夏,六月,庚寅,齐侯昭[1]卒。

【经】秋,八月,乙未,葬齐孝公。

【经】乙巳,公子遂帅师入杞。

【经】冬,楚人、陈侯、蔡侯、郑伯、许男围宋。

【传】此楚子[2]也,其称人何?贬。曷为贬?为执宋公贬,故终僖之篇贬也。

【经】十有二月,甲戌,公会诸侯盟于宋。

[译文]

【经】鲁僖公二十七年,春季,杞子前来朝见。

【经】夏季,六月,庚寅日,齐侯昭去世。

【经】秋季,八月,乙未日,安葬齐孝公。

【经】乙巳日,公子遂领兵攻入杞国。

【经】冬季,楚国人、陈侯、蔡侯、郑伯、许男包围宋国。

【传】这(围宋的)是楚子,这里称"人"是什么意思?是贬(他)。为什么贬他?为(他)逮捕宋襄公攻打宋国贬(他),所以直到《僖公》这一篇历史的最后,都贬(他)。

【经】十二月,甲戌日,僖公会见诸侯,在宋国结盟。

[注释] 1 齐侯昭:齐孝公名昭。 2 楚子:指楚成王。

僖公二十八年

原文

【经】二十有八年,春,晋侯侵曹,晋侯伐卫。

【传】曷为再言晋侯?非两之也。然则何以不言遂?未侵曹也。未侵曹,则其言侵曹何?致其意也。其意侵曹,则曷为伐卫?晋侯将侵曹,假涂于卫,卫曰不可得,则固将伐之也。

【经】公子买[1]戍卫,不卒戍[2],刺[3]之。

【传】不卒戍者何?不卒戍者,内辞也,不可使往也。不可使往,则其言戍卫何?遂公意也。刺之者何?杀之也。杀之则曷为谓之刺之?内讳杀大夫,谓之刺之也。

译文

【经】鲁僖公二十八年,春季,晋侯侵伐曹国,晋侯攻打卫国。

【传】为什么两次写"晋侯"?不是将它分为两件事。那么为什么不在中间用"遂"字?因为(晋侯)实际上没有侵伐曹国。没有侵伐曹国却说他侵伐曹国是为什么?是表明他的本意是要侵伐曹国。他的本意是要侵伐曹国,为什么却去攻打卫国?晋侯将侵伐曹国,向卫国借道,卫国说不能借,(这样一来,晋侯)本就要攻打它了。

【经】公子买在卫国戍守,没有完成戍守任务,刺死他。

【传】没有完成戍守任务是什么意思?没有完成戍守任务,是我国(对外)说的话,(实际上)是(公子买抗拒僖公之命,僖公)不能使他前去。不能使他前去,为什么说他在卫国戍守?是顺僖公的心意。刺他是怎么回事?是杀他。杀他为什么叫作刺他?为我国隐讳杀大夫,所以(把杀他)叫作刺他。

[注释] 1 公子买:鲁大夫,字子丛。 2 不卒戍:戍宋终未执行。意思是公子买不受命,不肯前往。 3 刺:杀大夫曰刺。

【经】楚人救卫。

【经】三月,丙午,晋侯入曹,执曹伯,畀[1]宋人。

【传】畀者何?与也。其言畀宋人何?与使听[2]之也。曹伯之罪何?甚恶也。其甚恶奈何?不可以一罪言也。

【经】楚国人援救卫国。

【经】三月,丙午日,晋侯攻入曹都,逮捕曹伯,把他交给宋人。

【传】"交给"是什么意思?是给予的意思。这里说交给宋人是什么意思?给予,是使(宋人)裁断曹伯的罪。曹伯有何罪?(他)特别坏。他如何特别坏?已经不能用一种罪来说明了。

[注释] 1 畀(bì):给予。 2 听:处理,审断。

【经】夏,四月,己巳,晋侯、齐师、宋师、秦师及楚人战于城濮[1],楚师败绩。

【传】此大战也,曷为使微者?子玉得臣[2]也。子玉得臣,则其称人何?贬。曷为贬?大夫不敌君也。

【经】楚杀其大夫得臣。

【经】卫侯[3]出奔楚。

【经】夏季,四月,己巳日,晋侯、齐军、宋军、秦军和楚国人在城濮作战。楚军大败。

【传】这是一次大战争,(楚国)为什么派遣身份低微的人(领兵)?(不是身份低微的人)而是子玉得臣。既是子玉得臣,那么为什么称"人"?是贬(他)。为什么贬?因为大夫不应该与别国的君主对阵。

【经】楚国杀死它的大夫得臣。

【经】卫侯出逃到楚国。

[注释] 1 城濮:卫地,在今山东旧濮县(现已并入范县)南之城濮城。 2 子玉得臣:楚令尹(楚国最高官职,掌军政大权),又称子玉、令尹子玉、得臣、成得臣。 3 卫侯:卫成公,名郑。

【经】五月,癸丑,公会晋侯、齐侯、宋公、蔡侯、郑伯、卫子[1]、莒子,盟于践土[2]。陈侯如会[3]。

【传】其言如会何? 后会也。

【经】公朝于王所。

【传】曷为不言公如京师? 天子在是[4]也。天子在是,则曷为不言天子在是? 不与致天子[5]也。

【经】五月,癸丑日,僖公与晋侯、齐侯、宋公、蔡侯、郑伯、卫子、莒子聚会,在践土结盟。陈侯到会。

【传】这里说"到会"是什么意思? 是会盟结束后,陈侯才到。

【经】僖公在王所在地朝见(王)。

【传】为什么不说(僖公)去京师(朝见天子)? 因为天子就在这里。天子既然在这里,为什么又不说天子在这里? 是不赞许(晋侯)把天子招来。

[注释] 1 卫子:卫君侯爵,此时卫君奔楚,其弟叔武奉盟。 2 践土:郑地,在今河南原阳西南。 3 陈侯如会:陈、蔡一向亲附于楚。此会蔡侯先至,得与于盟。陈侯后至,未及歃血,接受盟约而已。 4 是:这里,指代践土。 5 致天子:把天子招来。致,招致。

【经】六月,卫侯郑自楚复归于卫。

【经】卫元咺[1]出奔晋。

【经】陈侯款[2]卒。

【经】秋,杞伯姬[3]来。

【经】公子遂如齐。

【经】六月,卫侯郑从楚国回到卫国。

【经】卫国的元咺出逃到晋国。

【经】陈侯款去世。

【经】秋季,杞伯姬来。

【经】公子遂到齐国去。

[注释] 1 元咺(xuān)：卫国大夫。卫侯出奔楚，元咺奉卫侯之弟叔武守国。叔武请求晋侯允许卫侯归国，得晋侯同意。卫侯先杀随从他的元咺之子角，继又杀叔武，于是元咺奔晋。 2 陈侯款：陈穆公，名款。 3 杞伯姬：杞成公、杞桓公之母，鲁庄公之女。

【经】冬，公会晋侯、齐侯、宋公、蔡侯、郑伯、陈子、莒子、邾娄子、秦人于温[1]。

【经】天王狩于河阳[2]。

【传】狩不书，此何以书？不与再致天子[3]也。鲁子曰："温近而践土远也。"[4]

【经】壬申，公朝于王所。

【传】其日何？录乎内[5]也。

【经】冬季，僖公在温地与晋侯、齐侯、宋公、蔡侯、郑伯、陈子、莒子、邾娄子、秦国人相会。

【经】周王在河阳狩猎。

【传】狩猎不记，这里为什么记？是不赞许(晋侯)再次招致天子。鲁子说："(说在河阳狩猎，)是因为温地离王畿近(狩猎不失其地)，践土离王畿远。"

【经】壬申日，僖公在王所在之处朝见(王)。

【传】为什么记日子？作为我国的失礼加以记录。

[注释] 1 温：周地，后属晋。在今河南温县南。 2 河阳：晋邑，在今河南孟州西，与温邻近。 3 再致天子：先召天子至践土，这次又召天子至河阳。 4 鲁子这话是说，温与河阳近于王都洛阳，可以书"狩"，践土离王都远，不书"狩"，为天王讳。 5 录乎内：记下鲁公失礼。乎，介词，相当于"于"。内，指鲁公，这里是说鲁公失礼。

【经】晋人执卫侯,归之于京师。

【传】归之于者何?归于者何?归之于者罪已定矣,归于者罪未定也。罪未定,则何以得为伯讨?归之于者,执之于天子之侧者也,罪定不定,已可知矣。归于者,非执之于天子之侧者也,罪定不定,未可知也。卫侯之罪何?杀叔武也。何以不书?为叔武讳也。《春秋》为贤者讳。何贤乎叔武?让国也。其让国奈何?文公逐卫侯而立叔武,叔武辞立,而他人立则恐卫侯之不得反也,故于是己立。然后为践土之会,治[1]反卫侯。卫侯得反,曰:"叔武篡我。"元咺争之曰:"叔武无罪。"终杀叔武。元咺走而出。此晋侯也,其称人何?贬。曷为贬?卫之祸,文公为

【经】晋人逮捕卫侯,把他送到京师。

【传】"把他送到"是什么意思?"送到"是什么意思?"把他送到"是(他的)罪已经定了,"送到"是(他的)罪还没有定。罪没有定,为什么会被方伯讨伐?"把他送到"是在天子身边逮捕他的,(他的罪已告诉天子,)罪定不定,已经知道了。"送到"是不在天子身边逮捕他的,罪定不定,还不知道。卫侯的罪是什么?是杀了叔武。何以不书?是为叔武隐讳。《春秋》为贤者隐讳?叔武有何贤?(他)把国家让给(卫侯)。他是怎样让国的?晋文公赶走卫侯,立叔武(为君),叔武(如果)辞让不肯立,别人就会立,他恐怕卫侯不能回国(为君了),所以自己就立(为君)。这以后,举行践土之会,(叔武请求晋文公)处理争讼之事,让卫侯回国。卫侯得以回国,说:"叔武篡我的位!"元咺和他争辩,说:"叔武无罪。"最终杀了叔武。元咺逃跑出来。这个(下令逮捕卫侯的)人是晋侯,为什么称他为"人"?是贬。为什么贬?卫国的祸乱,是(晋)文公造成的。(晋)文公怎样造成的?文公赶走

之也。文公为之奈何？文公逐卫侯而立叔武，使人兄弟相疑，放乎杀母弟者，文公为之也。

【经】卫元咺自晋复归于卫。

【传】自者何？有力焉者也。此执其君，其言自何？为叔武争[2]也。

【经】诸侯遂围许。

【经】曹伯襄[3]复归于曹，遂会诸侯围许。

【译文】

卫侯，立叔武(为君)，使得别人兄弟相疑，导致(卫侯)杀同母弟，是文公所为。

【经】卫国的元咺从晋国回到卫国。

【传】"从"是什么意思？是(元咺回到卫国)得力于晋的意思。晋逮捕他的君主，这里说他得力于晋是为什么？因(元咺)为叔武争讼(晋站在叔武一边，所以是帮助元咺回国)。

【经】诸侯们于是包围许国。

【经】(天子放)曹伯襄回曹国，(他)于是与诸侯们会同包围许国。

【注释】 1 治：处理，办理。 2 争：争辩，辩其无罪。 3 曹伯襄：曹共公名襄。晋侯以王命逮捕他。此时被释放回国。

僖公二十九年

【原文】

【经】二十有九年，春，介葛卢[1]来。

【传】介葛卢者何？夷狄之君也。何以不言朝？不能乎朝[2]也。

【经】公至自围许。

【译文】

【经】鲁僖公二十九年，春季，介葛卢来。

【传】介葛卢是什么人？是夷狄国家的君主。为什么不说他是来朝见？因为他还不能(升降揖让)行朝礼。

【经】僖公从包围许国回来。

【经】夏,六月,公会王人[3]、晋人、宋人、齐人、陈人、蔡人、秦人,盟于狄泉[4]。

【经】秋,大雨雹。

【经】冬,介葛卢来[5]。

【经】夏季,六月,僖公会见周天子的下级属官、晋国人、宋国人、齐国人、陈国人、蔡国人、秦国人,在狄泉结盟。

【经】秋季,下大雨和冰雹。

【经】冬季,介葛卢来。

[注释] 1 介葛卢:介,东夷国名。葛卢,其君名。 2 不能乎朝:夷狄之君,不懂揖让朝见之礼。 3 王人:周王室的官员。 4 狄泉:周地,在今河南洛阳。 5 上次介葛卢来,僖公在围许前线,未能见到鲁君,所以这次再来朝鲁。

僖公三十年

[原文]

【经】三十年,春,王正月。

【经】夏,狄侵齐。

【经】秋,卫杀其大夫元咺及公子瑕[1]。

【传】卫侯未至,其称国以杀何?道杀[2]也。

【经】卫侯郑归于卫。

【传】此杀其大夫,其

[译文]

【经】鲁僖公三十年,春季,周王的正月。

【经】夏季,狄人侵伐齐国。

【经】秋季,卫国杀它的大夫元咺以及公子瑕。

【传】卫侯还没有回到国都,这里说"卫国杀"是什么意思?是(卫侯)在回国途中,(遇上元咺)就把他杀了。

【经】卫侯郑回归卫国。

言归何？归恶乎元咺也。曷为归恶乎元咺？元咺之事君也，君出则己入，君入则己出，以为不臣也。

【经】晋人、秦人围郑。

【经】介人侵萧[3]。

【经】冬，天王使宰周公来聘。

【经】公子遂如京师，遂如晋。

【传】大夫无遂事，此其言遂何？公不得为政[4]尔。

【传】（说"回归"应是无罪，）这人杀了他的大夫，这里还说"回归"是什么意思？是把罪恶归到元咺身上。为什么把罪恶归到元咺身上？元咺侍奉君主，君主出奔他就回国，君主回国他就出奔，（《春秋》）认为（他）不守臣道。

【经】晋国人、秦国人包围郑国。

【经】介国人侵伐萧国。

【经】冬季，周王派遣宰周公前来聘问。

【经】公子遂到京师，接着就到晋国。

【传】大夫（在外）不可"接着就"去做另一件事，这里写"接着就"是怎么一回事？僖公不能专治政事。

[注释] 1 公子瑕：卫侯被晋逮捕后，元咺回到卫国，立公子瑕为君。两年后卫侯被释，杀元咺及公子瑕。 2 道杀：谓卫侯回国途中，遇元咺及公子瑕，杀之于道。按：《传》此说不确，据《左传》，则是卫侯买通卫臣周歂、冶勤杀死元咺等人，而后回国。 3 萧：国名，子姓，宋之附庸。 4 不得为政：是说政令不行，下面的人可以各自为政。

僖公三十一年

[原文]

【经】三十有一年,春,取济西田。

【传】恶乎取之?取之曹也。曷为不言取之曹?讳取同姓之田也。此未有伐曹者,则其言取之曹何?晋侯执曹伯,班[1]其所取侵地于诸侯也。晋侯执曹伯班其所取侵地于诸侯,则何讳乎取同姓之田?久[2]也。

【经】公子遂如晋。

[译文]

【经】鲁僖公三十一年,春季,取得济水以西的田地。

【传】从哪里取得它?从曹国取得它。为什么不说从曹国取得它?是为取得同姓国的田地隐讳。这时没有攻伐曹国的事,却说从曹国取得它是怎么回事?晋侯逮捕曹伯,归还曹所侵占的诸侯田地给诸侯。既然是晋侯逮捕曹伯把曹所侵占的诸侯的田地归还给诸侯,为什么为取得同姓国的田地隐讳?因为(这田地被曹占有)时间长了。

【经】公子遂到晋国。

[注释] 1 班:按等次分给。 2 久:济西田本鲁所有,被曹所占,为时已久。现在收回,就好像从曹那里取得似的。

【经】夏,四月,四卜郊[1],不从[2],乃免牲[3],犹三望[4]。

【传】曷为或言三

【经】夏季,四月,四次占卜郊祭(吉日),不从心意,就释放准备祭祀用的牲,仍然望祭封地之内的三个名山大川。

【传】为什么有的地方说卜三次,有

卜,或言四卜? 三卜,礼也;四卜,非礼也。三卜何以礼? 四卜何以非礼? 求吉之道三。禘、尝[5]不卜,郊何以卜? 卜郊非礼也。卜郊何以非礼? 鲁郊非礼也。鲁郊何以非礼? 天子祭天,诸侯祭土[6]。天子有方望[7]之事,无所不通。诸侯山川有不在其封内者,则不祭也。曷为或言免牲,或言免牛? 免牲,礼也;免牛,非礼也。免牛何以非礼? 伤者曰牛。[8] 三望者何? 望祭也。然则曷祭? 祭泰山、河、海。曷为祭泰山、河、海? 山川有能润于百里者,天子秩而祭[9]之。触石而出,肤寸而合,[10]不崇朝[11]而遍雨乎天下者,唯泰山尔。河海润于千里。犹者何? 通可以已[12]也。何以书? 讥不郊而望祭也。

的地方说卜四次? 卜三次是合礼的,卜四次就不合礼了。卜三次为什么合礼? 卜四次又为什么不合礼? 因为求吉日的原则是卜三次。禘祭、尝祭不卜,郊祭为什么卜? 卜郊祭吉日不合礼。卜郊祭吉日为什么不合礼? 因为鲁国举行郊祭不合礼。鲁国举行郊祭为什么不合礼? 因为天子才祭天,诸侯只能祭自己封地内的名山大川。天子郊祭附带祭四方的名山大川,(他的祭祀)没有什么地方不通达到。对诸侯来说,山川不在自己封土内的,就不能祭。为什么有的地方说释放牲,有的地方说释放牛? 释放牲,是合礼的;释放牛,不合礼。释放牛为什么不合礼? 因为牲受了伤不能用于祭祀的叫牛。三望是什么? 望是祭祀。那么望祭什么? 是祭祀泰山、黄河、东海。为什么祭泰山、黄河、东海? 因为全国山川能够滋润广大地方的,由天子按照尊卑大小排定秩序祭祀它。云气触山石而出,密集聚合,只要一早上的时间,雨就落遍天下,只有泰山是这样。黄河、东海滋润千里之地。"犹然"是什么意思? 是说(不举行郊祭时,)三望之祭可以停止。为什么记? 是讥讽不举行郊祭仍举行望祭。

[注释] 1 四卜郊:四次卜问可否祭天。郊,祭天。 2 不从:卜的结果不从人愿,就是不吉利。 3 免牲:免于杀死为祭天所准备的牺牲。牲,牺牲,一般是赤毛牛犊。 4 三望:三祭山川。望,山川之祭。《传》的意思,鲁国三望,是祭泰山、黄河和东海。后人研究,以为鲁不可能祭黄河,因河不经鲁境,经鲁境的是淮水,鲁之三望当是泰山、淮水、东海。 5 禘(dì)尝:大祭和时祭。 6 土:土地之神,即社。 7 方望:天子祭天,附带望祭四方山川。 8 这里说"免牛"是非礼的行为。虽说同是牛,但既作祭品,就是"牲"了。说"免牛",是指成公七年的事。那次所用牛被鼠咬伤,所以说"伤者曰牛"。 9 秩而祭:按等级分别祭祀。 10 触石而出,肤寸而合:形容云气氤氲涌动。水汽触石而生云,云气短距离分开,顷刻间便合而为一。肤寸,短距离。一指宽为寸,四指宽为肤。 11 不崇朝:一个早上还不到,是说时间短。崇,读为终。 12 通可以已:是说既然不可郊祭,那望祭也就可以作罢了。通,道,言说。

【经】秋,七月。

【经】冬,杞伯姬来求妇。

【传】其言来求妇何?兄弟辞也。其称妇何?有姑之辞也。

【经】狄围卫。

【经】十有二月,卫迁于帝丘[1]。

【经】秋季,七月。

【经】冬季,杞伯姬来求娶媳妇。

【传】这里说"来求娶媳妇"是什么意思?"求娶媳妇"是兄弟姊妹之间的话。为什么称媳妇?是有婆婆的说法。

【经】狄人包围卫国。

【经】十二月,卫国迁都到帝丘。

[注释] 1 帝丘:在今河南濮阳西南。颛顼氏之故丘。

僖公三十二年

原文

【经】三十有二年,春,王正月。

【经】夏,四月,己丑,郑伯接[1]卒。

【经】卫人侵狄。

【经】秋,卫人及狄盟。

【经】冬,十有二月,己卯,晋侯重耳[2]卒。

译文

【经】鲁僖公三十二年,春季,周王的正月。

【经】夏季,四月,己丑日,郑伯接去世。

【经】卫国人侵伐狄。

【经】秋季,卫国人与狄结盟。

【经】冬季,十二月,己卯日,晋侯重耳去世。

注释 1 郑伯接:郑文公,名接。 2 晋侯重耳:晋文公,名重耳。

僖公三十三年

原文

【经】三十有三年,春,王二月,秦人入滑[1]。

【经】齐侯使国归父[2]来聘。

译文

【经】鲁僖公三十三年,春季,周王的二月,秦国人攻入滑国。

【经】齐侯派国归父前来聘问。

[注释] 1 滑：国名，姬姓。在今河南偃师南。 2 国归父：齐国大夫国庄子。

【经】夏，四月，辛巳，晋人及姜戎[1]败秦于殽[2]。

【传】其谓之秦何？夷狄之也。曷为夷狄之？秦伯将袭郑，百里子与蹇叔子[3]谏曰："千里而袭人，未有不亡者也。"秦伯怒曰："若尔之年者，宰[4]上之木拱矣，尔曷知！"师出，百里子与蹇叔子送其子而戒之曰："尔即[5]死，必于殽之嵚岩[6]，是文王之所辟风雨者也，吾将尸尔[7]焉。"子揖师[8]而行。百里子与蹇叔子从其子而哭之。秦伯怒曰："尔曷为哭吾师？"对曰："臣非敢哭君师，哭臣之子也。"弦高者，郑商也，遇之殽，矫[9]以郑伯之命而

【经】夏季，四月，辛巳日，晋国人及姜戎在殽打败秦。

【传】（被打败的是秦军，）这里叫秦军作秦是什么意思？是把秦作为夷狄看待。为什么把它作为夷狄看待？秦伯将要袭击郑国，百里子与蹇叔子劝谏说："（行军）千里去袭击他人，没有不亡的。"秦伯发怒说："像你这样年纪的，坟墓上的树已经有两只手合围那么粗了，你知道什么？"军队出发，百里子与蹇叔子送他们的儿子，告诫他们说："你们如果死，必定是在殽山的高峻险阻的崖岸，这是周文王曾经躲避过风雨的地方。我们将在那里收你们的尸骨！"儿子在队列中作揖告别而去。百里子与蹇叔子跟在他们的后面送他们，为他们痛哭。秦伯发怒说："你们为什么哭我的军队？"（他们）回答说："臣不敢哭君的军队，是哭臣的儿子。"弦高是郑国的商人，在殽山遇上秦军，假托郑伯的命令在那里犒劳秦军。（秦军见郑有准备，）有的说"前往"，有的说"回去"。然而晋人与姜戎在殽

犒师[10]焉。或曰往矣,或曰反矣。然而晋人与姜戎要[11]之殽而击之,匹马只轮无反者。其言及姜戎何?姜戎,微也。称人,亦微者也。何言乎姜戎之微?先轸也。或曰襄公亲之。襄公亲之,则其称人何?贬。曷为贬?君在乎殡而用师,危不得葬也。诈战不日,此何以日?尽[12]也。

山把他们拦住,袭击他们,(秦军是)一匹马、一只车轮都没有回去的。这里说"及姜戎"是什么意思?是以姜戎为卑微者。称"人",也是身份卑微的人,怎么说姜戎卑微?(这里晋人不卑微,)指的是先轸。有的说:是晋襄公亲自前往。既是晋襄公亲自前往,那么为什么称"人"?是贬襄公。为什么贬?先君的尸体装在棺材里还没有葬,就兴兵动武,事情凶险,(先君)不得安葬。以狡诈作战照例不记日子,这里为什么记?因为将秦军歼灭尽了(是大事)。

[注释] 1 姜戎:姜姓之戎,居于晋国南部边远地区。 2 殽(yáo):山名,秦岭东段支脉。在今河南洛宁西北,延伸于黄河、洛河之间。高峰绝谷,形势险要。 3 百里子与蹇叔子:百里奚和蹇叔,秦国元老,共助秦穆公建立霸业。 4 宰:犹冢,坟墓。 5 即:若,如果。 6 嵌(qīn)岩:山岩向外倾斜。这里是说险峻。 7 尸尔:收你的尸骨。 8 揖师:揖其父于师,在队伍中向其父亲作揖行礼。 9 矫:假冒。 10 犒(kào)师:以酒食财物慰劳军队。 11 要:通"邀",中途拦截。 12 尽:将秦师消灭干净了,全歼了。

【经】癸巳,葬晋文公。

【经】狄侵齐。

【经】公伐邾娄,取丛[1]。

【经】秋,公子遂率师伐

【经】癸巳日,安葬晋文公。

【经】狄人侵伐齐国。

【经】僖公攻伐邾娄国,夺取丛地。

郑娄。

【经】晋人败狄于箕[2]。

【经】冬,十月,公如齐。

【经】十有二月,公至自齐。

【经】乙巳,公薨于小寝[3]。

【经】霣霜不杀草,李梅实。

【传】何以书？记异也。何异尔？不时也。

【经】晋人、陈人、郑人伐许。

【经】秋季,公子遂领兵攻伐郑娄国。

【经】晋国人在箕地打败狄。

【经】冬季,十月,僖公去齐国。

【经】十二月,僖公从齐国回来。

【经】乙巳日,僖公在小寝去世。

【经】降霜,草木不凋零,李梅结果实。

【传】为什么记？记奇异现象。奇异在哪里？（草不凋零、李梅结实）不是时候。

【经】晋国人、陈国人、郑国人攻伐许国。

注释 1 丛:郑邑,在今山东济宁任城区东。 2 箕:晋地,在今山西晋中太谷区,当地有箕城。 3 小寝:天子、诸侯居息的宫室。

文公

文公元年

[原文]

【经】元年[1],春,王正月,公[2]即位。

【经】二月,癸亥,朔,日有食之。

【经】天王使叔服[3]来会葬[4]。

【传】其言来会葬何?会葬,礼也。

【经】夏,四月,丁巳,葬我君僖公。

【经】天王使毛伯[5]来锡公命[6]。

【传】锡者何?赐也。命者何?加我服也。

【经】晋侯伐卫。

【经】叔孙得臣如京师。

[译文]

【经】鲁文公元年,春季,周王的正月,文公即位。

【经】二月,癸亥日,朔日,发生日食。

【经】周王派叔服前来会葬。

【传】这里说"来会葬"是什么意思?会葬,是符合礼制的。

【经】夏季,四月,丁巳日,安葬我国君主僖公。

【经】周王派毛伯前来赐文公命服。

【传】锡是什么意思?是赐的意思?命是什么意思?是给我国君主加(表示等级荣耀)的服装。

【经】晋侯攻伐卫国。

【经】叔孙得臣到京师。

【经】卫人伐晋。

【经】秋,公孙敖[7]会晋侯于戚[8]。

【经】冬,十月,丁未,楚世子商臣[9]弑其君髡[10]。

【经】公孙敖如齐。

【经】卫人攻伐晋国。

【经】秋季,公孙敖在戚地与晋侯相会。

【经】冬季,十月,丁未日,楚国世子商臣杀死他们的君主髡。

【经】公孙敖到齐国。

【注释】 1 元年:鲁文公元年,公元前626年。 2 公:鲁文公,名兴,僖公子,母声姜。 3 叔服:当是周王室官吏。《左传》说是内史,本《传》注说是王子虎。 4 会葬:参加葬礼。 5 毛伯:毛是其采邑,伯是其爵位,其名为卫。 6 命:命服,即礼服。 7 公孙敖:鲁大夫,又称穆伯,孟穆伯。庆父子。 8 戚:卫邑。在今河南濮阳北。上文晋侯伐卫,取戚。 9 商臣:即楚穆王。楚成王立商臣为太子,后又欲废之,改立王子职,致酿此杀身之祸。 10 髡(kūn):楚成王名。《左传》作頵(yūn),《史记·楚世家》作熊恽(yùn)。

文公二年

【原文】

【经】二年,春,王二月,甲子,晋侯及秦师战于彭衙[1],秦师败绩。

【经】丁丑,作僖公主[2]。

【传】作僖公主者

【译文】

【经】鲁文公二年,春季,周王的二月,甲子日,晋侯和秦军在彭衙作战,秦军大败。

【经】丁丑日,制作僖公的神主。

【传】制作僖公的神主是什么意思?是给僖公制作牌位。牌位用什么

何? 为僖公作主也。主者曷用? 虞主用桑[3], 练主用栗[4]。用栗者, 藏主也。作僖公主何以书? 讥。何讥尔? 不时[5]也。其不时奈何? 欲久丧而后不能[6]也。

【经】三月, 乙巳, 及晋处父盟。

【传】此晋阳处父也, 何以不氏? 讳与大夫盟也。

东西制作? 虞祭的牌位用桑木制作, 练祭的牌位用栗木制作。用栗木制作的是藏到祖庙中去的牌位。制作僖公的牌位为什么要记? 是讥讽。讥讽什么? 讥讽文公制作牌位不及时。不及时的情况是怎样的? (他)想服丧久一些, 但后来不能这么做了。

【经】三月, 乙巳日, 与晋国的处父结盟。

【传】这是晋国的阳处父, 为什么不写出他的氏? 是替(文公)隐讳与别国大夫盟誓的耻辱。

注释 1 彭衙: 秦邑, 今陕西白水东北之彭衙堡。 2 主: 死者的牌位, 又称神主, 上书死者名讳, 作为祭祀对象。 3 虞主用桑: 葬前以柩为主, 葬后作神主, 以供孝子送葬归来祭祀。这种葬后的祭祀名为虞祭。虞祭的神主以桑木为之。 4 练主用栗: 周年之祭叫练祭, 练祭的神主用栗木制成, 藏于祖庙。 5 不时: 未按时。《礼》: 天子七月而葬, 诸侯五月而葬。僖公死于三十三年十二月, 葬于次年四月, 加上闰三月, 超过了期限。按常礼, 葬后就应作神主, 却到文公二年二月才作神主, 又迟了十个月, 所以说"不时"。 6 欲久丧而后不能: 文公想恢复三年之丧, 但矫枉过正。要把服丧期延长为三十六个月, 第十九个月立练主, 可后来又改变主意, 未能守满三年之丧, 在这年二月为僖公作练主。这样一来, 即过了十三个月, 不满十九个月, 不合丧制规定的时间, 为失礼。

【经】夏,六月,公孙敖会宋公、陈侯、郑伯、晋士縠[1],盟于垂敛[2]。

【经】自十有二月不雨,至于秋七月。

【传】何以书?记异也。大旱以灾书,此亦旱也,曷为以异书?大旱之日短而云灾[3],故以灾书。此不雨之日长而无灾,故以异书也。

【经】夏季,六月,公孙敖会见宋公、陈侯、郑伯、晋国的士縠,在垂敛结盟。

【经】从去年十二月起不下雨,直到今年秋季七月。

【传】为什么记?记异常现象。大旱是作为灾记下,这也是大旱,为什么作为异常现象记?大旱的时日短而有灾,所以作为灾记。这里不下雨的日子长却没有造成灾,所以作为异常现象记。

注释 1 士縠:晋大夫,任司空。 2 垂敛:郑地,在今河南荥阳东北。 3 云灾:有灾。云,有。

【经】八月,丁卯,大事于大庙[1],跻僖公[2]。

【传】大事者何?大祫[3]也。大祫者何?合祭也。其合祭奈何?毁庙之主,陈于大祖,未毁庙之主皆升,合食于大祖,五年而再殷

【经】八月,丁卯日,在太庙里办大事,升僖公的牌位(到闵公之上)。

【传】大事指的是什么?指大祫。大祫是什么?是合祭。那合祭是怎么回事?(有新神主入庙时)将应废掉的庙里(高祖)的神主移置到太庙中(把庙让出来),没有废掉的庙里(其余三代祖先)的神主,都依次向前提升,(将腾出来的最后的庙给新神主。在新神主入庙前,新神主与这些神主都进入太庙)与太祖合祭,(如果没有新的神主入庙)每五

祭。跻者何？升也。何言乎升僖公？讥。何讥尔？逆祀也。其逆祀奈何？先祢而后祖[4]也。

年举行一次殷祭。升是什么意思？是提升的意思。提升僖公的神主为什么记？是讥讽。讥讽什么？讥讽（文公）不按顺序祭祀。他是怎样不按顺序祭祀？他把庙次中的父庙放在前，祖庙放在后了。

[注释] 1 大庙：太庙，鲁始祖周公之庙。 2 跻(jī)僖公：把僖公享祀之位升到闵公之上。僖公与闵公是兄弟，但闵公即位在先，僖公是继闵公之位，照礼，僖公本当在闵公之下。跻，升。 3 祫(xiá)：新薨之君三年丧毕举行的一次大合祭，迁新薨之君的神主入庙。诸侯五庙，太庙居中，左昭右穆，二昭二穆，是为四。当新薨之君的神主入庙时，就得将四庙中最先的一位（即高祖之父）的神主移入太庙中，其空缺由高祖之主补入，高祖之缺，由曾祖递补，曾祖庙之缺，由祖之主补入。祖庙之缺，由新薨君之主迁居于此。除此祭外，尚有三年一祫，五年一禘的常规合祭，总称殷祭。 4 先祢(nǐ)而后祖：把父亲的位置摆到祖父的前面。生称父，死称考，入庙称祢。

【经】冬，晋人、宋人、陈人、郑人伐秦。

【经】公子遂如齐纳币。

【传】纳币不书，此何以书？讥。何讥尔？讥丧娶也。娶在三年之外[1]，则何讥乎丧娶？三年之内不图婚[2]。"吉禘于

【经】冬季，晋国人、宋国人、陈国人、郑国人攻伐秦国。

【经】公子遂到齐国下聘礼。

【传】下聘礼照例不记，这里为什么记？为了讥讽。讥讽什么？讥讽（文公）在服丧中娶亲。娶亲是在三年服丧之外，为什么讥讽在服丧中娶亲？因为在三年服丧中不应谋划婚事。"吉禘于庄公"，那是（在记祭祀时）讥讽（闵公）。这里

庄公",讥[3]。然则曷为不于祭焉讥?三年之恩疾[4]矣,非虚加之也,以人心[5]为皆有之。以人心为皆有之,则曷为独于娶焉讥?娶者大吉也,非常吉也,其为吉者主于己,以为有人心焉者,则宜于此焉变[6]矣。

为什么不在祭祀时讥讽(文公)?以三年时间服丧报恩,是沉痛的,不是平白无故地要求孝子服丧三年,认为人人都有沉痛的心情。认为人人都有这种心情,为什么偏偏要在娶亲的时候讥讽?娶亲是大吉事,不是一般的吉事,文公不顾三年服丧,只顾自己娶亲,认为有人之常情的人,应该对这类娶亲的事有不同于文公的做法。

[注释] 1 娶在三年之外:"逆妇姜于齐",在文公四年夏,已在服丧期三年之外。 2 三年之内不图婚:僖公十二月薨,至此未满二十五月。又,礼:先纳采,问名,纳吉,然后才纳币。此四者皆在三年之内,经文指责这样不合于礼。图婚,筹划婚事(全过程)。 3 "吉禘于庄公",讥:事在闵公二年。《经》:"夏五月乙酉,吉禘于庄公。"《传》:"吉禘于庄公,何以书?讥。何讥尔?讥始不三年也。"按礼,举行吉禘之祭,必须在薨后满二十五个月时,将新主神位迎入祖庙,新薨之君便成了神,亲情始断。在满二十五个月之前,孝子当事死如生,尽其思亲之情。但闵公在庄公薨后才二十一个月,就提前举行吉禘,过早断了亲情,所以讥之。 4 疾:痛苦,沉痛。 5 人心:仁心,仁爱之心,哀痛父母之心。 6 变:变更文公的做法,变为哀痛哭泣。

文公三年

[原文]

【经】三年,春,王正月,叔孙得臣会晋人、宋人、陈人、卫人、郑人伐沈[1],沈溃[2]。

【经】夏,五月,王子虎卒。

【传】王子虎者何?天子之大夫也。外大夫不卒,此何以卒?新使乎我也。

【经】秦人伐晋。

【经】秋,楚人围江[3]。

【经】雨螽[4]于宋。

【传】雨螽者何?死而坠也。何以书?记异也。外异不书,此何以书?为王者之后记异也。

【经】冬,公如晋。十有二月,己巳,公及晋侯盟。

[译文]

【经】鲁文公三年,春季,周王的正月,叔孙得臣会同晋国人、宋国人、陈国人、卫国人、郑国人攻伐沈国,沈国溃散。

【经】夏季,五月,王子虎去世。

【传】王子虎是什么人?是天子的大夫。我国以外的大夫不记去世,这里为什么记去世?因为他作为天子的使者新近来过我国。

【经】秦国人攻伐晋国。

【经】秋季,楚国人包围江国。

【经】宋国飞蝗像雨点般落下。

【传】飞蝗像雨点般落下是什么意思?是(飞蝗)死了(像雨点般)坠落下来。为什么记?是记异常现象。别国的异常现象照例不记,这里为什么记?是为商王的后代记异常现象。

【经】冬季,文公到晋国。十二月,己巳日,文公和晋侯结盟。

【经】晋国的阳处父领兵攻伐楚

【经】晋阳处父帅师伐楚救江。

【传】此伐楚也,其言救江何?为谖[5]也。其为谖奈何?伐楚为救江也。

国,援救江国。

【传】这本是攻伐楚国,这里说援救江国是怎么回事?是说谎话。这种谎言又是怎么回事?说攻伐楚国是为了援救江国。

[注释] 1 沈:国名。周公之后,在今安徽阜阳西北之沈丘集。 2 溃:按《传》例,下叛上曰溃,民逃其上曰溃。 3 江:嬴姓小国,在今河南息县之西、正阳县之南的黄河北岸。 4 螽(zhōng):蝗一类的昆虫。 5 谖(xuān):欺诈,谎言。

文公四年

[原文]

【经】四年,春,公至自晋。

【经】夏,逆妇姜于齐。

【传】其谓之逆妇姜于齐何?略之也。高子[1]曰:"娶乎大夫者,略之也。"

【经】狄侵齐。

【经】秋,楚人灭江。

【经】晋侯伐秦。

[译文]

【经】鲁文公四年,春季,文公从晋国回来。

【经】夏季,到齐国迎接媳妇姜。

【传】这里说"到齐国迎接媳妇姜"(只说迎接,不说来到,又不分别在齐国称女,到鲁国后称夫人)是什么意思?是简略。高子说:"从大夫那里娶亲,记得简略。"

【经】狄人侵伐齐国。

【经】秋季,楚国人灭亡江国。

【经】卫侯使宁俞[2]来聘。

【经】冬,十有一月,壬寅,夫人风氏[3]薨。

【经】晋侯攻伐秦国。

【经】卫侯派宁俞前来聘问。

【经】冬季,十一月,壬寅日,夫人风氏去世。

注释 1 高子:历史上传公羊学说的经师之一。 2 宁俞:卫大夫,又称宁速、宁武子。 3 风氏:鲁庄公妾,僖公母,文公祖母。到僖公时,尊称为夫人。又称成风。成是谥号,风是姓。

文公五年

原文

【经】五年,春,王正月,王使荣叔归含且赗[1]。

【传】含者何?口实[2]也。其言归含且赗何?兼之。兼之非礼[3]也。

【经】三月,辛亥,葬我小君成风。

【传】成风者何?僖公之母也。

【经】王使召伯来会葬。

【经】夏,公孙敖如晋。

译文

【经】鲁文公五年,春季,周王的正月,王派荣叔来赠送含玉并赠送助葬的车马。

【传】"含"是什么?是放在死人口中的东西。这里说"赠送含玉并赠送助葬的车马"是什么意思?是(一次)兼赠这两项。(一次)兼赠这两项是不合礼的。

【经】三月,辛亥日,安葬我国的君夫人成风。

【传】成风是什么人?是僖公的母亲。

【经】王派召伯来参加葬礼。

【经】夏季,公孙敖到晋国。

【经】秦人入鄀[4]。

【经】秋,楚人灭六[5]。

【经】冬,十月,甲申,许男业[6]卒。

【经】秦国人攻入鄀国。

【经】秋季,楚国人灭亡六国。

【经】冬季,十月,甲申日,许男业去世。

注释 1 归(kuì)含且赗(fèng):赠送死者口中含的珠玉和助葬的车马。归,通"馈",赠送。含,置于死者口中的珠玉。赗,助葬的车马。 2 口实:食物。死者以珠玉为食。 3 兼之非礼:馈含与馈赗,两事一次办,不合于礼。含当于殓前送,成风薨于去年十一月,早已殡殓,此时送来,嫌迟。赗当于葬时送,葬在三月,正月就送赗来,嫌早。 4 鄀(ruò):秦楚界上的允姓小国。有上鄀、下鄀之分。上鄀在今湖北宜城东南,后灭于楚。下鄀在今河南内乡,后灭于晋。这次秦人入侵的是下鄀。 5 六:国名,皋陶之后,偃姓。在今安徽六安北。 6 许男业:许僖公,名业。男爵。

文公六年

原文

【经】六年,春,葬许僖公。

【经】夏,季孙行父[1]如陈。

【经】秋,季孙行父如晋。

【经】八月,乙亥,晋侯讙[2]卒。

【经】冬,十月,公子遂

译文

【经】鲁文公六年,春季,安葬许僖公。

【经】夏季,季孙行父到陈国。

【经】秋季,季孙行父到晋国。

【经】八月,乙亥日,晋侯讙去世。

【经】冬季,十月,公子遂到晋国,安葬晋襄公。

如晋,葬晋襄公。

【经】晋杀其大夫阳处父。

【经】晋狐射姑[3]出奔狄。

【传】晋杀其大夫阳处父,则狐射姑曷为出奔?射姑杀也。射姑杀,则其称国以杀何?君漏言也。其漏言奈何?君将使射姑将,阳处父谏曰:"射姑,民众不说,不可使将。"于是废将。阳处父出,射姑入,君谓射姑曰:"阳处父言曰:'射姑,民众不说,不可使将。'"射姑怒,出刺阳处父于朝而走。

【经】闰月不告月[4],犹朝于庙[5]。

【传】不告月者何?不告朔也。曷为不告朔?天无是月也。闰月矣,何以谓之天无是月?非常月也。犹者何?通[6]可以已也。

【经】晋国杀它的大夫阳处父。

【经】晋国的狐射姑出逃到狄。

【传】晋国杀它的大夫阳处父,狐射姑为什么出逃?(因为阳处父)是狐射姑所杀。是狐射姑所杀,而《春秋》说晋国杀是什么缘故?是国君泄露了密言。他是怎样泄露密言的?君主将命射姑为将,阳处父谏阻说:"射姑,百姓士兵不喜欢他,不可命他为将。"(君主)于是取消了命他为将的决定。阳处父出来,射姑进去,君主对射姑说:"阳处父说:'射姑,百姓士兵不喜欢他,不可命他为将。'"射姑发怒,出来,在朝堂上杀死阳处父便逃跑。

【经】闰月(朔日)不举行告朔之礼,但仍在庙里祭祀。

【传】"不告朔"是什么意思?是不举行告朔之礼。为什么不举行告朔之礼?因为天没有这个月。闰月了,凭什么说天没有这个月?因为它不是平常有的月份。"仍"是什么意思?是说可以停止了。

[注释] 1 季孙行父:鲁大夫,鲁桓公之子季友之孙,名行父,又称文子行父、季文子。 2 晋侯讙:即晋襄公,名讙。 3 狐射(yè)姑:晋大夫,狐

偃之子，又称贾季。贾为其食邑。　4 告月：即告朔。每月初一，诸侯入祖庙，请出由天子所颁布的历书，谓之视朔。然后命祝史宣告，作为当月政令的依据，谓之告朔。告朔后，大臣向国君报告本月当行之政，谓之听朔。视朔、告朔、听朔，统谓之告朔。　5 朝于庙：朝庙即是月祭，朝庙与告朔同日举行。　6 通：道，言，意思是。

文公七年

【原文】

【经】七年，春，公伐邾娄。

【经】三月，甲戌，取须朐[1]。

【传】取邑不日，此何以日？内辞也，使若他人然。

【经】遂城郚[2]。

【经】夏，四月，宋公王臣[3]卒。

【经】宋人杀其大夫。

【传】何以不名？宋三世无大夫，三世内娶也。

【经】戊子，晋人及秦人战于令狐[4]。晋先眜[5]

【译文】

【经】鲁文公七年，春季，文公攻伐邾娄。

【经】三月，甲戌日，占取须朐。

【传】占取别国的邑（照例）不记日子，这里为什么记日子？这是为本国隐讳的话，使人觉得像是别人占取须朐一样。

【经】接着在郚筑城。

【经】夏季，四月，宋公王臣去世。

【经】宋国人杀他们的大夫。

【传】为什么不写出被杀的大夫的名？因为宋国三代君主没有大夫，这三代君主都是娶国内大夫的女儿为妻（不敢以妻父为臣）。

【经】戊子日，晋国人和秦国人在令狐作战。晋国的先眜带了军队投奔秦国。

以师奔秦。

【传】此偏战也,何以不言师败绩?敌也。此晋先眜也,其称人何?贬。曷为贬?外也。其外奈何?以师外也。何以不言出?遂在外也。

【经】狄侵我西鄙。

【经】秋,八月,公会诸侯、晋大夫[6],盟于扈[7]。

【传】诸侯何以不序?大夫何以不名?公失序也。公失序奈何?诸侯不可使与公盟,眣[8]晋大夫使与公盟也。

【经】冬,徐伐莒。

【经】公孙敖如莒莅盟。

【传】这是偏战,为什么不说军队大败?因为他们势力相等(不分胜负)。这是先眜,称他为"人"是什么意思?是贬他。为什么贬?因他外逃。他是怎么外逃的?带兵外逃。为什么(只说"奔秦",而)不说出奔秦?因为他在外作战,顺势外逃(所以不说出奔)。

【经】狄侵犯我国西部边境地区。

【经】秋季,八月,文公会见诸侯、晋国大夫,在扈地结盟。

【传】为什么不把诸侯们一一叙列出来?为什么不把大夫的名字写出来?因为文公丧失了和他们排在一起的机会。文公是怎么丧失和他们排在一起的机会的?诸侯不肯和文公一起盟誓,用眼睛示意晋国大夫与他盟誓。

【经】冬季,徐国攻伐莒国。

【经】公孙敖到莒国莅临盟会。

注释 1 须朐(qú):鲁之封内属国。僖公母成风娘家,两次为邾娄所灭。 2 鄙(wú):鲁地,在今山东泗水东南。 3 宋公王臣:宋成公,名王臣。 4 令狐:晋地,在今山西临猗西。 5 先眜:晋赵盾派先眜往秦迎公子雍回晋继位。后赵盾畏穆嬴之逼,改立灵公,并派军队抗御护送公子雍回晋之师,战于令狐,先眜愤而奔秦。 6 晋大夫:谓赵盾。此时灵公尚在襁褓中,由赵盾代为与会。 7 扈:郑地,在今河南原阳西。 8 眣(dié):以目示意。

文公八年

【原文】

【经】八年,春,王正月。

【经】夏,四月。

【经】秋,八月,戊申,天王[1]崩。

【经】冬,十月,壬午,公子遂会晋赵盾,盟于衡雍[2]。

【经】乙酉,公子遂会伊雒戎[3],盟于暴[4]。

【经】公孙敖如京师,不至复。丙戌,奔莒[5]。

【传】不至复者何?不至复者,内辞也,不可使往也。不可使往,则其言如京师何?遂公意也。何以不言出?遂在外也。

【经】螟[6]。

【译文】

【经】鲁文公八年,春季,周王的正月。

【经】夏季,四月。

【经】秋季,八月,戊申日,周王驾崩。

【经】冬季,十月,壬午日,公子遂会见晋国的赵盾,在衡雍结盟。

【经】乙酉日,公子遂会见伊雒戎,在暴结盟。

【经】公孙敖到京师去,未到就返回。丙戌日,逃奔到莒国。

【传】"未到就返回"是什么意思?是没有到京师就返回,是为我国隐讳的话,(实际上是文公)不能使他前往京师。(文公)不能使他前往京师,《春秋》却说他到京师去是为什么?是顺从文公的心意。为什么奔莒不说"出"字?因他是借出使京师之便奔莒的,身本在境外。

【经】发生蝗灾。

【经】宋国人杀他们的大夫司马。

【经】宋人杀其大夫司马[7]。宋司城[8]来奔。

【传】司马者何？司城者何？皆官举也。曷为皆官举？宋三世无大夫，三世内娶也。

【经】宋国的司城逃来（我国）。

【传】司马是什么？司城是什么？都是举的官职。为什么都举官职？因为宋国三代君主没有大夫，三代君主都是娶国内大夫的女儿为妻（不敢以妻父为臣）。

【注释】 1 天王：周襄王，在位三十四年。 2 衡雍：郑地，在今河南原阳西。 3 伊雒戎：居于伊水、洛水之间的戎人。 4 暴：即暴隧，郑地，在今河南原阳西。 5 奔莒：文公派公孙敖往京师吊周襄王之丧，公孙敖未至周，带着吊丧之币逃往莒国，去追求美女己氏。 6 蝝：同"蠡"。 7 司马：时公子卬为司马。 8 司城：宋变司空为司城，时荡意诸为司城，公子荡之孙。宋昭公对祖母宋襄夫人不礼，宋襄夫人依靠戴氏之族杀昭公之党。司马、司城皆其党也。

文公九年

【原文】

【经】九年，春，毛伯[1]来求金[2]。

【传】毛伯者何？天子之大夫也。何以不称使？当丧未君也。逾年矣，何以谓之未君？即位矣，而未称王也。未

【译文】

【经】鲁文公九年，春季，毛伯前来索求财货。

【传】毛伯是什么人？是天子的大夫。为什么不说（他是受天子）派遣？因为（在丧服中）没有（正式）为君。过了一个年头了，为什么还说他没有（正式）为君？嗣王即位了，但没有（正式）称王。

称王,何以知其即位?以诸侯之逾年即位,亦知天子之逾年即位也。以天子三年然后称王,亦知诸侯于其封内三年称子也。逾年称公矣,则曷为于其封内三年称子?缘民臣之心,不可一日无君;缘终始之义,一年不二君,不可旷年无君;缘孝子之心,则三年不忍当也。毛伯来求金,何以书?讥。何讥尔?王者无求,求金非礼也。然则是王者与?曰非也。非王者则曷为谓之王者,王者无求?曰:是子也,继文王之体,守文王之法度,文王之法无求而求,故讥之也。

没有(正式)称王,怎么知道他即位了?凭借诸侯过了一个年头就即位,也就知道天子过了一个年头就即位。因为天子三年丧满以后才(正式)称王,也就知道诸侯在自己的封地内三年丧中称"子"。过了一年就称"公"了,为什么在他自己的封地内三年丧中称"子"?按照百姓臣子的心愿,不能够一天没有君主;上一代君主年代结束,嗣君的年代才开始,根据这个道理,一年不能有两个君主,又不能空缺一年没有君主;由于孝子哀痛父亲的感情,三年内不忍心代替父亲为君。毛伯前来索求财货,为什么记?为了讥讽。讥讽什么?做王的人不应(向诸侯)索求,求取财货是不符合礼的。那么是王索求吗?(回答)说:不是的。不是王,为什么认为他是王,以王不向诸侯索求来要求呢?(回答)说:这是王的儿子,他继承文王的体统,遵守文王的法规,文王的法规不(向诸侯)索求,(他)却向诸侯索求,所以讥讽。

[注释] 1 毛伯:周大夫毛伯卫。毛伯,世袭爵名。卫,其名。 2 求金:为王家讨要货贡。

【经】夫人姜氏[1]如齐。

【经】二月,叔孙得臣如京师。

【经】辛丑,葬襄王。

【传】王者不书葬,此何以书? 不及时,书;过时,书;我有往者则书。

【经】晋人杀其大夫先都。

【经】三月,夫人姜氏至自齐。

【经】晋人杀其大夫士縠及箕郑父。

【经】楚人伐郑。

【经】公子遂会晋人、宋人、卫人、许人救郑。

【经】夏,狄侵齐。

【经】秋,八月,曹伯襄[2]卒。

【经】九月,癸酉,地震。

【传】地震者何? 动地也。何以书? 记异也。

【经】夫人姜氏到齐国。

【经】二月,叔孙得臣到京师。

【经】辛丑日,安葬周襄王。

【传】王不记葬,这里为什么记? 没有到葬期提前葬的,记;过了葬期才葬的,记;我国有人去参加葬礼的,记。

【经】晋国人杀死他们的大夫先都。

【经】三月,夫人姜氏从齐国回来。

【经】晋国人杀死他们的大夫士縠与箕郑父。

【经】楚国人攻伐郑国。

【经】公子遂会同晋国人、宋国人、卫国人、许国人援救郑国。

【经】夏季,狄侵伐齐国。

【经】秋季,八月,曹伯襄去世。

【经】九月,癸酉日,发生地震。

【传】地震是什么? 是震动大地。为什么记? 是记异常现象。

【注释】 1 姜氏:即出姜,文公夫人,齐昭公之女。 2 曹伯襄:曹共公,名襄。

【经】冬,楚子使椒[1]来聘。

【传】椒者何?楚大夫也。楚无大夫,此何以书?始有大夫也。始有大夫,则何以不氏?许夷狄者,不一而足[2]也。

【经】秦人来归僖公、成风之禭[3]。

【传】其言僖公、成风何?兼之[4]。兼之,非礼也。曷为不言及成风?成风尊也。

【经】葬曹共公。

【经】冬季,楚子派椒前来聘问。

【传】椒是什么人?是楚国的大夫。楚国没有大夫,这里为什么记?从这时起有大夫了。从这时起有大夫了,为什么不写出他的氏?因为给予夷狄的,不在一次全部满足他们。

【经】秦人来给(逝世的)僖公、成风赠送衣被。

【传】这里说"僖公、成风"是什么意思?是说(一次)兼赠两个死人的衣被。(一次)兼赠两个死人的衣被是不合礼的。为什么不说"及成风"?因为成风(是僖公的母亲,)是尊长。

【经】葬曹共公。

注释 1 椒:鬭氏,名椒,字子越。鬭伯比之孙。鬭伯比生令尹子文及司马子良。椒为子良之子。 2 不一而足:不一下子就齐备(得慢慢来)。 3 禭(suì):(送给死者的)衣被。 4 兼之:一次兼送两位死者的衣被。僖公卒已十年,其母成风卒已五年,秦使一次兼赠两位死者衣被。

文公十年

原文

【经】十年,春,王三月,辛卯,臧孙辰卒。

译文

【经】鲁文公十年,春季,周王的三月,辛卯日,臧孙辰去世。

【经】夏,秦伐晋。

【经】楚杀其大夫宜申[1]。

【经】自正月不雨,至于秋七月。

【经】及苏子[2]盟于女栗[3]。

【经】冬,狄侵宋。

【经】楚子、蔡侯次于屈貉[4]。

【经】夏季,秦国攻伐晋国。

【经】楚国杀他们的大夫宜申。

【经】从正月起不下雨,直到秋季七月。

【经】和苏子在女栗结盟。

【经】冬季,狄侵伐宋国。

【经】楚子、蔡侯(领兵)驻扎在屈貉。

[注释] 1 宜申:鬭宜申,又称子西。 2 苏子:周卿士。 3 女(rǔ)栗:地名,无考。 4 屈貉:地名,在今河南项城市境。次于屈貉,将以伐宋。

文公十一年

[原文]

【经】十有一年,春,楚子伐圈[1]。

【经】夏,叔彭生[2]会晋郤缺[3]于承匡[4]。

【经】秋,曹伯来朝。

【经】公子遂如宋。

【经】狄侵齐。

[译文]

【经】鲁文公十一年,春季,楚子攻伐圈国。

【经】夏季,叔彭生在承匡会见晋国的郤缺。

【经】秋季,曹伯来朝。

【经】公子遂到宋国。

【经】狄人侵伐齐国。

[注释] 1 圈:国名,在今湖北十堰郧阳区。 2 叔彭生:鲁宗族大夫叔仲惠伯。 3 郤缺:晋臣,又称郤成子。 4 承匡:宋地,在今河南睢县西。

【经】冬,十月,甲午,叔孙得臣败狄于咸[1]。

【传】狄者何?长狄[2]也。兄弟三人,一者之齐,一者之鲁,一者之晋。其之齐者,王子成父杀之;其之鲁者,叔孙得臣杀之;则未知其之晋者也。其言败何?大之也。其日何?大之也。其地何?大之也。何以书?记异也。

【经】冬季,十月,甲午日,叔孙得臣在咸地打败狄。

【传】狄是什么狄?是长狄。他们兄弟三人,一个去到齐国,一个去到鲁国,一个去到晋国。那个到齐国去的,王子成父把他杀了;那个到鲁国去的,叔孙得臣把他杀了;就是不知那个到晋国去的怎样了。("打败某"是国与国作战的一种说法,)这里说打败狄是什么意思?是把杀它看成一场兴师动众的战争。这里记下日子是什么意思?也是把杀它看成一件大事。这里记下地点是什么意思?也是把杀它看得如同一场大战。为什么记?是记(个子高大的)奇异人物。

[注释] 1 咸:鲁地,在今山东巨野南。 2 长狄:狄人之一支,狄有赤狄、白狄与长狄。据说长狄之人高大。

文公十二年

[原文]

【经】十有二年,春,王正月,盛伯[1]来奔。

【传】盛伯者何?失地之君也。何以不名?

[译文]

【经】鲁文公十二年,春季,周王的正月,盛伯逃亡而来。

【传】盛伯是什么人?是丧失了封地的国君。为什么不写出他的名?这

兄弟辞也。

【经】杞伯来朝。

【经】二月,庚子,子叔姬卒。

【传】此未适人,何以卒?许嫁矣。妇人许嫁,字而笄之[2],死则以成人之丧治之。其称子何?贵也。其贵奈何?母弟也。

【经】夏,楚人围巢[3]。

【经】秋,滕子来朝。

样措辞,是把他看成兄弟。

【经】杞伯来朝见。

【经】二月,庚子日,子叔姬去世。

【传】她未嫁人,为什么记"卒"?因为(她)已经许嫁了。女人许嫁后,称她的字,发上加簪,死了按照成人的丧礼治丧。(系上先君)称(她)为"子"是什么意思?是表示她身份高贵。她的身份怎样高贵?她是(文公的)同母妹妹。

【经】夏季,楚国人包围巢国。

【经】秋季,滕子来朝见。

[注释] 1 盛伯:盛,国名,姬姓。在今山东汶上北。据《左传》,来奔者为太子朱儒,其父盛伯卒,朱儒不受国人拥戴,便以所拥有的城邑来奔于鲁。 2 字而笄(jī)之:为她取一个字,把头发梳上去,插上簪子。笄,簪。 3 巢:国名,偃姓。在今安徽巢湖东北。

【经】秦伯使遂[1]来聘。

【传】遂者何?秦大夫也。秦无大夫,此何以书?贤缪公也。何贤乎缪公?以为能变[2]也。其为能变奈何?惟谞谞[3]善竫言[4],俾君子易怠[5],而况乎我多有之。惟一介[6]断

【经】秦伯派遂来聘问。

【传】遂是什么人?是秦国的大夫。秦国没有大夫,这里为什么记(他)?是认为秦缪公有贤德。秦缪公有什么贤德?认为他能改过。他能改过是怎么回事?(能代表他心意的《秦誓》说)"浅薄地花言巧语,使君子轻慢怠惰,何况我常有这种情形!""专心一意于正道,不信奉异端邪说,我的心地就会美

断焉[7],无他技[8],其心休休[9],能有容[10]。是难也[11]。

好,能够含容。"这样(悔过向善)是不容易的。

[注释] 1 遂:秦大夫西乞术。 2 变:改变,指改错。 3 诔(jiàn)诔:浅薄的样子。 4 聇(jìng)言:此段文字引自《尚书·秦誓》,其中"聇言"作"谝(pián)言",谓花言巧语。 5 易怠:轻慢怠惰。 6 一介:一个(良臣)。 7 断断焉:诚笃专一的样子。 8 他技:其他的伎俩,别的花样。 9 休休:美好。一解,宽大的样子。 10 能有容:是说能含容异见。 11 是难也:这是很难做到的。

【经】冬,十有二月,戊午,晋人、秦人战于河曲[1]。

【传】此偏战也,何以不言师败绩?敌[2]也。曷为以水地[3]?河曲疏[4]矣,河千里而一曲[5]也。

【经】季孙行父帅师城诸及运[6]。

【经】冬季,十二月,戊午日,晋国人、秦国人在黄河弯曲处作战。

【传】这是偏战,为什么不说军队大败?因为双方力量相等,不分胜负。为什么用黄河弯曲处作为战场的地名?黄河弯曲处很少,黄河千里才一弯曲。

【经】季孙行父领兵,修筑诸和运的城墙。

[注释] 1 河曲:晋地,在今山西永济南。 2 敌:势均力敌,胜负不分。 3 以水地:用河作地名。 4 疏:稀疏,稀少。 5 千里而一曲:黄河沿今陕西、山西省界南流,奔流千里,至此才弯曲东流。 6 诸及运:诸和运是鲁两边邑,邻于莒。诸,在今山东诸城西南。运,在今山东沂水东北。

文公十三年

[原文]

【经】十有三年,春,王正月。

【经】夏,五月,壬午,陈侯朔[1]卒。

【经】邾娄子蘧篨卒。

【经】自正月不雨,至于秋七月。

[译文]

【经】鲁文公十三年,春季,周王的正月。

【经】夏季,五月,壬午日,陈侯朔去世。

【经】邾娄子蘧篨去世。

【经】从正月起不下雨,直到秋季七月。

[注释] 1 陈侯朔:陈共公,名朔。

【经】世室屋坏。

【传】世室者何?鲁公[1]之庙也。周公称大庙,鲁公称世室,群公称宫。此鲁公之庙也,曷为谓之世室?世室犹世室[2]也,世世不毁也。周公何以称大庙于鲁?封鲁公以为周公也。周公拜乎

【经】世室房屋毁坏。

【传】世室是什么?是鲁公(伯禽)的庙。周公旦的庙称太庙,鲁公伯禽的庙称世室,鲁国其他诸公的庙称宫。这是鲁公的庙,为什么叫它做世室?这世室,是世世祭奉的庙,世世代代不废弃。鲁国为什么把周公的庙称作太庙?因为封鲁公是为了周公的缘故。(受封时,在文王庙里)周公拜受在前,鲁公拜受在后。(成王在授封之辞中)说:"(周公)活着的时候,以鲁国供养周

前,鲁公拜乎后。曰:"生以养周公,死以为周公主。"然则周公之鲁乎?曰:"不之鲁也。封鲁公以为周公主。"然则周公曷为不之鲁?欲天下之一乎周也。鲁祭周公何以为牲?周公用白牲,鲁公用骍犅[3],群公不毛[4]。鲁祭周公何以为盛[5]?周公盛[6],鲁公焘[7],群公廪[8]。世室屋坏何以书?讥。何讥尔?久不修也。

公;(周公)死后,以鲁公为祭祀周公之主!"那么周公到鲁国就封了吗?(回答)说:"周公没有去鲁国(就封)。(已)封鲁公作为周公(死后)的祭主了。"那么周公为什么不去鲁国就封?(周公德高功大,人心所向,留在周王室)是将天下的人心统一到周王室。鲁国祭周公,用什么作牲?祭祀周公用毛色纯白的公牛,祭祀鲁公用毛色纯赤的公牛,祭祀其他诸公用不纯色的公牛。鲁国祭周公,用什么样的黍稷作祭品?祭周公将新黍稷堆满祭器;祭鲁公将新黍稷覆盖在旧黍稷上;祭其他诸公以陈黍稷为主,上面撒上少量新黍稷。世室房屋毁坏为什么记?为了讥讽。讥讽什么?讥讽(鲁君对祖宗不恭,世室)经久不修。

[注释] 1 鲁公:周公之子伯禽。 2 世室:世世祭奉的庙。室,特指庙。 3 骍犅(xīng gāng):赤色公牛。骍,赤色牛。犅,公牛。 4 不毛:毛色不纯。 5 盛(chéng):盛在祭器里的饭食。 6 盛:特指以新谷为盛。 7 焘(tāo):下故上新的谷为盛。 8 廪:指全是陈谷,少有新谷。

【经】冬,公如晋。

【经】卫侯会于沓[1]。

【经】狄侵卫。

【经】十有二月,己

【经】冬季,文公到晋国去。

【经】与卫侯在沓相会。

【经】狄侵伐卫国。

【经】十二月,己丑日,文公与晋侯盟誓。

丑,公及晋侯盟。

【经】还自晋,郑伯会公于斐[2]。

【传】还者何?善辞也。何善尔?往党[3],卫侯会公于沓,至得与晋侯盟,反党,郑伯会公于斐,故善之也。

【经】从晋国返回时,郑伯在斐地和文公相会。

【传】"返回"什么意思?是褒扬(文公)的话。褒扬什么?(文公)去(晋)国时,卫侯在沓地和他相会(托他向晋侯讲和),(文公)到了晋国,与晋侯成功地续了前盟,回来时,郑伯在斐地和他相会(请他返回晋,代他说话,与晋讲和),所以褒扬文公。

[注释] 1 沓:卫地,文公与卫侯相会之地。不详今为何地。 2 斐:郑地,又称斐林。在今河南新郑东。 3 党:犹如说"时",齐语。

文公十四年

[原文]

【经】十有四年,春,王正月,公至自晋。

【经】邾娄人伐我南鄙。

【经】叔彭生[1]帅师伐邾娄。

【经】夏,五月,乙亥,齐侯潘[2]卒。

[译文]

【经】鲁文公十四年,春季,周王的正月,文公从晋国回来。

【经】邾娄国人攻伐我国南部边境地区。

【经】叔彭生领兵攻伐邾娄国。

【经】夏季,五月,乙亥日,齐侯潘去世。

[注释] 1 叔彭生:鲁大夫,又称叔仲彭生,叔仲惠伯。 2 齐侯潘:齐昭公,名潘。

【经】六月,公会宋公、陈侯、卫侯、郑伯、许男、曹伯、晋赵盾,癸酉,同盟于新城[1]。

【经】秋,七月,有星孛[2]入于北斗。

【传】孛者何?彗星也。其言入于北斗何?北斗有中[3]也。何以书?记异也。

【经】公至自会。

【经】六月,文公会见宋公、陈侯、卫侯、郑伯、许男、曹伯、晋国的赵盾,癸酉日,在新城同盟。

【经】秋季,七月,有星孛进入到北斗中。

【传】星孛什么?是彗星。说"进入到北斗中"是什么意思?因为北斗(七星像羹斗那一部分,中间)有空(彗星可以进入其中)。为什么记?记天上的奇异现象。

【经】文公从盟会回来。

[注释] 1 新城:宋地,在今河南商丘西南。 2 孛(bèi):俗谓扫帚星,通称彗星。 3 北斗有中:北斗七星,三为柄,四为魁。魁之中空,所谓北斗有中,指此。

【经】晋人纳接菑[1]于邾娄,弗克纳。

【传】纳者何?入辞也。其言弗克纳何?大其弗克纳也。何大乎其弗克纳?晋郤缺帅师,革车八百乘,以纳接菑于邾娄,力沛若有余而纳之,邾娄人言曰:"接菑,晋出也;貜且,齐出也。子以

【经】晋人把接菑送进邾娄,未能送进去。

【传】"送进"是什么意思?是使他进入的意思。这里"未能送进"是什么意思?是夸奖这个"未能送进"。为什么夸奖这个"未能送进"?晋国的郤缺领兵,战车有八百辆,护送接菑到邾娄(即君位),力量充沛有余,送接菑进去,邾娄国人说:"接菑是晋国的女儿所生,貜且是齐国的女儿所生。您如果用十

其指,则接菑也四,貜且也六。子以大国压之,则未知齐、晋孰有之也。贵则皆贵矣,虽然,貜且也长。"郤缺曰:"非吾力不能纳也,义实不尔克也。"引师而去之。故君子大其弗克纳也。此晋郤缺也,其称人何?贬。曷为贬?不与大夫专废置君也。曷为不与?实与而文不与。文曷为不与?大夫之义,不得专废置君也。

个手指作比,接菑是四,貜且是六。您如果用大国来压服邾娄,就不知齐国、晋国谁能使自己的外孙领有邾娄。讲身份尊贵,他们都尊贵,即使如此,貜且年长!"郤缺说:"不是我在力量上不能送进去,而是从道义上讲,实在不能胜过你们。"领兵离开邾娄。所以君子夸奖这个"未能送进"。这是郤缺,这里称"人"是什么意思?是贬。为什么贬?是不赞许大夫擅自废置国君。为什么不赞许?实际上赞许,字面上不赞许。字面上为什么不赞许?因为大夫在道义上不能擅自废置国君。

[注释] 1 接菑(zī):邾文公元妃齐姜,生定公(即貜且),二妃晋姬生接菑。文公卒,邾人立定公,接菑奔晋。今晋人送接菑回邾娄。貜,音jué。且,音jū。

【经】九月,甲申,公孙敖[1]卒于齐。

【经】齐公子商人[2]弑其君舍。

【传】此未逾年之君[3]也,其言弑其君舍何?己立之,己杀之,成死者而贱生者也。

【经】九月,甲申日,公孙敖在齐国去世。

【经】齐国的公子商人杀死他的君主舍。

【传】这是即位不到一个年头的嗣君(照理不得称君主),这里说"杀死他的君主舍"是什么意思?是商人自己立他为君,自己杀死他,(《春秋》)成全死者的君号,

【经】宋子哀来奔。

【传】宋子哀者何？无闻焉尔。

把（弑君的）活着的商人看成卑贱的家伙。

【经】宋子哀逃亡来（我国）。

【传】宋子哀是什么人？没有听说过。

[注释] 1 公孙敖：鲁大夫穆伯，于文公八年奔莒。晚年请求回国定居，得到允许，至齐而卒。 2 公子商人：昭公潘、懿公商人、惠公元都是齐桓公之子。桓公死，太子孝公立。孝公死，弟潘杀孝公之子而自立。是为昭公。昭公卒，子舍立，商人弑之而自立，是为懿公。 3 未逾年之君：齐昭公卒在五月，子舍即以五月嗣位。不仅未逾年，也未过诸侯五月而葬的葬期，例不能称君。

【经】冬，单伯如齐。齐人执单伯。齐人执子叔姬[1]。

【传】执者曷为或称行人[2]，或不称行人？称行人而执者，以其事执也。不称行人而执者，以己执也。单伯之罪何？道淫[3]也。恶乎淫？淫乎子叔姬。然则曷为不言齐人执单伯及子叔姬？内辞也，使若异罪然。

【经】冬季，单伯到齐国。齐人逮捕单伯。齐人逮捕子叔姬。

【传】被逮捕的使者，为什么有的称使者，有的不称使者？称使者被捕的，是因国事被捕。不称使者被捕的，是因私事被捕。单伯的罪过是什么？是在路途中淫乱。和谁淫乱？和子叔姬淫乱。那为什么不说齐人逮捕单伯与子叔姬？那是为我国隐讳耻辱的话，使人觉得他们两人的罪并不是一回事。

[注释] 1 子叔姬：不是文公十二年已死之子叔姬。嫁齐昭公，生子舍。 2 行人：管朝觐聘问的官。 3 道淫：自鲁至齐途中淫乱。

文公十五年

[原文]

【经】十有五年,春,季孙行父如晋。

【经】三月,宋司马华孙来盟。

【经】夏,曹伯来朝。

【经】齐人归公孙敖之丧。

【传】何以不言来?内辞也。胁我而归之,筍[1]将而来也。

【经】六月,辛丑,朔,日有食之。鼓,用牲于社。

【经】单伯至自齐。

【经】晋郤缺帅师伐蔡,戊申,入蔡。

【传】入不言伐,此其言伐何?至之日也。其日何?至之日也。

[译文]

【经】鲁文公十五年,春季,季孙行父到晋国。

【经】三月,宋国司马华孙前来结盟。

【经】夏季,曹伯来朝见。

【经】齐人送回公孙敖的尸体。

【传】为什么不写"来"?这是为我国隐讳的话。(齐人)胁迫我国,把公孙敖的尸体送回(我国),将尸体用竹编的车厢载着运送而来(迫使我国受葬)。

【经】六月,辛丑日,朔日,发生日食。击鼓攻伐,用牲体祭祀社神。

【经】单伯从齐国归来。

【经】晋国的郤缺领兵攻打蔡国,戊申日,进入蔡国。

【传】说进入就不说攻伐,这里说攻伐是什么意思?因为(攻伐蔡国和进入蔡国)是在晋军到达的同一天。为什么记(进入蔡国的)日子?因为(进入蔡国的日子)也是晋军到达的日子。

[注释] 1 筍(xùn):竹舆。

【经】秋,齐人侵我西鄙。

【经】季孙行父如晋。

【经】冬,十有一月,诸侯盟于扈。

【经】十有二月,齐人来归子叔姬。

【传】其言来何?闵之也。此有罪,何闵尔?父母之于子,虽有罪,犹若其不欲服罪然。

【经】齐侯侵我西鄙,遂伐曹,入其郛[1]。

【传】郛者何?恢郭[2]也。入郛书乎?曰不书。入郛不书,此何以书?动[3]我也。动我者何?内辞也,其实我动[4]焉尔。

【经】秋季,齐人侵伐我国西部边境地区。

【经】季孙行父到晋国。

【经】冬季,十一月,诸侯们在扈地结盟。

【经】十二月,齐人来送回子叔姬。

【传】这里说"来"是什么意思?是怜惜叔姬(被弃)。这人有罪,怜惜什么?父母对于子女,即使(子女)有罪,仍然好像她(受了冤枉)不想服罪一样。

【经】齐侯领兵侵伐我国西部边境地区,接着攻打曹国,进入它的外城。

【传】外城是什么?是城外的大郭。(别国的)外城被人攻入了记吗?(回答)说:不记。(别国的)外城被人攻进去了不记,这里为什么记?是(齐人借此)使我国恐惧。使我国恐惧是什么意思?是为我国怯懦无能隐讳的话,其实是我国害怕他们攻进我们的外城。

注释 1 郛(fú):外城。 2 恢郭:宽阔的外城。 3 动:恐吓。带宾语。 4 动:不带宾语,畏葸,恐惧。

文公十六年

[原文]

【经】十有六年,春,季孙行父会齐侯于阳榖,齐侯弗及盟。

【传】其言弗及盟何?不见与盟也。

【经】夏,五月,公四不视朔[1]。

【传】公曷为四不视朔?公有疾也。何言乎公有疾不视朔?自是公无疾不视朔也。然则曷为不言公无疾不视朔?有疾犹可言也,无疾不可言也。

[译文]

【经】鲁文公十六年,春季,季孙行父在阳榖与齐侯相会。齐侯不及盟。

【传】这里说"不及盟"是什么意思?是齐侯不让他盟。

【经】夏季,五月,文公已四个月不视朔了。

【传】文公为什么四个月不视朔?因为文公有病。文公有病不视朔为什么要记?因为从这时起,文公没有病也不视朔。那么为什么不说文公没有病也不视朔?因为有病不视朔,还能讲;没有病不视朔,(失了体统)就不能讲了。

[注释] 1 视朔:每月朔日祭告祖庙后,在太庙听政。

【经】六月,戊辰,公子遂及齐侯盟于犀丘[1]。

【经】秋,八月,辛未,夫人姜氏[2]薨。

【经】六月,戊辰日,公子遂与齐侯在犀丘结盟。

【经】秋季,八月,辛未日,夫人姜氏去世。

【经】毁泉台。

【传】泉台者何？郎台[3]也。郎台则曷为谓之泉台？未成为郎台，既成为泉台。毁泉台何以书？讥。何讥尔？筑之讥，毁之讥。先祖为之，已毁之，不如勿居而已矣。

【经】楚人、秦人、巴[4]人灭庸[5]。

【经】拆毁泉台。

【传】泉台是什么台？是郎台。郎台为什么叫它作泉台？还没有修成时叫郎台，修成以后叫泉台。拆毁泉台为什么要记？为了讥讽。讥讽什么？筑时，讥讽（庄公将它筑在民间妇女浣洗的地方）；拆毁时，讥讽（文公彰明祖先筑得不该的非礼）。祖先修筑它，自己拆毁它，不如不登台游处（让它自己毁坏）。

【经】楚国人、秦国人、巴国人灭亡庸国。

注释 1 犀丘：齐地，国都临淄附近。 2 夫人姜氏：文公之母声姜，即圣姜。 3 郎台：庄公三十一年春"筑台于郎"的郎台。 4 巴：国名，姬姓。春秋之世，巴在今湖北襄阳附近。 5 庸：国名，楚属小国。今湖北竹山东南有上庸故城，是其国都。

【经】冬，十有一月，宋人弑其君处臼[1]。

【传】弑君者，曷为或称名氏，或不称名氏？大夫弑君称名氏，贱者穷诸人[2]；大夫相杀称人，贱者穷诸盗[3]。

【经】冬季，十一月，宋国人杀死他们的君主处臼。

【传】杀君的人，为什么有的称他的名氏，有的又不称他的名氏？大夫杀君主称名氏，身份卑微的人（弑君），贬降到最低的称呼，称"人"；大夫杀大夫称"人"，身份卑贱的人（杀大夫），贬降到最低的称呼，称盗。

[注释] 1 处臼:宋昭公,名处臼。 2 贱者穷诸人:弑君之卑贱者贬降到称人。 3 贱者穷诸盗:杀大夫之卑贱者贬降到称盗。

文公十七年

[原文]

【经】十有七年,春,晋人、卫人、陈人、郑人伐宋。

【经】夏,四月,癸亥,葬我小君圣姜。

【传】圣姜者何?文公之母也。

【经】齐侯伐我西鄙。

【经】六月,癸未,公及齐侯盟于榖[1]。

【经】诸侯会于扈[2]。

【经】秋,公至自榖。

【经】公子遂如齐。

[译文]

【经】鲁文公十七年,春季,晋国人、卫国人、陈国人、郑国人攻伐宋国。

【经】夏季,四月,癸亥日,安葬我国君夫人圣姜。

【传】圣姜是什么人?是文公的母亲。

【经】齐侯攻伐我国西部边境地区。

【经】六月,癸未日,文公和齐侯在榖地结盟。

【经】诸侯们在扈聚会。

【经】秋季,文公从榖地回来。

【经】公子遂到齐国去。

[注释] 1 榖:齐地,在今山东东阿县旧治东阿镇。 2 扈:郑地,在今河南原阳西。

文公十八年

【原文】

【经】十有八年,春,王二月,丁丑,公薨于台下。

【经】秦伯䓨[1]卒。

【经】夏,五月,戊戌,齐人弑其君商人。

【经】六月,癸酉,葬我君文公。

【经】秋,公子遂、叔孙得臣如齐。

【经】冬,十月,子卒。

【传】子卒者孰谓?谓子赤[2]也。何以不日?隐之也。何隐尔?弑[3]也。弑则何以不日?不忍言也。

【经】夫人姜氏[4]归于齐。

【经】季孙行父如齐。

【经】莒弑其君庶其[5]。

【传】称国以弑何?称国以弑者,众弑君之辞。

【译文】

【经】鲁文公十八年,春季,周王的二月,丁丑日,文公在台下去世。

【经】秦伯䓨去世。

【经】夏季,五月,戊戌日,齐国人杀死他们的君主商人。

【经】六月,癸酉日,安葬我国君主文公。

【经】秋季,公子遂、叔孙得臣到齐国。

【经】冬季,十月,子去世。

【传】("子去世"中的)"子"说的谁?说的子赤。为什么不写出他去世的日子?是为他痛惜。痛惜什么?他是被杀死的。被杀为什么不记被杀的日子?是不忍心说出。

【经】夫人姜氏回到齐国。

【经】季孙行父去到齐国。

【经】莒国杀死他们的君主庶其。

【传】称为国家杀是什么意思?称为国家杀,是众人杀君的话。

【注释】　1 秦伯䓪:秦康公,名䓪。　2 子赤:鲁文公太子。　3 弑:谓子赤被杀。文公夫人哀姜生二子,长名赤,次名视。文公次妃敬嬴,生子倭。公子遂如齐贺惠公新立,以立倭之事相请,得齐允诺。公子遂归国,杀子赤,并其弟视,立倭,是为宣公。　4 夫人姜氏:文公夫人哀姜,夫死子被杀,无所依,归于齐国。　5 庶其:莒纪公,名庶其。

宣公

宣公元年

[原文]

【经】元年[1],春,王正月,公[2]即位。

【传】继弑君不言即位,此其言即位何?其意也。

【经】公子遂如齐逆女。

【经】三月,遂以夫人妇姜至自齐。

【传】遂何以不称公子?一事而再见者,卒名[3]也。夫人何以不称姜氏?贬。曷为贬?讥丧娶也。丧娶者公也,则曷为贬夫人?内无贬于公之道也。内无贬于公之道,则曷为贬夫人?夫人与公一体

[译文]

【经】鲁宣公元年,春季,周王的正月,宣公即位。

【传】继承被杀的君主为君不说即位,这里说"即位"是什么意思?是宣公的心愿。

【经】公子遂到齐国迎接齐女。

【经】三月,遂带着夫人媳妇姜氏从齐国到来。

【传】对遂为什么不加称"公子"?一事而再次出现的,后面这一次只举名。对夫人为什么不称"姜氏"?是贬。为什么贬?讥讽宣公在丧服中娶亲。在丧服中娶亲的是宣公,而为什么贬夫人?本国没有贬君主的道理。本国没有贬君主的道理,为什么要贬夫人?因为夫人与君主是一体。称她

也。其称妇何？有姑之辞也。

为"媳妇"是什么意思？（"媳妇"）是有婆婆在的辞语。

[注释]　1 元年：鲁宣公元年，公元前608年。　2 公：鲁宣公，名倭，文公子，母敬嬴。　3 卒名：最终用他的名字。

【经】夏，季孙行父如齐。

【经】晋放其大夫胥甲父于卫。

【传】放之者何？犹曰无去是[1]云尔。然则何言尔？近正也。此其为近正奈何？古者大夫已去，三年待放[2]。君放之，非也；大夫待放，正也。古者臣有大丧[3]，则君三年不呼其门[4]；已练[5]，可以弁冕[6]，服金革之事[7]。君使之，非也；臣行之，礼也。闵子[8]要绖[9]而服事，既而曰："若此乎古之道，不即[10]人心。"退而致仕[11]。孔子盖善之也。

【经】夏季，季孙行父到齐国。

【经】晋国把它的大夫胥甲父放逐到卫国。

【传】放他是什么意思？是说（把他安排在某地后）不能擅自离开这里。那么为什么要说"放"呢？因为它与正道相近。与正道相近是怎么一回事？古代大夫离职后，三年之内待在所放的地方，不得离开。如果君主放逐他（他出于君主的命令不离开），是不对的；大夫自疑有罪当诛，待在所放之地不离开，这符合正道。古代臣子在父母之丧期间，君主三年不从他家里叫他出来办事；臣练祭完毕，可以穿上官服从政，可以从事征战。君主命他这样做是不对的，臣顺君意这样做是合礼的。闵子（骞）腰间系着孝带，要他去服兵役，（闵子）不久说："像这样，古代的礼制就不近人情。"退下来，辞去公事（回到家中守孝）。孔子认为他

【经】公会齐侯于平州[12]。

【经】公子遂如齐。

【经】宣公在平州与齐侯相会。

【经】公子遂到齐国。

注释　1 无去是:不离开这儿(流放地)。　2 待放:在放逐地待罪。　3 大丧:谓父母之丧。　4 不呼其门:不在门边喊他。意思是不让他担负国事。　5 已练:已举行练祭。父母去世后第十一个月,祭于家庙,叫作练(因此时孝子可穿练过即加工过的布帛制的衣服)。　6 弁(biàn)冕:官帽。指代从事公务活动。　7 金革之事:军事行动。　8 闵子:闵子骞,孔子学生,以孝闻名。　9 要绖(yāo dié):腰上系着服丧用的麻带,表示正在服丧期间。　10 即:近。　11 致仕:还禄位于君。　12 平州:齐地,在今山东莱芜西。

【经】六月,齐人取济西[1]田。

【传】外取邑不书,此何以书?所以赂齐也。曷为赂齐?为弑子赤之赂也。

【经】秋,邾娄子来朝。

【经】楚子、郑人侵陈,遂侵宋。

【经】晋赵盾[2]帅师救陈。宋公、陈侯、卫侯、曹伯会晋师于斐林[3],伐郑。

【传】此晋赵盾之师也,曷为不言赵盾之师?君不

【经】六月,齐人接收济水以西的田地。

【传】别国取邑不记,这里为什么记?这是用来贿赂齐国的。为什么要贿赂齐国?为杀子赤的贿赂。

【经】秋季,邾娄子来朝见。

【经】楚子、郑国人侵伐陈国,接着侵伐宋国。

【经】晋国的赵盾领兵援救陈国。宋公、陈侯、卫侯、曹伯率军在斐林与晋军会合,攻伐郑国。

【传】这是晋国的赵盾率领的军队,为什么不说会合赵盾的军队?这

会大夫之辞也。

【经】冬,晋赵穿[4]帅师侵柳[5]。

【传】柳者何？天子之邑也。曷为不系乎周？不与伐天子也。

【经】晋人、宋人伐郑。

【经】冬季,晋国的赵穿领兵侵伐柳。

【传】柳是什么地方？是周天子的邑。为什么不把它联系在"周"上,是不赞许他攻伐天子。

【经】晋国人、宋国人攻伐郑国。

[注释] 1 济西:在今山东巨野、东平、旧寿张县之间。 2 赵盾:晋国执政大夫。 3 斐林:郑地,在今河南新郑东南。 4 赵穿:赵盾族弟,晋国大夫。 5 柳:有人推测在今陕西西安鄠(hù)邑区。

宣公二年

[原文]

【经】二年,春,王二月,壬子,宋华元帅师及郑公子归生帅师,战于大棘[1]。宋师败绩。获宋华元。

【经】秦师伐晋。

【经】夏,晋人、宋人、卫人、陈人侵郑。

【经】秋,九月,乙丑,晋赵盾弑其君夷獳[2]。

[译文]

【经】鲁宣公二年,春季,周王的二月,壬子日,宋国的华元领兵与郑国的公子归生在大棘作战。宋军大败。(郑)俘虏宋国华元。

【经】秦兵攻伐晋国。

【经】夏季,晋国人、宋国人、卫国人、陈国人侵伐郑国。

【经】秋季,九月,乙丑日,晋国赵盾杀死他的君主夷獳。

【经】冬,十月,乙亥,天王[3]崩。

【经】冬季,十月,乙亥日,周王驾崩。

[注释] 1 大棘:宋地,在今河南睢县南。 2 夷獆(háo):晋灵公,名夷皋。本传作夷獔。 3 天王:周匡王。

宣公三年

[原文]

【经】三年,春,王正月,郊牛[1]之口伤,改卜牛[2],牛死,乃不郊,犹三望[3]。

【传】其言"之"何?缓也[4]。曷为不复卜?养牲养二卜[5]。帝牲不吉,则扳[6]稷牲而卜之。帝牲在于涤[7]三月,于稷者,唯具是视[8]。郊则曷为必祭稷?王者必以其祖配。王者则曷为必以其祖配?自内出者,无匹不行[9];自外至者,无主不止[10]。

[译文]

【经】鲁宣公三年,春季,周王的正月,准备作郊祀祭品的牛之口受伤,改卜其他的牛,这牛又死了,就不举行郊祀,仍然望祭三个名山大川。

【传】这里写上"之"字是什么意思?是措辞宽缓(没有责备君主饲牛不慎的意思)。(这牛死了)为什么不再卜其他的牛?君主养祭牲只养两头供占卜。(祭天帝的)帝牲(有了灾害)不吉利,就牵来祭祖的稷牲,占卜它可不可以用。帝牲在涤室内养三个月,对稷牲呢,只看牲体完好无缺就行了。祭天为什么必须祭稷?因为做王的必须以他的先祖配祭天帝。做王的为什么必须以他的先祖配祭天帝?因为从内出的先祖,没有神灵的配合,就起不了作用;从外来的神,没有迎神的先祖为主,神就无所依止。

【注释】 1 郊牛:祭天用的牛。 2 改卜牛:另择他牛更卜之。 3 三望:望是山川之祭。鲁之三望,《公羊传》以为是祭泰山、黄河、东海。参见僖公三十一年注。 4 缓也:传以为"郊牛之口"为什么要用一个"之"字,而不说"郊牛口",是因为没有责备人君养牛不谨的意思,语气缓和。 5 养牲养二卜:养祭牲养两头,供卜用。一头帝牲,祭天帝用;一头稷牲,祭祖之用。周以后稷为始祖,祭天必以祖配。所谓牲,实即是牛。卜前称牛,卜后称牲。 6 扳(pān):牵引。此扳,近似于后世的拿、把,有处置之意。 7 涤:涤室,养祭牲的洁净房子。 8 唯具是视:只看它完整无缺就可以了。具,完备。 9 自内出者,无匹不行:先祖福荫子孙之意,不匹配于神,就不得行。这里的内,是说人、先祖。外,是说神灵、天帝。 10 自外至者,无主不止:天帝的神灵,有为主承担之人,即有先祖才能有所依止,而作用于人。否则将空无所依。

【经】葬匡王。

【经】楚子伐贲浑戎[1]。

【经】夏,楚人侵郑。

【经】秋,赤狄[2]侵齐。

【经】宋师围曹。

【经】冬,十月,丙戌,郑伯兰[3]卒。

【经】葬郑缪公。

【经】安葬周匡王。

【经】楚子攻伐贲浑戎。

【经】夏季,楚国人侵伐郑国。

【经】秋季,赤狄侵伐齐国。

【经】宋国包围曹国。

【经】冬季,十月,丙戌日,郑伯兰去世。

【经】安葬郑缪公。

【注释】 1 贲(lù)浑戎:原居瓜州(在今甘肃敦煌市境)之戎族。晋惠公诱之迁于伊川。《左传》作陆浑之戎,《穀梁传》作陆浑戎。 2 赤狄:狄有白狄、赤狄。潞氏、留吁、铎辰、甲氏为赤狄。潞氏、留吁、铎辰在今山西长治周围,甲氏在今河北鸡泽。 3 郑伯兰:郑穆(缪)公,名兰。

宣公四年

【原文】

【经】四年，春，王正月，公及齐侯平[1]莒及郯[2]，莒人不肯。公伐莒，取向[3]。

【传】此平莒也，其言不肯何？辞取向[4]也。

【经】秦伯稻[5]卒。

【经】夏，六月，乙酉，郑公子归生弑其君夷[6]。

【经】赤狄侵齐。

【经】秋，公如齐。

【经】公至自齐。

【经】冬，楚子伐郑。

【译文】

【经】鲁宣公四年，春季，周王的正月，宣公和齐侯调解，让莒国和郯国讲和，莒国人不肯。宣公攻伐莒国，夺取向邑。

【传】这是让莒国与郯国讲和，《春秋》说莒国不肯是什么意思？是宣公夺取向邑的借口。

【经】秦伯稻去世。

【经】夏季，六月，乙酉日，郑国的公子归生杀死他的君主夷。

【经】赤狄侵伐齐国。

【经】秋季，宣公到齐国。

【经】宣公从齐国回来。

【经】冬季，楚子攻伐郑国。

【注释】 1 平：为……讲和。使……讲和。 2 郯(tán)：国名，在今山东郯城西南。 3 向：本国名。莒取之以为邑，今鲁又取之于莒。 4 辞取向：是拿下向邑的借口。 5 秦伯稻：秦共公，名稻，又名和，或名貑。 6 夷：郑灵公，名夷。

宣公五年

【经】五年,春,公如齐。

【经】夏,公至自齐。

【经】秋,九月,齐高固[1]来逆子叔姬[2]。

【经】叔孙得臣卒。

【经】鲁宣公五年,春季,宣公到齐国。

【经】夏季,宣公从齐国回来。

【经】秋季,九月,齐国的高固来迎接子叔姬。

【经】叔孙得臣去世。

注释 1 高固:齐国大夫。 2 子叔姬:嫁给高固的鲁女。

【经】冬,齐高固及子叔姬来。

【传】何言乎高固之来?言叔姬之来,而不言高固之来,则不可。子公羊子曰:"其诸[1]为其双双而俱至者与!"

【经】楚人伐郑。

【经】冬季,齐国的高固与子叔姬来。

【传】为什么说齐国的高固来?说子叔姬来,而不说高固来就不行(因为嫁出去的女儿回国不合礼制,现在丈夫和她同来,责任就在丈夫了)。子公羊子说:"或许是他们如鸟兽成双成对一同来到的吧!"

【经】楚国人攻伐郑国。

注释 1 其诸:双音语气副词,表揣测。相当于"大概"。

宣公六年

【原文】

【经】六年,春,晋赵盾、卫孙免侵陈。

【传】赵盾弑君,此其复见何?亲弑君者赵穿也。亲弑君者赵穿,则曷为加之赵盾?不讨贼也。何以谓之不讨贼?晋史书贼曰:"晋赵盾弑其君夷獔。"赵盾曰:"天乎,无辜!吾不弑君,谁谓吾弑君者乎?"史曰:"尔为仁为义,人弑尔君,而复国不讨贼,此非弑君如何?"赵盾之复国奈何?灵公为无道,使诸大夫皆内朝,然后处乎台上,引弹而弹之,己[1]趋而辟丸,是乐而已矣。赵盾已朝而出,与诸大夫立于朝,有人荷畚[2]自闺[3]而出者,赵盾曰:"彼

【译文】

【经】鲁宣公六年,春季,晋国的赵盾、卫国的孙免侵伐陈国。

【传】赵盾杀了君主,这里再次出现是什么原因?因为亲自杀君主的是赵穿。亲自杀君主的是赵穿,为什么把杀君主的事加在赵盾身上?因为(赵盾身为正卿)不诛讨杀君之贼。凭什么说他不诛讨杀君之贼?晋国的史官记载杀君之贼说:"晋国赵盾杀死他的国君夷獔。"赵盾说:"天啊,我是无辜的!我没有杀君,谁说我是杀君的呀?"史官说:"你为仁为义,别人杀你的君主,你回到国都不诛讨杀君之贼,这不是杀君是什么?"赵盾回到国都是怎么回事?晋灵公做无道的事,命各大夫都到内朝(议事),然后他坐在台上,拉弹弓打他们,各大夫跑着躲避弹丸,只不过用这作为笑乐罢了。赵盾朝罢出来,与各大夫站在外朝,看见有人担着畚箕从闺门出来。赵盾

何也？夫畚曷为出乎闺？"呼之不至，曰："子大夫也，欲视之，则就而视之。"赵盾就而视之，则赫然[4]死人也。赵盾曰："是何也？"曰："膳宰也。熊蹯[5]不熟，公怒以斗[6]摮[7]而杀之，支解，将使我弃之。"赵盾曰："嘻！"趋而入。灵公望见赵盾，愬[8]而再拜。赵盾逡巡[9]，北面再拜稽首[10]，趋而出。灵公心怍[11]焉，欲杀之，于是使勇士某者往杀之。勇士入其大门，则无人门[12]焉者；入其闺，则无人闺[13]焉者；上其堂，则无人焉；俯而窥其户，方食鱼飧[14]。勇士曰："嘻！子诚仁人也！吾入子之大门，则无人焉；入子之闺，则无人焉；上子之堂，则无人焉：是子之易也。子为晋国重卿，而食鱼飧，是子之俭也。君将使我杀子，吾不忍杀子也。虽然，吾亦不

说："那是什么？那畚箕为什么从闺门出来？"喊那人，（那人）不走拢来，说："您是大夫，想看他，就走拢来看他。"赵盾走拢来看他，是一个被肢解分解成一块一块的死人。赵盾说："这是什么人？"（回答）说："是膳宰。熊掌不熟，公发怒用斗旁击他的头颅杀了他，将他肢解，命令我把他抛弃。"赵盾说："啊！"跑进（内朝）。灵公望见赵盾，惊慌地拜了又拜。赵盾退步，面向北拜了又拜，叩头至地，快步走出。（赵盾知道了此事）灵公心里觉得惭愧，想杀掉他，于是派勇士某人前去杀他。勇士进入赵盾的大门，没有人在那里守大门；进入他的闺门，没有人在那里守闺门；上到他的堂上，没有人在那里；低头窥视他的室门，见他正在吃鱼和水泡饭。勇士说："呀！您真是仁人！我进您的大门，没有人守大门；进您的闺门，没有人守闺门；上到您的堂上，堂上也无人：这是您的简省。您身为晋国重卿，却吃鱼和水泡饭，这是您的节俭。君主命令我杀您，我不忍心杀您。即使如此，我也不能再去见我的君主了！"就割颈自杀而死。灵公

可复见吾君矣。"遂刎颈而死。灵公闻之,怒,滋欲杀之甚。众莫可使往者。于是伏甲于宫中,召赵盾而食之。赵盾之车右[15]祁弥明者,国之力士也,仡然[16]从乎赵盾而入,放乎[17]堂下而立。赵盾已食,灵公谓盾曰:"吾闻子之剑,盖利剑也,子以示我,吾将观焉。"赵盾起,将进剑,祁弥明自下呼之曰:"盾!食饱则出,何故拔剑于君所?"赵盾知之,蹴阶[18]而走。灵公有周狗[19],谓之獒。呼獒而属[20]之,獒亦蹴阶而从之,祁弥明逆而踆[21]之,绝其颔。赵盾顾曰:"君之獒,不若臣之獒也!"然而宫中甲鼓而起,有起于甲中者,抱赵盾而乘。赵盾顾曰:"吾何以得此于子?"曰:"子某时所食活我于暴[22]桑下者也。"赵盾曰:"子名为谁?"曰:"吾君孰为介[23]?子之

听说这事,大怒,要杀他的念头更加强烈。众人中没有能够派遣前去的。于是在宫中埋伏甲兵,召见赵盾,请他吃饭。赵盾的车右祁弥明是国内的大力士,健壮勇猛,跟着赵盾进去,来到堂下站着。赵盾吃过后,灵公对赵盾说:"我听说您的剑是利剑,您拿来给我瞧,我要仔细看看它。"赵盾起身,将要送上剑,祁弥明在堂下喊他,说:"盾!吃饱了就出来,在君主的住处拔剑是什么缘故?"赵盾明白他的意思,一步几级阶梯地跑下来。灵公有一只训练有素的狗,叫它作獒。灵公唤獒,嗾使它追赶赵盾,獒也一步几级阶梯地跟在后面追赵盾。祁弥明迎上去,用脚踢它,踢断了它的下巴骨。赵盾回头说:"君主的獒,比不上我的獒!"然而宫中埋伏的甲兵鸣鼓行动起来,有人从甲士中跳出来,抱着赵盾,放到车上。赵盾回过头来说:"我凭什么从你这里得到这种急救之恩?"(回答)说:"您某个时候曾给我饭吃,使我在暴桑之下活过来。"赵盾说:"您叫什么名字?"(回答)说:"我们的君主是为谁兴甲兵?您已上车(就赶快离开),何

乘矣,何问吾名?"赵盾驱而出,众无留之者。赵穿缘民众不说,起弑灵公,然后迎赵盾而入,与之立于朝,而立成公黑臀。

【经】夏,四月。

【经】秋,八月,螽。

【经】冬,十月。

必问我的名字?"赵盾驱车出来,众人没有谁将他阻住。赵穿凭借百姓和兵士不喜欢(灵公),起来杀死灵公,然后迎接赵盾进入国都,和他一同站在朝堂上,立成公黑臀为君。

【经】夏季,四月。

【经】秋季,八月,发生蝗灾。

【经】冬季,十月。

【注释】 1 己(jǐ):第三人称代词,他们。指代于内朝朝见灵公的诸大臣。 2 畚(běn):盛物草袋。 3 闺:小寝之门。 4 赫然:惊悚的样子。一说,尸体肢解的样子。 5 熊蹯(fán):熊掌。 6 斗:酒器。 7 摮(áo):旁击。 8 愬(shuò):惊恐的样子。 9 逡(qūn)巡:恭顺后退的样子。 10 稽(qǐ)首:叩头至地,是跪拜礼中最恭敬的那种。 11 怍(zuò):羞惭。 12 门:守门。 13 闺:看守内室的门。 14 飧(sūn):水泡饭,一种简单的饭食。 15 车右:保卫人员,陪同出行,处于车右。 16 伀(yì)然:壮勇的样子。 17 放乎:被安置在。 18 躇(chuò)阶:越级,超越等次。 19 周狗:训练有素听从指挥的恶狗。 20 属(zhǔ):犹如说跟随、尾追。 21 踆(cún):踢,踹。 22 暴:谓枝叶茂盛。 23 介:甲士,士兵,调动士兵。

宣公七年

【原文】

【经】七年,春,卫侯使孙良夫来盟。

【译文】

【经】鲁宣公七年,春季,卫侯派孙良夫前来结盟。

【经】夏,公会齐侯伐莱[1]。

【经】秋,公至自伐莱。

【经】大旱。

【经】冬,公会晋侯、宋公、卫侯、郑伯、曹伯于黑壤[2]。

【经】夏季,宣公会同齐侯攻伐莱国。

【经】秋季,宣公从攻伐莱国的战场归来。

【经】大旱。

【经】冬季,宣公在黑壤会见晋侯、宋公、卫侯、郑伯、曹伯。

[注释] 1 莱:国名,姜姓。一说在今山东龙口东南之故黄城,其处有莱山。 2 黑壤:晋地,在今山西翼城东北之乌岭,接沁水界。

宣公八年

[原文]

【经】八年,春,公至自会。

【经】夏,六月,公子遂如齐,至黄[1]乃复。

【传】其言至黄乃复何?有疾也。何言乎有疾乃复?讥。何讥尔?大夫以君命出,闻丧徐行而不反[2]。

[译文]

【经】鲁宣公八年,春季,宣公从(黑壤之)会回来。

【经】夏季,六月,公子遂到齐国,走到黄邑就返回。

【传】这里说走到黄邑就返回是为什么?是因为有病。有病返回为什么要说?为了讥讽。讥讽什么?大夫奉命出使,就是途中听到父母丧亡的消息(也不能擅自返回),只能慢慢走,等待君主召回的命令。

【注释】1 黄:齐地,由鲁至齐途经之邑。 2 徐行而不反:缓走但不归,以待君命。

【经】辛巳,有事[1]于太庙。

【经】仲遂卒于垂[2]。

【传】仲遂者何?公子遂也。何以不称公子?贬。曷为贬?为弑子赤贬。然则曷为不于其弑焉贬?于文则无罪[3],于子则无年[4]。

【经】辛巳日,在太庙举行祭祀。

【经】仲遂在垂地去世。

【传】仲遂是谁?是公子遂。为什么不称"公子"?是贬他。为什么贬?因杀子赤的缘故贬。既然如此,那么为什么不在他杀子赤的时候贬?(因为杀子赤时仍是文公年号,)他在文公之朝没有罪,在子赤(继位为君时)又还没有年号。

【注释】1 有事:禘祭于周公。 2 垂:齐邑,在今山东平阴县境。 3 于文则无罪:于文公之朝他无罪。 4 于子则无年:对于子赤来说,虽已继位,却没有改年号。

【经】壬午,犹绎[1],万[2]入,去籥。

【传】绎者何?祭之明日也。万者何?干舞也。籥者何?籥舞也。其言万入去籥何?去其有声者,废[3]其无声者,存其心焉尔。存其心焉尔者何?知其不可而为之

【经】壬午日,仍然举行绎祭,用万舞,去掉籥管。

【传】绎祭是什么?是祭祀后第二天又继续祭祀。万舞是什么?是(一手执戈,一手执盾的)干舞。籥管是什么?籥管是吹奏作为舞步节拍的管箫。这里说用万舞去掉籥管是什么意思?是去掉那有声的籥管,保存那无声的万舞,使音乐的节奏保存在舞者的心中。使音乐的节

也。犹者何？通可以已[4]也。

【经】戊子,夫人熊氏[5]薨。

【经】晋师、白狄伐秦。

【经】楚人灭舒蓼[6]。

奏保存在舞者的心中是为什么？是宣公明知大夫之丧不能用乐而用乐的缘故。"仍然"是什么意思？是说绎祭、万舞、籥乐全都可以停用的意思。

【经】戊子日,夫人熊氏去世。

【经】晋军、白狄攻伐秦国。

【经】楚国人灭亡舒蓼。

[注释] 1 绎：正祭之次日再祭,以续完正祭之礼。 2 万：舞名。包括文舞与武舞。文舞手持籥(yuè,管乐器)与翟(dí,野鸡羽毛制的道具),亦名籥舞或羽舞;武舞手持干与戚,亦名干舞。 3 废：置也。也就是不去、保留的意思。齐语。 4 通可以已：是说可以不举行绎祭。通,道,言。参僖公三十一年注。 5 熊氏：即敬嬴,下文称为顷熊。宣公母,文公次妃。 6 舒蓼(liǎo)：群舒之一国。今安徽舒城为古舒城。庐江东北有古龙舒城。舒蓼约在此二城之间。

【经】秋,七月,甲子,日有食之,既。

【经】冬,十月,己丑,葬我小君顷熊。雨,不克葬。庚寅,日中而克葬。

【传】顷熊者何？宣公之母也。而者何？难也。乃者何？难也。曷为或言而或言乃[1]？乃

【经】秋季,七月,甲子日,发生日食,是日全食。

【经】冬季,十月,己丑日,安葬我国君夫人顷熊。下雨,不能下葬。庚寅日,日中而得葬。

【传】顷熊是谁？是宣公的母亲。"而"是什么意思？表示葬的困难。"乃"是什么意思？也是表示葬的困难。为什么有的地方用"而",有的地方用"乃"？"乃"表示的困难比"而"表示的困难还

难乎而也。

【经】城平阳。

【经】楚师伐陈。

要困难。

【经】在平阳筑城。

【经】楚军攻伐陈国。

[注释] 1 此与定公十五年"(九月)丁巳,葬我君定公,雨,不克葬。戊午,日下昃,乃克葬"一段经文相比较而言。这里说"而克葬",那里说"乃克葬"。《传》认为,"乃克葬"与"而克葬"都有难度,但比起来,"乃克葬"难度更大些。

宣公九年

[原文]

【经】九年,春,王正月,公如齐。

【经】公至自齐。

【经】夏,仲孙蔑[1]如京师。

【经】齐侯伐莱。

【经】秋,取根牟[2]。

【传】根牟者何? 邾娄之邑也。曷为不系乎邾娄? 讳亟[3]也。

[译文]

【经】鲁宣公九年,春季,周王的正月,宣公到齐国。

【经】宣公从齐国回来。

【经】夏季,仲孙蔑到京师。

【经】齐侯攻伐莱国。

【经】秋季,占取根牟。

【传】根牟是什么地方? 是邾娄的邑。为什么不把它系在邾娄之上? 隐讳(对邾娄翻脸)太快了(君夫人顷熊下葬时,邾娄子来参加了葬礼)。

[注释] 1 仲孙蔑:鲁宗族,大夫,又称孟献子,公孙敖之孙,文伯谷之子。 2 根牟:在今山东沂水南。 3 亟(jí):急切。上年十月葬顷熊,邾娄

曾派人来会葬,有礼于鲁,迄今尚未满一年,鲁国就取人城邑,未免翻脸太快。

【经】八月,滕子卒。

【经】九月,晋侯、宋公、卫侯、郑伯、曹伯会于扈[1]。

【经】晋荀林父帅师伐陈。

【经】辛酉,晋侯黑臀[2]卒于扈。

【传】扈者何?晋之邑也。诸侯卒其封内不地,此何以地?卒于会,故地也。未出其地,故不言会也。

【经】冬,十月,癸酉,卫侯郑[3]卒。

【经】宋人围滕。

【经】楚子伐郑。

【经】晋郤缺帅师救郑。

【经】陈杀其大夫泄冶。

【经】八月,滕子去世。

【经】九月,晋侯、宋公、卫侯、郑伯、曹伯在扈地聚会。

【经】晋国的荀林父领兵攻打陈国。

【经】辛酉日,晋侯黑臀在扈地去世。

【传】扈是什么地方?是晋国的邑。诸侯在自己的封地内去世,不记去世的地点,这里为什么记地点?因为是在与诸侯聚会时去世,所以记去世的地点。(会址在国内,他)没有走出自己的封地,所以不说在聚会时去世。

【经】冬季,十月,癸酉日,卫侯郑去世。

【经】宋人包围滕国。

【经】楚子攻伐郑国。

【经】晋国的郤缺领兵援救郑国。

【经】陈国杀它的大夫泄冶。

[注释] 1 扈:郑邑,晋会诸侯之所,当时尚未成为晋邑。 2 晋侯黑臀:晋成公,名黑臀。 3 卫侯郑:卫成公,名郑。

宣公十年

[原文]

【经】十年,春,公如齐。

【经】公至自齐。

【经】齐人归我济西田。

【传】齐已取之矣,其言我何?言我者,未绝于我也。曷为未绝于我?齐已言取之矣,其实未之齐也。

【经】夏,四月,丙辰,日有食之。

【经】己巳,齐侯元[1]卒。

【经】齐崔氏出奔卫。

【传】崔氏者何?齐大夫也。其称崔氏何?贬。曷为贬?讥世卿。世卿非礼也。

【经】公如齐。

[译文]

【经】鲁宣公十年,春季,宣公到齐国。

【经】宣公从齐国回来。

【经】齐人将我国济水以西的田地归还给我国。

【传】齐人已经取得了这济水以西的田地,这里说"我"字是什么意思?说"我"字,是表示(这些田地)与我国关系未断。为什么与我国关系未断?齐国虽然说已取得了它,其实(田赋未归齐国,这些田地也就)未归齐国。

【经】夏季,四月,丙辰日,发生日食。

【经】己巳日,齐侯元去世。

【经】齐国的崔氏逃亡到卫国。

【传】崔氏是谁?是齐国的大夫。这里称崔氏是什么意思?是贬。为什么贬?是讥讽他家世代为卿。世代为卿不合礼制。

【经】宣公到齐国。

【经】五月,公至自齐。癸巳,陈夏徵舒²弑其君平国。

【经】六月,宋师伐滕。

【经】公孙归父如齐,葬齐惠公。

【经】晋人、宋人、卫人、曹人伐郑。

【经】五月,宣公从齐国回来。癸巳日,陈国的夏徵舒杀死他的君主平国。

【经】六月,宋军攻伐滕国。

【经】公孙归父到齐国,安葬齐惠公。

【经】晋国人、宋国人、卫国人、曹国人攻伐郑国。

[注释] 1 齐侯元:齐惠公,名元。 2 夏徵舒:陈国大夫。陈灵公平国与大夫孔宁、仪行父三人与其母夏姬淫乱。夏徵舒怒而弑君。弑君后,夏徵舒自为陈君。

【经】秋,天王使王季子来聘。

【传】王季子者何?天子之大夫也。其称王季子何?贵也。其贵奈何?母弟也。

【经】公孙归父帅师伐邾娄,取蘱¹。

【经】大水。

【经】季孙行父如齐。

【经】冬,公孙归父如齐。

【经】齐侯²使国佐³来聘。

【经】秋季,周王派王季子来聘问。

【传】王季子是什么人?是天子的大夫。这里称王季子是什么意思?是表明(他)身份尊贵。他的身份怎样尊贵?(他是周王的)同母弟。

【经】公孙归父领兵攻伐邾娄,占取蘱。

【经】发大水。

【经】季孙行父到齐国。

【经】冬季,公孙归父到齐国。

【经】齐侯派国佐来聘问。

【经】饥。

【传】何以书？以重[4]书也。

【经】楚子伐郑。

【经】发生饥荒。

【传】为什么记？因为（饥荒是）重大事情而记。

【经】楚子攻伐郑国。

[注释] 1 蘱(lèi)：邾娄邑名。 2 齐侯：齐国新君齐顷公，名无野。 3 国佐：齐大夫，又称国武子，国归父之子。 4 重：重大，严重。

宣公十一年

[原文]

【经】十有一年，春，王正月。

【经】夏，楚子、陈侯、郑伯盟于辰陵[1]。

【经】公孙归父会齐人伐莒。

【经】秋，晋侯会狄于欑函[2]。

【经】冬，十月，楚人杀陈夏徵舒。

【传】此楚子也，其称人何？贬。曷为贬？不与外讨也。不与外讨者，

[译文]

【经】鲁宣公十一年，春季，周王的正月。

【经】夏季，楚子、陈侯、郑伯在辰陵结盟。

【经】公孙归父会同齐人攻伐莒国。

【经】秋季，晋侯在欑函会见狄人。

【经】冬季，十月，楚人杀死陈国的夏徵舒。

【传】这是楚子，这里称"人"是什么意思？是贬。为什么贬？是不赞许（没有天子的命令擅自）讨伐别国。不赞许讨伐别国，是因为他（擅自）对别国讨伐而不赞许，即使是（擅自）讨伐国内

因其讨乎外而不与也,虽内讨亦不与也。曷为不与?实与而文不与。文曷为不与?诸侯之义,不得专讨也。诸侯之义不得专讨,则其曰实与之何?上无天子,下无方伯,天下诸侯有为无道者,臣弑君,子弑父,力能讨之,则讨之可也。

【经】丁亥,楚子入陈,纳公孙宁、仪行父于陈。

【传】此皆大夫也,其言纳何?纳公党与也。

的臣子也不赞许。为什么不赞许?实际上赞许而字面上不赞许。字面上为什么不赞许?诸侯在道义上不能(没有天子的命令)擅自讨伐别人。既然诸侯在道义上不能擅自讨伐,这里说实际上赞许是为什么?因为上无(圣明的)天子,下无(贤能的)方伯,天下诸侯中有做无道的事情的,有臣杀君、子杀父的,在力量上能够讨伐他的,就去讨伐是可以的。

【经】丁亥日,楚子进入陈国,把公孙宁、仪行父送进陈国。

【传】这两个人都是大夫,这里说"送进"是什么意思?是把(陈君)灵公的党羽送进国去。

注释 1 辰陵:陈地。在今河南周口淮阳区西。 2 欑(cuán)函:狄地,今不详何地。

宣公十二年

[原文]

【经】十有二年,春,葬陈灵公。

[译文]

【经】鲁宣公十二年,春季,安葬陈灵公。

【传】讨此贼者,非臣子也,何以书葬?君子辞也。楚已讨之矣,臣子虽欲讨之,而无所讨也。

【经】楚子围郑。

【经】夏,六月,乙卯,晋荀林父帅师及楚子战于邲[1],晋师败绩。

【传】大夫不敌君,此其称名氏以敌楚子何?不与晋而与楚子为礼也。曷为不与晋而与楚子为礼也?庄王伐郑,胜乎皇门[2],放[3]乎路衢[4]。郑伯肉袒[5],左执茅旌[6],右执鸾刀[7],以逆庄王,曰:"寡人无良边垂[8]之臣,以干天祸,是以使君王沛[9]焉,辱到敝邑。君如矜此丧人[10],锡[11]之不毛之地[12],使帅一二耋老[13]而绥焉[14],请唯君王之命[15]。"庄王曰:"君之不令臣交易为言[16],是以使寡人得见君之玉面,

【传】这里诛讨杀贼的,不是陈灵公的臣下、儿子,为什么也记葬?这是君子宽恕陈君的臣下、儿子的话。(弑君之贼)楚国已经诛讨了,陈君的臣下、儿子要诛讨也没有可以诛讨的了。

【经】楚子(领兵)包围郑国。

【经】夏季,六月,乙卯日,晋国的荀林父领兵和楚子在邲作战。晋军大败。

【传】大夫不得与国君对等,这里称晋国大夫的名氏,将他与楚子对等是什么意思?是不赞许晋而赞许楚子行为合礼。为什么不赞许晋而赞许楚子行为合礼?楚庄王攻伐郑国,攻克外城从皇门进入内城,到达四条街的交叉点。郑伯脱衣露体,左手拿着茅旌,右手握着鸾刀,迎接庄王,说:"寡人不好,边疆之臣有过错,犯下天祸,因此使得君王对此怒气冲冲,受辱来到敝邑。君如果怜悯我这个丧国之人,赐给我瘠薄的土地,让我带领一两个老人安居在那里,请允许我只听从君王的命令!"庄王说:"君的不好的臣子屡次往来,说些不好的话,所以使得寡人能见到君的玉面,以我渺小之身来到这里。"庄王亲自手执旌节,左右指挥,令楚军后退七里驻扎下来。将军

而微[17]至乎此。"庄王亲自手旌[18],左右抵[19]军,退舍[20]七里。将军子重谏曰:"南郢[21]之与郑,相去数千里,诸大夫死者数人,厮、役、扈、养[22]死者数百人,今君胜郑而不有,无乃失民臣之力乎?"庄王曰:"古者杅[23]不穿,皮不蠹,则不出于四方。[24]是以君子笃于礼而薄于利,要其人而不要其土[25],告从不赦,不详[26]。吾以不详道民,灾及吾身,何日之有[27]?"既则晋师之救郑者至,曰:"请战。"庄王许诺。将军子重谏曰:"晋,大国也,王师淹病[28]矣,君请勿许也。"庄王曰:"弱者吾威之,强者吾辟[29]之,是以使寡人无以立乎天下?"令之还师而逆晋寇。庄王鼓之,晋师大败。晋众之走者,舟中之指可掬[30]矣。庄王曰:

子重劝谏说:"(我们的国都)南郢与郑国相距几千里,大夫们为此而死的有数人,打柴的、挑水的、养马的、煮饭的(等一般士卒)为此而死的有数百人,现在君攻克了郑国却不占有(它),莫不是凭空耗费了臣民的精力吗?"庄王说:"在古代,不是饮食器具(堆积因而)破裂,不是皮裘(收藏到)被虫蛀坏(财物有剩余),就不敢出来到四方从事征伐。所以君子对礼看得重、对利看得轻,只要他们的人服罪,就不要他们的土地,(人家)请求服从而不宽赦,就不吉利。我用(结果将)不吉利的用心去引导百姓,灾祸来到我的身上,还有几天?"随后援救郑国的晋军到达,说:"请允许与你作战!"庄王答应。将军子重劝谏说:"晋是大国,(兵强,)王的军队在外征战日久,已耗损困顿了,君请不要同意!"庄王说:"弱的我就威逼侵凌它,强的我就躲避它,这会使寡人没有在天下立身的凭借。"命令他回军迎击晋寇。庄王鸣鼓指挥攻击,晋军大败。晋兵败逃的(争着上船,船上的人用刀砍断扳着船舷要上去的人的手指,以致被砍断)掉在船中的手指头多得可以用手捧。庄王说:"唉!是我

"嘻！吾两君不相好,百姓何罪？"令之还师而佚[31]晋寇。

(和晋侯)两个国君不相好,百姓有什么罪？"命令(子重)回兵,使晋寇(渡过邲水)离去。

[注释] 1 邲(bì)：郑地,在今河南荥阳东北。 2 皇门：郑国都之城门。 3 放(fǎng)：到,至。 4 衢(qú)：道路,四通八达的道路。 5 肉袒：去衣露体。 6 茅旌：即旄旌,以牦牛尾或兼用彩色羽毛为竿头装饰的旗。 7 鸾刀：刀环有铃的刀,本用于祭祀时割牲。 8 边垂：即"边陲",边疆之意。 9 沛：盛怒的样子。 10 丧人：丧地失国之人,郑伯自称。 11 锡：赐,赐予。 12 不毛之地：贫瘠的土地。 13 一二耋(dié)老：几个老弱无能之人。耋老,老人。古注以为六十岁曰耋,七十岁曰老。 14 绥焉：安处于此。绥,安。 15 唯君王之命：唯君王之命是从,听从君王您的命令,是唯一选择。前文有"请"字,表示尊敬。 16 交易为言：往来说话(无礼)。 17 微：轻微渺小,庄王自谓以轻微渺小之身。 18 手旌：手执旌旗。 19 扔(huī)：指挥,挥动。 20 退舍：犹如说后退。 21 南郢：楚国都。 22 厮役扈养：刈草析薪者为厮,汲水浆者为役,养马者为扈,炊烹者为养。泛指仆役。 23 杅(yú)：同"盂",盛浆汤等的器皿。杯子盆子之类。 24 此句意谓：出门必有所耗费,这是常事。 25 要其人而不要其土：得其人之心服,而必占领其领土。 26 详：通"祥",吉利。 27 何日之有：还有多少日子可以过呢？意思是,这样做不要很久就会灭亡了。 28 淹病：在外滞留久而致衰弱。 29 辟：逃避,不与接战。 30 舟中之指可掬：谓晋军乘舟败逃,先登舟者斩断后扳舟者之手指,指落舟中可掬,言其多。掬,捧。 31 佚：通"逸",逃逸。让晋败军逃生。

【经】秋,七月。

【经】秋季,七月。

【经】冬,十有二月,

【经】冬季,十二月,戊寅日,楚子

戊寅,楚子灭萧[1]。

【经】晋人、宋人、卫人、曹人同盟于清丘[2]。

【经】宋师伐陈。

【经】卫人救陈。

灭亡萧国。

【经】晋国人、宋国人、卫国人、曹国人在清丘同盟。

【经】宋军攻打陈国。

【经】卫国人援救陈国。

[注释] 1 萧:宋之附庸国,在今安徽萧县。 2 清丘:卫地,在今河南濮阳东南。

宣公十三年

[原文]

【经】十有三年,春,齐师伐卫。

【经】夏,楚子伐宋。

【经】秋,螟。

【经】冬,晋杀其大夫先縠。

[译文]

【经】鲁宣公十三年,春季,齐军攻伐卫国。

【经】夏季,楚子攻伐宋国。

【经】秋季,发生蝗灾。

【经】冬季,晋国杀它的大夫先縠。

宣公十四年

[原文]

【经】十有四年,春,卫杀其大夫孔达。

[译文]

【经】鲁宣公十四年,春季,卫杀死它的大夫孔达。

【经】夏,五月,壬申,曹伯寿[1]卒。

【经】晋侯伐郑。

【经】秋,九月,楚子围宋。

【经】葬曹文公。

【经】冬,公孙归父会齐侯于榖[2]。

【经】夏季,五月,壬申日,曹伯寿去世。

【经】晋侯攻伐郑国。

【经】秋季,九月,楚子包围宋国。

【经】安葬曹文公。

【经】冬季,公孙归父在榖地会见齐侯。

注释 1 曹伯寿:曹文公,名寿。 2 榖:齐地,在今山东东阿县旧治东阿镇。

宣公十五年

[原文]

【经】十有五年,春,公孙归父会楚子于宋。

【经】夏,五月,宋人及楚人平。

【传】外平不书,此何以书?大其平乎己[1]也。何大其平乎己?庄王围宋,军有七日之粮尔,尽此不胜,将去而归尔,于是使司马子反乘堙[2]而窥

[译文]

【经】鲁宣公十五年,春季,公孙归父在宋国会见楚子。

【经】夏季,五月,宋国人与楚国人讲和。

【传】别国媾和照例不记,这里为什么记?褒扬他们两位大夫本人使两国讲和。为什么要褒扬他们两位大夫本人使两国讲和?楚庄王包围宋国,军队只剩有七天的粮食,吃完这些粮食不取胜,就离开(这里)回楚国去,于是派

宋城,宋华元亦乘堙而出见之。司马子反曰:"子之国何如?"华元曰:"惫矣。"曰:"何如?"曰:"易子而食之,析骸而炊之。"司马子反曰:"嘻!甚矣惫!虽然,吾闻之也,围者[3]柑马[4]而秣之[5],使肥者应客,是何子之情[6]也?"华元曰:"吾闻之,君子见人之厄则矜之,小人见人之厄则幸之。吾见子之君子也,是以告情于子也。"司马子反曰:"诺,勉之矣!吾军亦有七日之粮尔,尽此不胜,将去而归尔。"揖而去之,反于庄王。庄王曰:"何如?"司马子反曰:"惫矣!"曰:"何如?"曰:"易子而食之,析骸而炊之。"庄王曰:"嘻!甚矣惫!虽然,吾今取此,然后而归尔。"司马子反曰:"不可。臣已告之矣,军有七日之粮

司马子反登上所筑的土堆窥视宋城,宋国的华元也登上所筑的土堆出来见他。司马子反说:"您的国都里情况怎样?"华元说:"困乏极了!"(子反)说:"怎样(困乏)?"(华元)说:"交换着儿子杀了吃,拆开尸骨作柴烧。"司马子反说:"呀!太困乏了!虽如你所说,我听说,被包围的国家钳制马嘴把粟放在马嘴前面让它吃(以此向敌人表明尚有军粮),使肥胖的人去接应客人(以此表明人们吃饱有余),您把实情表露出来这是为什么?"华元说:"我听说,君子见了人家有困厄就哀怜他,小人见了人家有困厄就幸灾乐祸。我见您是君子,因此把真情告诉给您。"司马子反说:"好的!请勉力坚持了!我军也只剩有七天的粮食,吃完这些不取胜,将离开(这里)回国。"(向华元)作揖,离开了华元回到庄王那里。庄王说:"(情况)怎样?"司马子反说:"(他们)困乏极了!"(庄王)说:"怎样(困乏)?"(回答)说:"交换着儿子杀了吃,拆开尸骨作柴烧。"庄王说:"哟!太困乏了!即使如此,我现在要攻取这城才回去。"司马子反说:"不行。臣已告诉他了,我军只有七天

尔。"庄王怒曰:"吾使子往视之,子曷为告之?"司马子反曰:"以区区之宋,犹有不欺人之臣,可以楚而无乎?是以告之也。"庄王曰:"诺。舍而止。虽然,吾犹取此,然后归尔。"司马子反曰:"然则君请处于此,臣请归尔。"庄王曰:"子去我而归,吾孰与处于此?吾亦从子而归尔!"引师而去之。故君子大其平乎己也。此皆大夫也,其称人何?贬。曷为贬?平者在下也。

的粮食了。"庄王发怒,说:"我是派您前去探视他们的情况,您为什么(把我们的情况)告诉他?"司马子反说:"凭这小小的宋国,仍有不欺骗人的臣子,楚这样的大国却可以没有吗?因此告诉他了。"庄王说:"是的!命令军队修筑营房居住。即使如此,我还是要攻取这城以后再回国。"司马子反说:"那么,请君待在这里,臣请求回国。"庄王说:"您离开我回国,我与谁待在这里?我也跟着您一起回国!"于是带领军队离开宋国。所以君子褒奖他们两个大夫本人使两国媾和。这两个人都是大夫,这里称"人"是为什么?是贬。为什么贬?媾和的是下面的臣子(没有把美名归于国君)。

[注释] 1 大其平乎己(jǐ):赞扬他们两位大夫促成了两国和平相处。己,第三人称代词,这里指代后文出现的华元和子反。 2 堙(yīn):为攻城而堆积的土堆。 3 围者:指被围者。 4 柑马:钳制马口,使它咽不下所喂的食粮。柑,通"钳",钳制。 5 秣(mò)之:以饲料喂马。秣,马饲料。 6 情:实情,坦白实情。

【经】六月,癸卯,晋师灭赤狄潞氏[1],以潞子婴儿归。

【经】六月,癸卯日,晋军灭赤狄潞氏,将潞子婴儿带回国。

【传】潞何以称子？潞子之为善也，躬²足以亡尔。虽然，君子不可不记也。离于夷狄，而未能合于中国。晋师伐之，中国不救，狄人不有³，是以亡也。

【经】秦人伐晋。

【经】王札子杀召伯、毛伯。

【传】王札子者何？长庶⁴之号也。

【传】为什么称"潞子"？潞子向好的方面去做，使自己处于困境而遭灭亡。即使如此，君子不能不记下(他)脱离夷狄，却还不能与中原诸侯相比并。晋军攻伐他，中原诸侯不援救，狄人对他不相亲爱，因此亡国。

【经】秦国人攻伐晋国。

【经】王札子杀死召伯、毛伯。

【传】王札子是什么人？是(先王)最长的庶子的号。

[注释] 1 潞氏：赤狄国名，在今山西长治潞城区。 2 躬：通"穷"，谓处于困境。 3 有：通"友"，谓友好，亲善。 4 长庶：时王周定王的庶长兄。

【经】秋，螽。

【经】仲孙蔑会齐高固于牟娄。

【经】初税亩¹。

【传】初者何？始也。税亩者何？履²亩而税也。初税亩何以书？讥。何讥尔？讥始履亩而税也。何讥

【经】秋季，发生蝗灾。

【经】仲孙蔑在牟娄会见齐国的高固。

【经】初次按亩征税。

【传】"初次"是什么意思？是开始的意思。"按亩征税"是怎么回事？是用步子测量田地的亩数，按亩数征税。初次按亩征税为什么记？是讥讽。讥讽什么？讥讽开始测量田亩征税。开始测量田亩征税为什么要讥讽？古代借民力耕种公

乎始履亩而税?古者什一而藉[3]。古者曷为什一而藉?什一者,天下之中正也。多乎什一,大桀[4]小桀;寡乎什一,大貉[5]小貉。什一者,天下之中正也,什一行,而颂声作矣。

田,实行"什一"税。古代为什么借民力耕种实行"什一"税?因为"什一"税是天下最适中、最公正的税制。征税多于十分之一,就成了大夏桀、小夏桀这样的暴君;少于十分之一,就成了大貉、小貉这样的未进化的部族。"什一"税是天下最适中、最公正的税制,实行什一税制,颂歌就兴起了。

【注释】 1 税亩:按田亩多少征税。 2 履:步履,引申为丈量。 3 什一而藉:按所得十分之一征税。古时传说实行井田制,田九百亩分给八家耕种,每人百亩,收获归私人所有。共耕其中一百亩,作为劳役地租。此劳役地租约为耕者收入的十分之一。 4 桀:夏代最后一个君主,传说他暴虐无道,聚敛无度。 5 貉(mò):北方未进化的部族名。他们没有社稷宗庙百官制度,所以税薄。

【经】冬,蝝[1]生。

【传】未有言蝝生者,此其言蝝生何?蝝生不书,此何以书?幸[2]之也。幸之者何?犹曰受之[3]云尔。受之云尔者何?上[4]变古易常[5],应是而有天灾,其诸则宜于此焉变[6]矣。

【经】饥。

【经】冬季,长出蝝虫。

【传】《春秋》没有记过"长出蝝虫"的,这里说"长出蝝虫"是什么意思?蝝虫长出不记,这里为什么记?是庆幸蝝虫没有造成灾害。庆幸蝝虫没有造成灾害是怎么回事?等于说(宣公)受了这个警告。(宣公)受了这个警告是什么意思? 宣公改换古制,变易常法(按亩征税),和这相应会有天灾,(受了警告)或许(宣公)会从此改过了。

【经】发生饥荒。

[注释] 1 蝝(yuán):幼蝗。 2 幸:是说幸好没有造成灾害。 3 受之:(宣公)接受了上天的这一警告。 4 上:指宣公。 5 变古易常:指宣公"初税亩"这件事。 6 变:改变,这里是说改错。

宣公十六年

[原文]

【经】十有六年,春,王正月,晋人灭赤狄甲氏[1]及留吁[2]。

【经】夏,成周[3]宣谢[4]灾。

【传】成周者何?东周也。宣谢者何?宣宫之谢也。何言乎成周宣谢灾?乐器藏焉尔。成周宣谢灾何以书?记灾也。外灾不书,此何以书?新周[5]也。

【经】秋,郯伯姬[6]来归。

【经】冬,大有年[7]。

[译文]

【经】鲁宣公十六年,春季,周王的正月,晋人灭亡赤狄甲氏与留吁。

【经】夏季,成周的宣谢发生火灾。

【传】成周是什么?是东周。宣谢是什么?是周宣王庙中的谢。为什么要说成周的"宣谢"发生了火灾?(因为宣王中兴时制作的)乐器藏在这里。成周的宣谢发生火灾为什么记?是记灾。我国以外的灾不记,这里为什么记?因为周是当代王室。

【经】秋季,郯伯姬归来(不再回夫家了)。

【经】冬季,大丰收年。

[注释] 1 甲氏:在今河北鸡泽东北。 2 留吁:在今山西屯留南。 3 成周:古城名,传说在今河南洛阳东郊白马寺之东,周成王时周公所筑。 4 谢:通"榭",只有大殿,没有房间的庙堂。 5 新周:当代周王室。 6 郯伯姬:嫁给郯君的鲁女,被驱遣回娘家。 7 大有年:大丰收之年。

宣公十七年

【原文】

【经】十有七年,春,王正月,庚子,许男锡我[1]卒。

【经】丁未,蔡侯申[2]卒。

【经】夏,葬许昭公。

【经】葬蔡文公。

【经】六月,癸卯,日有食之。

【经】己未,公会晋侯、卫侯、曹伯、邾娄子,同盟于断道[3]。

【经】秋,公至自会。

【经】冬,十有一月,壬午,公弟叔肸[4]卒。

【译文】

【经】鲁宣公十七年,春季,周王的正月,庚子日,许男锡我去世。

【经】丁未日,蔡侯申去世。

【经】夏季,安葬许昭公。

【经】安葬蔡文公。

【经】六月,癸卯日,发生日食。

【经】己未日,宣公会见晋侯、卫侯、曹伯、邾娄子,在断道同盟。

【经】秋季,宣公从会盟地回国。

【经】冬季,十一月,壬午日,宣公的同母弟叔肸去世。

【注释】 1 许男锡我:许昭公,名锡我。 2 蔡侯申:蔡文公,名申。 3 断道:晋地,在今山西沁县东北之断梁城。 4 叔肸(xī):宣公同母弟,对宣公不满,自己"织屦而食"。

宣公十八年

[原文]

【经】十有八年,春,晋侯、卫世子臧伐齐。

【经】公伐杞。

【经】夏,四月。

【经】秋,七月,邾娄人戕[1]鄫[2]子于鄫。

【传】戕鄫子于鄫者何?残贼[3]而杀之也。

【经】甲戌,楚子旅[4]卒。

【传】何以不书葬?吴、楚之君不书葬,辟其号[5]也。

【经】公孙归父如晋。

【经】冬,十月,壬戌,公薨于路寝[6]。

【经】归父还自晋,至柽[7],遂奔齐。

【传】还者何?善辞也。何善尔?归父使于

[译文]

【经】鲁宣公十八年,春季,晋侯、卫国世子臧攻伐齐国。

【经】宣公攻伐杞国。

【经】夏季,四月。

【经】秋季,七月,邾娄国人在鄫国残杀鄫子。

【传】在鄫国残杀鄫子是什么意思?是凶残酷虐地把他杀死的。

【经】甲戌日,楚子旅去世。

【传】为什么不记葬?吴、楚之君(僭号称王)不记葬,是避免去称他的王号。

【经】公孙归父到晋国。

【经】冬季,十月,壬戌日,宣公在路寝去世。

【经】归父从晋国回来,走到柽,于是逃亡到齐国。

【传】"回来"是什么意思?是嘉许他的好话。为什么要讲他的好话?归父出使晋国,从晋国回来时,走到柽地,听

晋,还自晋,至柽,闻君薨家遣[8],墠帷[9],哭君成踊[10],反命乎介[11],自是走之齐。

说宣公去世,自己的家族被驱逐,就设坛张帷幕,捶胸顿足,哭君成礼,将使命交给副使(让他回朝报告),从这里逃亡到齐国。

[注释] 1 戕(qiāng):残害,杀害。 2 鄫:国名,姒姓,故城在今山东枣庄东。 3 残贼:残害、肢解。 4 楚子旅:即楚庄王,名旅。 5 辟其号:吴楚之君自称为王,避免称之为王这样的称号。 6 路寝:君主办公的正厅。 7 柽(chēng):在今山东菏泽北之句阳店。 8 家遣:(因先人弑君,)家遭鲁国驱逐。 9 墠(shàn)帷:谓设立祭坛拜祭。墠,整治一块整洁的地面,以作祭祀之用。帷,以布帛围于四周。 10 踊:捶胸顿足,表示哀痛之至。 11 介:副手,助手。

成公

成公元年

【原文】

【经】元年[1],春,王正月,公[2]即位。

【经】二月,辛酉,葬我君宣公。

【经】无冰。

【经】三月,作丘甲[3]。

【传】何以书?讥。何讥尔?讥始丘使[4]也。

【经】夏,臧孙许[5]及晋侯盟于赤棘[6]。

【经】秋,王师败绩于贸戎[7]。

【传】孰败之?盖晋败之,或曰贸戎败之。然则曷为不言晋败之?王者无敌,莫敢当也。

【经】冬,十月。

【译文】

【经】鲁成公元年,春季,周王的正月,成公即位。

【经】二月,辛酉日,安葬我国君宣公。

【经】没有冰冻。

【经】三月,制定丘甲制度。

【传】为什么记?为了讥讽。讥讽什么?讥讽开始按丘役使人民。

【经】夏季,臧孙许与晋侯在赤棘结盟。

【经】秋季,周天子的军队在贸戎大败。

【传】谁打败了他?是晋打败了他,有人说是贸戎打败了他。既然如此,为什么不说是晋打败了他?做王的是无敌的,没有谁敢抵挡。

【经】冬季,十月。

[注释] 1 元年:鲁成公元年,公元前590年。 2 公:鲁成公,名黑肱,宣公子。 3 丘甲:古代军赋制度,九夫为井,四井为邑,四邑为丘,四丘为甸,每甸出甲士三人,步卒七十二人。鲁成公临时增征甲士,改为每丘出一人,称为丘甲。 4 丘使:使每丘出一甲士,加重人民军赋。 5 臧孙许:鲁大夫,时为司寇。又称臧宣叔。 6 赤棘:晋地,在今山西翼城。 7 贸戎:戎之别种,在今山西平陆西南。

成公二年

[原文]

【经】二年,春,齐侯伐我北鄙。

【经】夏,四月,丙戌,卫孙良夫帅师及齐师战于新筑[1],卫师败绩。

【经】六月,癸酉,季孙行父、臧孙许、叔孙侨如、公孙婴齐帅师会晋郤克、卫孙良夫、曹公子手及齐侯战于鞌[2],齐师败绩。

【传】曹无大夫,公子手何以书?忧内[3]也。

[译文]

【经】鲁成公二年,春季,齐侯攻伐我国北部边境地区。

【经】夏季,四月,丙戌日,卫国的孙良夫领兵与齐军在新筑作战,卫军大败。

【经】六月,癸酉日,季孙行父、臧孙许、叔孙侨如、公孙婴齐领兵会同晋国的郤克、卫国的孙良夫、曹国公子手在鞌与齐侯作战,齐军大败。

【传】曹国没有大夫,"公子手"为什么记?因为他参战是为我国操劳。

[注释] 1 新筑:卫地,在今河北魏县东。 2 鞌(ān):齐地,即历下,在今山东济南。 3 忧内:曹姬姓国,与鲁同宗。曹出兵是为助鲁,解除齐对于鲁的威胁和侵蚀。

【经】秋,七月,齐侯使国佐如师。

【经】己酉,及国佐盟于袁娄[1]。

【传】君不使乎大夫[2],此其行使乎大夫何?佚获[3]也。其佚获奈何?师还[4]齐侯,晋郤克投戟[5]逡巡[6],再拜稽首马前。逢丑父者,顷公之车右[7]也,面目与顷公相似,衣服与顷公相似,代顷公当左,使顷公取饮。顷公操饮而至,曰:"革[8]取清者!"顷公用是佚而不反。逢丑父曰:"吾赖社稷之神灵,吾君已免矣。"郤克曰:"欺三军者,其法奈何?"曰:"法斫[9]。"于是斫逢丑父。己酉,及齐国佐盟于袁娄。曷为不盟于师,而盟于袁娄?前此者,晋郤克与臧孙许同时而聘于齐。萧同侄子[10]者,齐

【经】秋季,七月,齐军派遣国佐到军队。

【经】己酉日,与国佐在袁娄结盟。

【传】君主(在),不派大夫(去军中),这是齐侯亲自率军,为什么命令大夫前往?因为齐侯在被俘前逃走了。他是怎样逃走的?军队包围了齐侯,(齐军败)晋国郤克投戟后退,在马前拜了又拜,叩头至地。逢丑父是齐顷公的车右,长相与齐顷公相似,衣着服饰也和顷公相似,充当顷公坐在车的左边,命令顷公取水来喝。顷公拿着装有水的器皿来到,(逢丑父)说:"改取清水!"顷公因此逃走不回来了。逢丑父说:"我们靠社稷的神灵使得我们的君主已免于被俘了!"郤克(对执法的人)说:"欺诈三军的,按那法令应当怎样?"(执法的人回答)说:"按法令当斩。"于是斩逢丑父。己酉日,与齐国的国佐在袁娄结盟。为什么不在军中结盟,而在袁娄结盟?在这之前,晋国的郤克与臧孙许同时在齐国聘问。萧同侄子是齐君的母亲,她登上跳板观看客人,见客人有一个跛,有一个瞎了一只眼。于是就派跛子迎接跛子,派瞎了一只眼睛的去迎接瞎了一只眼睛的。这两

君之母也,踊于棓[11]而窥客,则客或跛或眇[12],于是使跛者迓跛者,使眇者迓眇者。二大夫出,相与踦闾[13]而语,移日然后相去。齐人皆曰:"患之起,必自此始!"二大夫归,相与率师为鞌之战。齐师大败,齐侯使国佐如师。郤克曰:"与我纪侯之甗[14],反鲁、卫之侵地,使耕者东亩[15],且以萧同侄子为质,则吾舍子矣。"国佐曰:"与我纪侯之甗,请诺。反鲁、卫之侵地,请诺。使耕者东亩,是则土齐[16]也。萧同侄子者,齐君之母也,齐君之母,犹晋君之母也,不可。请战!一战不胜,请再;再战不胜,请三;三战不胜,则齐国尽子之有也,何必以萧同侄子为质?"揖而去之。郤克眣[17]鲁、卫之使,使

个大夫从齐国出来,(将要分别时)一个站在里门外,一个站在里门内交谈,一直谈到太阳移动了位置才离开。齐国人都说:"国家忧患的产生,必定从这件事开始。"两个大夫回到国内,共同率兵发动鞌之战。齐军大败,齐侯派国佐来(诸侯)军中。郤克说:"把(你们所得的)纪侯的甗给我,归还你们所侵占的鲁国的、卫国的土地,命令耕田的农夫将田亩改为东西向,并且以萧同侄子为人质,我就放了你们!"国佐说:"'把(你们所得的)纪侯的甗给我',这条请允许我们同意。'归还所侵占的鲁国的、卫国的土地',也请允许我们同意。'命令耕田的农夫将田亩改为东西向',这是把齐国的全部土地作为你们的土地;'萧同侄子'是齐君的母亲,齐君的母亲就像晋君的母亲一样(尊贵):这两条是不能答应的。(如果一定要这样,)请求和你们作战!一次不能取胜,请求再次作战;第二次不胜,就第三次作战;第三次还不胜,齐国全为你们所有,为什么一定要以萧同侄子作为人质?"说完作了个揖就离开了他们。郤克用眼睛向鲁国、卫国的使者示意,让他们用国佐所同意的条件为国佐请

以其辞而为之请,然后许之,逮于袁娄而与之盟。 | 求讲和,然后郤克同意了他的条件,追国佐追到袁娄,同他结盟。

[注释] 1 袁娄:齐地,在今山东临淄西。 2 君不使乎大夫:谓国君在此行,当不使大夫出面盟誓,应由君代表国家。 3 佚获:在被俘的情况下逃脱。佚,通"逸"。 4 还:同"环",环绕,围困。 5 戟(jǐ):一种戈矛合一的兵器,可直刺,亦可横击。 6 逡巡(qūnxún):欲进不进,迟疑不决。 7 车右:车乘位在御者右边的武士。类似于保镖。中为驾车人,左是将位。 8 革:改变,句中相当于"另"。 9 斫(zhuó):砍,斩。 10 萧同侄子:萧国(亡于宣公十二年)君主名同的人的侄女。 11 踊于棓(pǒu):登上铺于不平处的跳板。 12 眇(miǎo):一目失明。 13 跨闑(yǐlú):何休注:"闑,当道门。闭一扇,开一扇,一人在外,一人在内曰跨闑。" 14 甗(yǎn):一种炊器,以青铜或陶为之。这里是指齐从纪国所得玉甗。 15 东亩:如晋一般田畴东西向,道路水流也东西向。便于行军通车。 16 土齐:以齐之土地为晋之土地。齐之田畴皆南北向可知。 17 眹:同"瞬",以目示意。

【经】八月,壬午,宋公鲍[1]卒。

【经】庚寅,卫侯遬[2]卒。

【经】取汶阳田。

【传】汶阳田者何?鞌之赂也。

【经】冬,楚师、郑师侵卫。

【经】十有一月,公会楚

【经】八月,壬午日,宋公鲍去世。

【经】庚寅日,卫侯遬去世。

【经】接收汶水北岸的田地。

【传】汶水北岸的田地是什么?是齐国在鞌地的战争失败后送给我们的。

【经】冬季,楚军、郑军侵伐卫国。

【经】十一月,成公在蜀地会见楚国的公子婴齐。

公子婴齐[3]于蜀[4]。

【经】丙申,公及楚人、秦人、宋人、陈人、卫人、郑人、齐人、曹人、邾娄人、薛人、鄫人盟于蜀。

【传】此楚公子婴齐也,其称人何? 得一贬[5]焉尔。

【经】丙申日,成公同楚国人、秦国人、宋国人、陈国人、卫国人、郑国人、齐国人、曹国人、邾娄国人、薛国人、鄫国人在蜀地结盟。

【传】这是楚国公子婴齐,这里称"楚国人"是什么意思? 只在参与结盟这事上贬他一次罢了。

[注释] 1 宋公鲍:宋文公,名鲍。 2 卫侯遬:卫穆公,名遬。 3 公子婴齐:即子重,时为令尹。 4 蜀:鲁地,在今山东泰安西。 5 一贬:上文称"公子婴齐",未贬。这一条称"楚人",只贬这一次。

成公三年

[原文]

【经】三年,春,王正月,公会晋侯、宋公、卫侯、曹伯伐郑。

【经】辛亥,葬卫缪公。

【经】二月,公至自伐郑。

【经】甲子,新宫[1]灾,三日哭。

【传】新宫者何? 宣公之宫也。宣宫,则曷为谓

[译文]

【经】鲁成公三年,春季,周王的正月,成公会同晋侯、宋公、卫侯、曹伯攻伐郑国。

【经】辛亥日,安葬卫缪公。

【经】二月,成公从攻伐郑国回来。

【经】甲子日,新庙发生火灾,(成公率百官)行三日哀哭礼。

【传】新庙是什么? 是宣公的庙。宣公的庙,为什么叫它做新庙? (是成公哀痛他的父亲,)不忍心称(宣

之新宫？不忍言也。其言三日哭何？庙灾三日哭，礼也。新宫灾，何以书？记灾也。

【经】乙亥，葬宋文公。

庙）。这里说"行三日哀哭礼"是为什么？祖庙发生火灾，行三日哀哭礼，是合乎礼制的。新庙发生火灾，为什么记？是记灾。

【经】乙亥日，安葬宋文公。

注释 1 新宫：实指宣公之庙。宫即庙。国君死后二十八月，举行吉禘，奉新死国君之神主入庙。入庙前，原所奉神主必须祧迁。旧神主已迁，新神主未入庙之前，须将旧庙修葺一新，称为新宫。

【经】夏，公如晋。

【经】郑公子去疾率师伐许。

【经】公至自晋。

【经】秋，叔孙侨如率师围棘。

【传】棘者何？汶阳之不服邑也。其言围之何？不听也。

【经】大雩。

【经】晋郤克、卫孙良夫伐将咎如[1]。

【经】冬，十有一月，晋侯使荀庚来聘。

【经】卫侯使孙良夫来聘。

【经】夏季，成公到晋国。

【经】郑国公子去疾率军攻伐许国。

【经】成公从晋国回来。

【经】秋季，叔孙侨如率军包围棘邑。

【传】棘是什么地方？是汶水北岸不肯顺服的邑。这里说包围它是为什么？因为它不听从命令。

【经】举行大雩祭。

【经】晋国的郤克、卫国的孙良夫攻伐将咎如。

【经】冬季，十一月，晋侯派遣荀庚前来聘问。

【经】卫侯派遣孙良夫前来聘问。

【经】丙午日，与荀庚结盟。

【经】丙午,及荀庚盟。

【经】丁未,及孙良夫盟。

【传】此聘也,其言盟何？聘而言盟者,寻旧盟也。

【经】郑伐许。

【经】丁未日,与孙良夫结盟。

【传】这次是来聘问,这里说结盟是什么意思？记聘问又记结盟,是重温过去的盟约。

【经】郑国攻伐许国。

[注释] 1 将咎如：赤狄部落之一。其同种潞氏、甲氏、留吁,已先后为晋所灭。

成公四年

[原文]

【经】四年,春,宋公使华元来聘。

【经】三月,壬申,郑伯坚[1]卒。

【经】杞伯来朝。

【经】夏,四月,甲寅,臧孙许卒。

【经】公如晋。

【经】葬郑襄公。

【经】秋,公至自晋。

【经】冬,城运[2]。

【经】郑伯伐许。

[译文]

【经】鲁成公四年,春季,宋公派华元来聘问。

【经】三月,壬申日,郑伯坚去世。

【经】杞伯前来朝见。

【经】夏季,四月,甲寅日,臧孙许去世。

【经】成公到晋国。

【经】安葬郑襄公。

【经】秋季,成公从晋国回来。

【经】冬季,在运筑城。

【经】郑伯攻伐许国。

【注释】 1 郑伯坚：郑襄公，名坚。 2 运：《左传》《穀梁传》皆作"郓"，鲁有二郓，此为西郓，在今山东郓城东。

成公五年

【原文】

【经】五年，春，王正月，杞叔姬来归[1]。

【经】仲孙蔑如宋。

【经】夏，叔孙侨如会晋荀秀于穀[2]。

【经】梁山[3]崩。

【传】梁山者何？河上之山也。梁山崩，何以书？记异也。何异尔？大也。何大尔？梁山崩，壅河三日不沊[4]。外异不书，此何以书？为天下记异也。

【译文】

【经】鲁成公五年，春季，周王的正月，杞叔姬归来（不再回夫家了）。

【经】仲孙蔑到宋国。

【经】夏季，叔孙侨如在穀地会见晋国的荀秀。

【经】梁山崩塌。

【传】梁山是什么山？是（晋国境内）黄河边上的山。梁山崩塌，为什么记？记异常现象。有什么异常的？非常严重。怎么严重？梁山崩塌，泥石堵塞黄河，三天不流。别国的异事不记，这里为什么记？是为天下记异事。

【注释】 1 来归：嫁到婆家去曰归。返回娘家曰来归。 2 穀：齐地，在今山东东阿县旧治东阿镇。 3 梁山：此梁山属晋，在今陕西韩城，离黄河不远。 4 沊：同"流"，水流的流。

【经】秋，大水。

【经】冬，十有一月，己酉，

【经】秋季，发大水。

【经】冬季，十一月，己酉日，

天王[1]崩。

【经】十有二月,己丑,公会晋侯、齐侯、宋公、卫侯、郑伯、曹伯、邾娄子、杞伯,同盟于虫牢[2]。

周王驾崩。

【经】十二月,己丑日,成公会见晋侯、齐侯、宋公、卫侯、郑伯、曹伯、邾娄子、杞伯,在虫牢同盟。

注释 1 天王:周定王。 2 虫牢:郑地,在今河南封丘北。

成公六年

[原文]

【经】六年,春,王正月,公至自会。

【经】二月,辛巳,立武宫。

【传】武宫者何?武公[1]之宫也。立者何?立者不宜立也。立武宫,非礼也。

【经】取鄟[2]。

【传】鄟者何?邾娄之邑也。曷为不系于邾娄?讳亟[3]也。

【经】卫孙良夫率师侵宋。

【经】夏,六月,邾娄子

[译文]

【经】鲁成公六年,春季,周王的正月,成公从会盟回来。

【经】二月,辛巳日,建立武宫。

【传】武宫是什么?是武公的庙。"建立"是什么意思?"建立"是不应当建立的意思。建立武公庙是不合礼制的。(因为武公在闵公时亲情已尽了。)

【经】夺取鄟。

【传】鄟是什么地方?是邾娄的邑。为什么不把它系在邾娄上?是隐讳(鲁国违背虫牢之盟)太急。

【经】卫国的孙良夫率兵侵伐宋国。

来朝。

【经】公孙婴齐如晋。

【经】壬申,郑伯费[4]卒。

【经】秋,仲孙蔑、叔孙侨如率师侵宋。

【经】楚公子婴齐率师伐郑。

【经】冬,季孙行父如晋。

【经】晋栾书率师侵[5]郑。

【经】夏季,六月,邾娄子来朝见。

【经】公孙婴齐到晋国。

【经】壬申日,郑伯费去世。

【经】秋季,仲孙蔑、叔孙侨如率军侵伐宋国。

【经】楚国公子婴齐率军攻伐郑国。

【经】冬季,季孙行父到晋国。

【经】晋国的栾书领兵侵伐郑国。

[注释] 1 武公:周宣王时鲁国国君。名敖,伯禽五世孙,鲁隐公的曾祖父,鲁成公的九世祖。 2 鄟(zhuān):在今山东郯城东北。 3 亟(jí):急,迫切。 4 郑伯费:郑悼公,名费。 5 侵:字误,当作"救"。上文楚"伐"郑,此当是晋"救"郑。

成公七年

[原文]

【经】七年,春,王正月,鼷鼠[1]食郊牛角。改卜牛,鼷鼠又食其角,乃免牛。

【经】吴伐郯。

【经】夏,五月,曹伯来朝。

[译文]

【经】鲁成公七年,春季,周王的正月,鼷鼠咬伤了准备作郊祀祭品的牛的角。改卜其他的牛,鼷鼠又咬伤了它的角,就把牛释放了。

【经】吴国攻伐郯国。

【经】夏季,五月,曹伯来朝见。

【经】不郊,犹三望。

【经】秋,楚公子婴齐率师伐郑。

【经】公会晋侯、齐侯、宋公、卫侯、曹伯、莒子、邾娄子、杞伯救郑。

【经】八月,戊辰,同盟于马陵[2]。

【经】公至自会。

【经】吴入州来[3]。

【经】冬,大雩。

【经】卫孙林父出奔晋。

【经】不举行郊祭,仍然望祭三个名山大川。

【经】秋季,楚国公子婴齐率军攻伐郑国。

【经】成公会同晋侯、齐侯、宋公、卫侯、曹伯、莒子、邾娄子、杞伯援救郑国。

【经】八月,戊辰日,在马陵同盟。

【经】成公自会盟回来。

【经】吴国人进入州来国。

【经】冬季,举行大雩祭。

【经】卫国的孙林父逃亡到晋国。

[注释] 1 鼷(xī)鼠:鼠类中最小的。 2 马陵:卫地,在今河北大名东南。 3 州来:国名,在今安徽凤台。迭属楚、吴。后来吴王夫差迁蔡昭侯于此,遂改称下蔡。

成公八年

[原文]

【经】八年,春,晋侯使韩穿来言汶阳之田,归之于齐。

【传】来言者何?内辞也,胁我,使我归之也。曷

[译文]

【经】鲁成公八年,春季,晋侯派韩穿来说汶水北岸田地的事,把它归还给齐国。

【传】"来说"是什么意思?是为我国遮脸面的话,实际上是胁迫我国,

为使我归之？鞌之战，齐师大败。齐侯归，吊死视疾，七年不饮酒、不食肉。晋侯闻之曰："嘻！奈何使人之君七年不饮酒、不食肉，请皆反其所取侵地。"

【经】晋栾书帅师侵蔡。

【经】公孙婴齐如莒。

【经】宋公使华元来聘。

【经】夏，宋公使公孙寿来纳币。

【传】纳币不书，此何以书？录伯姬[1]也。

【经】晋杀其大夫赵同、赵括。

命令我国把田地归还给齐国。为什么命令我国把田地归还给齐国？鞌之战，齐国大败。齐侯回国后，吊唁死者，看望病人，七年不喝酒、不吃肉。晋侯听说后，说："呀！怎么能让人家的君主七年不喝酒、不吃肉？请诸侯都归还从齐国获取的侵占的土地。"

【经】晋国的栾书领兵侵伐蔡国。

【经】公孙婴齐到莒国。

【经】宋公派华元来聘问。

【经】夏季，宋公派公孙寿来下聘礼。

【传】下聘礼不记，这里为什么记？是记录伯姬（的事）。

【经】晋国杀它的大夫赵同、赵括。

[注释] 1 录伯姬：记录德行高尚的伯姬的事迹。何休注："伯姬守节，逮火而死，贤，故详录其礼。"事见襄公三十年秋七月经文。伯姬，鲁宣公女，成公妹，母曰穆姜。嫁宋共公，又称共姬。

【经】秋，七月，天子使召伯来锡公命[1]。

【传】其称天子何？"元年，春，王正月"，正也，其余皆通[2]矣。

【经】秋季，七月，天子派召伯前来赐给成公命服。

【传】这里称"天子"是为什么？除"元年，春，王正月"称"王"不变外，其余（称"王"、称"天王"、称"天子"）都是

【经】冬,十月,癸卯,杞叔姬[3]卒。

【经】晋侯使士燮来聘。

【经】叔孙侨如会晋士燮、齐人、邾娄人伐郯。

【经】卫人来媵[4]。

【传】媵不书,此何以书?录伯姬也。

【经】冬季,十月,癸卯日,杞叔姬去世。

【经】晋侯派士燮来聘问。

【经】叔孙侨如会同晋国的士燮、齐国人、邾娄人攻伐郯国。

【经】卫国来送女作陪嫁。

【传】(诸侯)送女作陪嫁不记,这里为什么记?是记录伯姬(的事)。

注释　1 锡命:天子赐予诸侯爵服等的赏命。　2 皆通:意思是说,庄公元年"王使荣叔来锡桓公命",文公元年"天王使毛伯来锡公命",这里说"天子使召伯来锡公命",称"王"、称"天王"、称"天子"都可以,道理是相通的。　3 杞叔姬:鲁女,成公五年被出归鲁。　4 来媵:送女来鲁国作伯姬陪嫁的妾媵。

成公九年

原文

【经】九年,春,王正月,杞伯来逆叔姬之丧以归。

【传】杞伯曷为来逆叔姬之丧以归?内辞也,胁而归之也。

【经】公会晋侯、齐侯、

译文

【经】鲁成公九年,春季,周王的正月,杞伯前来迎接叔姬的灵柩回国。

【传】杞伯为什么来迎接叔姬的灵柩回国?这是我国的隐讳之辞,实际上是胁迫杞国把叔姬的灵柩接回国。

【经】宋公、卫侯、郑伯、曹伯、莒子、杞伯,同盟于蒲[1]。

【经】公至自会。

【经】二月,伯姬归于宋。

【经】成公会见晋侯、齐侯、宋公、卫侯、郑伯、曹伯、莒子、杞伯,在蒲同盟。

【经】成公从会盟回来。

【经】二月,伯姬出嫁到宋国。

[注释] 1 蒲:卫地,在今河南长垣市东。

【经】夏,季孙行父如宋致女[1]。

【传】未有言致女者,此其言致女何?录伯姬也。

【经】晋人来媵。

【传】媵不书,此何以书?录伯姬也。

【经】秋,七月,丙子,齐侯无野[2]卒。

【经】晋人执郑伯。

【经】晋栾书帅师伐郑。

【经】夏季,季孙行父到宋国致女。

【传】《春秋》没有说致女的,这里说致女是什么原因?是记录伯姬的事。

【经】晋人前来送女作陪嫁。

【传】(诸侯)送女作陪嫁不记,这里为什么记?是记录伯姬的事。

【经】秋季,七月,丙子日,齐侯无野去世。

【经】晋人逮捕郑伯。

【经】晋国的栾书领兵攻伐郑国。

[注释] 1 致女:杜预说:"女嫁三月,又使大夫随加聘问,谓之致女。" 2 齐侯无野:齐顷公,名无野。

【经】冬,十有一月,葬齐顷公。

【经】冬季,十一月,安葬齐顷公。

【经】楚公子婴齐帅师伐莒。

【经】庚申,莒溃。

【经】楚人入运[1]。

【经】秦人、白狄伐晋。

【经】郑人围许。

【经】城中城[2]。

【经】楚国公子婴齐领兵攻伐莒国。

【经】庚申日,莒国溃散。

【经】楚国人进入运邑。

【经】秦国人、白狄攻伐晋国。

【经】郑人包围许国。

【经】在内城筑城。

[注释] 1 运:莒邑,在今山东沂水东北。 2 中城:鲁国都曲阜内城。

成公十年

[原文]

【经】十年,春,卫侯之弟黑背[1]率师侵郑。

【经】夏,四月,五卜郊,不从,乃不郊。

【传】其言乃不郊何?不免牲[2],故言乃不郊也。

【经】五月,公会晋侯、齐侯、宋公、卫侯、曹伯伐郑。

【经】齐人来媵。

【传】媵不书,此何以书?录伯姬也。三国来媵,

[译文]

【经】鲁成公十年,春季,卫侯的弟弟黑背率军侵伐郑国。

【经】夏季,四月,五次卜(郊祭吉日),都不从心意,乃不行郊祭。

【传】这里说"乃不行郊祭"是什么意思?是(因为祭牲被盗)不能释放祭牲,所以说"乃不行郊祭"。

【经】五月,成公会同晋侯、齐侯、宋公、卫侯、曹伯攻伐郑国。

【经】齐人前来送女作陪嫁。

【传】(诸侯国)送女作陪嫁(照例)不记,这里为什么记?是记录伯

非礼[3]也,曷为皆以录伯姬之辞言之?妇人以众多为侈[4]也。

【经】丙午,晋侯獳[5]卒。

【经】秋,七月,公如晋。

姬的事。三国来送陪嫁女,不合礼制,为什么都用"记录伯姬的事"来解说?妇人以能容纳多人而不嫉妒为美德。

【经】丙午日,晋侯獳去世。

【经】秋季,七月,成公到晋国。

注释 1 黑背:又称子叔黑背,卫穆公之子,卫定公之弟。 2 不免牲:是说郊天之祭虽不举行,但为郊天所准备的牺牲仍然被宰杀了。 3 非礼:王侯一娶九女,元妃及其侄娣三人,另同姓二国各以媵及侄娣从,共六人。加起来已有九人。今齐又媵及其侄娣三人,所以说非礼。 4 妇人以众多为侈:妇人能容纳多人而不嫉妒,是为美德。侈,大,美。 5 晋侯獳(nòu):晋景公,名獳。

成公十一年

原文

【经】十有一年,春,王三月,公至自晋。

【经】晋侯使郤州来聘。

【经】己丑,及郤州盟。

【经】夏,季孙行父如晋。

【经】秋,叔孙侨如如齐。

【经】冬,十月。

译文

【经】鲁成公十一年,春季,周王的三月,成公从晋国回国。

【经】晋侯派郤州来聘问。

【经】己丑日,与郤州结盟。

【经】夏季,季孙行父到晋国。

【经】秋季,叔孙侨如到齐国。

【经】冬季,十月。

成公十二年

【原文】

【经】十有二年,春,周公出奔晋。

【传】周公者何?天子之三公也。王者无外,此其言出何?自其私土而出也。

【经】夏,公会晋侯、卫侯于沙泽[1]。

【经】秋,晋人败狄于交刚[2]。

【经】冬,十月。

【译文】

【经】鲁成公十二年,春季,周公出逃到晋国。

【传】周公是什么人?是天子的三公之一。对于为王的人,没有国境之内国境之外的提法,这里说出境是什么意思?是从他们自己的封国内出逃。

【经】春季,成公在沙泽会见晋侯、卫侯。

【经】秋季,晋国人在交刚打败狄。

【经】冬季,十月。

【注释】 1 沙泽:晋地,在今河北涉县。 2 交刚:晋地,在今山西隰县。

成公十三年

【原文】

【经】十有三年,春,晋侯使郤锜[1]来乞师。

【译文】

【经】鲁成公十三年,春季,晋侯派郤锜来请求出兵。

【经】三月，公如京师。

【经】夏，五月，公自京师，遂会晋侯、齐侯、宋公、卫侯、郑伯、曹伯、邾娄人、滕人伐秦。

【传】其言自京师何？公凿行[2]也。公凿行奈何？不敢过天子[3]也。

【经】曹伯庐[4]卒于师。

【经】秋，七月，公至自伐秦。

【经】冬，葬曹宣公。

【经】三月，成公到京师。

【经】夏季，五月，成公从京师出来，于是会同晋侯、齐侯、宋公、卫侯、郑伯、曹伯、邾娄国人、滕国人攻伐秦国。

【传】这里说"从京师"是什么意思？成公（本是会诸侯攻伐秦国，到京师是）有意而行。成公怎么有意而行？（道经京师，）不敢经过天子所在地（而不朝见天子）。

【经】曹伯庐在军中去世。

【经】秋季，七月，成公从攻伐秦国回国。

【经】冬季，安葬曹宣公。

注释 1 郤锜(qí)：晋大夫，郤克之子，又称驹伯。 2 凿行：（本意伐秦而）另生事端，有意修朝天子之礼。凿，何休注："犹更造之意。" 3 不敢过天子：不敢过天子而不朝。 4 曹伯庐：曹宣公，名庐。

成公十四年

原文

【经】十有四年，春，王正月，莒子朱[1]卒。

【经】夏，卫孙林父[2]自晋归于卫。

译文

【经】鲁成公十四年，春季，周王的正月，莒子朱去世。

【经】夏季，卫国孙林父从晋国回到卫国。

【经】秋,叔孙侨如如齐逆女[3]。

【经】郑公子喜[4]率师伐许。

【经】九月,侨如以夫人妇[5]姜氏至自齐。

【经】冬,十月,庚寅,卫侯臧[6]卒。

【经】秦伯[7]卒。

【经】秋季,叔孙侨如到齐国去迎接齐女。

【经】郑国公子喜领兵攻伐许国。

【经】九月,侨如带领夫人媳妇姜氏从齐国到来。

【经】冬季,十月,庚寅日,卫侯臧去世。

【经】秦伯去世。

[注释] 1 莒子朱:莒渠丘公,名朱。 2 孙林父:卫大夫,孙良夫之子,于成公七年奔晋。 3 逆女:为鲁成公迎接夫人。 4 公子喜:郑穆公子,字子罕。 5 妇:当时鲁宣公夫人穆姜尚在,新妇有姑,故称妇。 6 卫侯臧:卫定公,名臧。 7 秦伯:秦桓公,名荣。

成公十五年

[原文]

【经】十有五年,春,王二月,葬卫定公。

【经】三月,乙巳,仲婴齐[1]卒。

【传】仲婴齐者何?公孙婴齐也。公孙婴齐则曷为谓之仲婴齐?为兄后

[译文]

【经】鲁成公十五年,春季,周王的二月,安葬卫定公。

【经】三月,乙巳日,仲婴齐去世。

【传】仲婴齐是谁?是公孙婴齐。公孙婴齐为什么叫他仲婴齐?因为他做了哥哥的后人。做哥哥的后人,为什么叫他仲婴齐?做别人的后人就是

也。为兄后,则曷为谓之仲婴齐?为人后者为之子也。为人后者为其子,则其称仲何?孙以王父字为氏也。然则婴齐孰后?后归父也。归父使于晋而未反,何以后之?叔仲惠伯[2]傅子赤者也,文公死,子幼,公子遂谓叔仲惠伯曰:"君幼如之何?愿与子虑之。"叔仲惠伯曰:"吾子相之,老夫抱之,何幼君之有?"公子遂知其不可与谋,退而杀叔仲惠伯,弑子赤而立宣公。宣公死,成公幼,臧宣叔[3]者相也,君死不哭,聚诸大夫而问焉:"昔者叔仲惠伯之事孰为之?"诸大夫皆杂然[4]曰:"仲氏也。其然乎?"于是遣归父之家,然后哭君。归父使乎晋,还自晋,至柽,闻君薨家遣,坛帷,哭君成踊,反命于介,自是走之齐。鲁人徐[5]伤归父之无后也,于是使婴齐后之也。

做别人的儿子。做别人的后人就是做别人的儿子,为什么称"仲"呢?因为孙子是以祖父的字为氏的(做哥哥的后人,原来的父亲成了祖父,因此以原来父亲的字仲遂的"仲"为氏)。既然如此,那么婴齐是做谁的后人?是做归父的后人。归父出使晋国一直没有回来,为什么给他立后人?叔仲惠伯辅佐子赤,文公死,儿子年幼,公子遂对叔仲惠伯说:"新君年幼,对他怎么办?希望和你一同谋划这件事。"叔仲惠伯说:"先生您辅佐他,老夫我佐助他,存在什么年幼的问题?"公子遂知道不能和他一同谋划,回去就杀了叔仲惠伯,杀了子赤,立宣公。宣公死,成公年幼,臧宣叔为相,君主死了不哭泣,召集各大夫问他们说:"以前叔仲惠伯的死是谁干的?"各大夫纷纷说:"是仲氏。难道不是这样吗?"于是驱逐归父的家族,这才来悼哭君主。归父出使到晋国,从晋国回来,走到柽,听说君主薨,自己的家族被驱逐,就设坛张帷幕,捶胸顿足,哭君主成礼,将使命交给副使(让他回朝报告),从这里逃跑到齐国。后来鲁人都怜悯他在鲁国没有后人,于是让婴齐做他的后人。

[注释] 1 仲婴齐:仲遂之子,公孙归父之弟。仲遂之死,见宣公八年。归父奔齐,见宣公十八年。仲遂受赐为仲氏,故其子孙称仲氏。 2 叔仲惠伯:鲁宗族,又称叔仲,叔彭生。 3 臧宣叔:鲁大夫,又称臧孙许,臧孙,曾率师参加鞌之战。 4 杂然:犹如说纷纷。 5 徐:皆,都。

【经】癸丑,公会晋侯、卫侯、郑伯、曹伯、宋世子成、齐国佐、邾娄人,同盟于戚[1]。

【经】晋侯执曹伯[2]归之于京师。

【经】公至自会。

【经】夏,六月,宋公固[3]卒。

【经】楚子伐郑。

【经】秋,八月,庚辰,葬宋共公。

【经】宋华元[4]出奔晋。

【经】宋华元自晋归于宋。

【经】宋杀其大夫山[5]。

【经】宋鱼石出奔楚。

【经】癸丑日,成公会见晋侯、卫侯、郑伯、曹伯、宋国世子成、齐国的国佐、邾娄人,在戚同盟。

【经】晋侯逮捕曹伯,把他送到京师。

【经】成公从会盟回国。

【经】夏季,六月,宋公固去世。

【经】楚子攻伐郑国。

【经】秋季,八月,庚辰日,安葬宋共公。

【经】宋国的华元出逃到晋国。

【经】宋国的华元从晋国回到宋国。

【经】宋国杀它的大夫山。

【经】宋国的鱼石出逃到楚国。

[注释] 1 戚:卫地,在今河南濮阳北。其地濒河,为交通要道。 2 晋侯执曹伯:曹伯,即曹成公,名负刍,曹宣公庶子。鲁成公十三年,曹宣公死于伐秦联军的军中,负刍杀太子自立。晋侯因诸侯之请,于今年会诸侯,抓捕曹伯,送他到周王那里定罪。 3 宋公固:宋共公,名固。

4 华元:宋宗族,为右师。华元为宋戴公之后,属戴族。他与桓族(宋桓公之后)的司马荡泽、左师鱼石互相攻杀。 5 山:宋司马荡泽,名山,又称子山。

【经】冬,十有一月,叔孙侨如会晋士燮、齐高无咎、宋华元、卫孙林父、郑公子鳅、邾娄人,会吴于钟离[1]。

【传】曷为殊会吴?外吴也。曷为外也?《春秋》内其国而外诸夏,内诸夏而外夷狄。王者欲一乎天下,曷为以外内之辞言之?言自近者始也。

【经】许迁于叶[2]。

【经】冬季,十一月,叔孙侨如会晋国的士燮、齐国的高无咎、宋国的华元、卫国的孙林父、郑国公子鳅、邾娄人,在钟离与吴相会。

【传】为什么(先写他们相会,然后)另外写他们与吴相会?是把吴当外人。为什么把吴当外人?《春秋》(对本国与华夏各国是)以本国为内,以华夏各国为外;(对华夏各国与夷狄国是)以华夏各国为内,以夷狄国为外。王者要使天下成为大一统,为什么用外、内的词语说它?这是说(治天下)从近处开始。

【经】许国迁都到(楚国的)叶。

[注释] 1 钟离:楚邑,在今安徽凤阳东。 2 许迁于叶:许灵公畏逼于郑,请迁于楚。楚公子申迁许于叶。叶在今河南叶县南。迁叶后,许成为楚的附庸。

成公十六年

【原文】

【经】十有六年,春,王正月,雨,木冰。

【传】雨木冰者何?雨而木冰也。何以书?记异也。

【经】夏,四月,辛未,滕子[1]卒。

【经】郑公子喜帅师侵宋。

【经】六月,丙寅,朔,日有食之。

【经】晋侯使栾黡[2]来乞师。

【经】甲午,晦。

【传】晦者何?冥也。何以书?记异也。

【译文】

【经】鲁成公十六年,春季,周王的正月,雨落到树上结成冰。

【传】"雨落到树上结成冰"是什么意思?是下雨,树(表面)上结了冰。为什么记?记异常现象。

【经】夏季,四月,辛未日,滕子去世。

【经】郑国公子喜领兵侵伐宋国。

【经】六月,丙寅日,朔日,发生日食。

【经】晋侯派栾黡来请求出兵。

【经】甲午日,晦。

【传】"晦"是什么意思?是黑暗的意思。为什么记?记异常现象。

【注释】 1 滕子:滕文公。 2 栾黡(yǎn):晋国大夫。

【经】晋侯及楚子、郑伯战于鄢陵[1]。楚子、郑师败绩。

【经】晋侯与楚子、郑伯在鄢陵作战。楚子、郑军大败。

【传】打败的称军,(楚败了)为

【传】败者称师,楚何以不称师?王痍²也。王痍者何?伤乎矢也。然则何以不言师败绩?末言尔³。

【经】楚杀其大夫公子侧⁴。

什么不称楚军败?因为楚王受了伤。楚王受的什么伤?是被箭射伤。那么为什么不说"楚军大败"?(说军队大败比起王受伤来)只是小意思罢了。

【经】楚国杀它的大夫公子侧。

注释 1 鄢陵:郑地,在今河南鄢陵西北。 2 王痍(yí):楚王受伤了。 3 末言尔:(对于王受伤来说,)已无足道了。末,无。 4 公子侧:楚宗室,又称子反,司马子反,这次鄢陵之战的楚军统帅。

【经】秋,公会晋侯、齐侯、卫侯、宋华元、邾娄人于沙随¹,不见公。公至自会。

【传】不见公者何?公不见见²也。公不见见,大夫执。何以致会³?不耻也。曷为不耻?公幼也。

【经】秋季,成公与晋侯、齐侯、卫侯、宋国华元、邾娄人在沙随聚会,(他们)不见成公。成公从集会回国。

【传】"不见成公"是什么意思?是成公没有被接见。成公没有被接见,大夫被捕,为什么还记从聚会回国?是不以这些耻辱为耻辱。为什么不以这些耻辱为耻辱?因为成公年幼。

注释 1 沙随:宋地,在今河南宁陵西北。 2 不见见:不被接见。栾黡乞师,鲁未与师。 3 致会:国君与会,归来告至于庙。据庄公六年传例,"得意致会",此次鲁成公不被接见,大夫季孙行父被捕,自然是不得意,而经文说"公至自会",于是设为疑问。

【经】公会尹子、晋侯、齐国佐、邾娄人伐郑。

【经】曹伯归自京师。

【传】执而归者名,曹伯何以不名?而不言复归于曹何?易也。其易奈何?公子喜时[1]在内也。公子喜时在内则何以易?公子喜时者,仁人也,内平其国而待之,外治诸京师而免之。其言自京师何?言甚易也,舍是无难矣。

【经】成公会同尹子、晋侯、齐国佐、邾娄人攻伐郑国。

【经】曹伯从京师归来。

【传】诸侯被捕而得回国的应当记名,曹伯为什么不记名?又不说"复归"到曹国是为什么?是因为他回来得容易。他怎么会回来得容易的?因为公子喜时在国内。公子喜时在国内为什么会容易?公子喜时是仁人,在国内调和平息臣民的意见,使他们一心期待曹伯的归来;于国外,在京师活动,要求释放曹伯。这里说"从京师归来"(而不说回到曹国)是什么意思?是说回来得特别容易。从京师释免回来再没有危难了。

[注释] 1 公子喜时:曹宗室,曹伯负刍之弟,又称子反,公子欣时。

【经】九月,晋人执季孙行父,舍之于招丘[1]。

【传】执未有言舍之者,此其言舍之何?仁之也。曰:"在招丘悕矣[2]。"执未有言仁之者,此其言仁之何?代公执也。其代公执奈何?前此者,晋人来乞师而不与,公会晋

【经】九月,晋国人逮捕季孙行父,拘押在招丘。

【传】记逮捕不可以记拘押,这里记拘押他是为什么?是敬爱他。等于说:"拘押在招丘可悲啊!"被捕的人没有说敬爱他,这里在说敬爱他是什么缘故?因为他是代替成公被逮捕的。他代替成公被逮捕是怎么回事?在这之前,晋国人前来请求出兵没有答应。成

侯,将执公。季孙行父曰:"此臣之罪也。"于是执季孙行父。成公将会厉公,会不当期,将执公。季孙行父曰:"臣有罪,执其君;子有罪,执其父:此听失之大者³也。今此臣之罪也,舍臣之身,而执臣之君,吾恐听失之为宗庙羞也。"于是执季孙行父。

公会晋侯,晋侯将逮捕成公。季孙行父说:"这是我的罪过。"(晋侯)于是逮捕季孙行父。成公将会厉公,会的时间不是原先约定的时间,(厉公)将逮捕成公。季孙行父说:"臣子有罪,逮捕他的君主;儿子有罪,逮捕他的父亲:这在决断上是失误最大的。现在这是我这个臣子的罪过,放下臣子本身却逮捕臣子的君主,我恐怕决断上的失误会成为祖宗的耻辱。"于是逮捕季孙行父。

注释 1 招丘:晋地,在今山西垣曲东。 2 悕(xī)矣:可悲啊! 3 听失之大者:听政治狱的大失误。

【经】冬,十月,乙亥,叔孙侨如¹出奔齐。

【经】十有二月,乙丑,季孙行父及晋郤州盟于扈²。

【经】公至自会。

【经】乙酉,刺公子偃³。

【经】冬季,十月,乙亥日,叔孙侨如出逃到齐国。

【经】十二月,乙丑日,季孙行父和晋国的郤州在扈结盟。

【经】成公从会(诸侯伐郑)回来。

【经】乙酉日,刺杀公子偃。

注释 1 叔孙侨如:鲁大夫,又称叔孙宣伯。 2 扈:郑地,在今河南原阳西。 3 公子偃:成公庶弟,参与政变被杀。

成公十七年

[原文]

【经】十有七年,春,卫北宫结率师侵郑。

【经】夏,公会尹子、单子[1]、晋侯、齐侯、宋公、卫侯、曹伯、邾娄人伐郑。

【经】六月,乙酉,同盟于柯陵[2]。

【经】秋,公至自会。

【经】齐高无咎出奔莒。

[译文]

【经】鲁成公十七年,春季,卫国的北宫结领兵侵伐郑国。

【经】夏季,成公会同尹子、单子、晋侯、齐侯、宋公、卫侯、曹伯、邾娄国人攻伐郑国。

【经】六月,乙酉日,在柯陵同盟。

【经】秋季,成公从会盟回国。

【经】齐国的高无咎出逃到莒国。

[注释] 1 尹子、单子:都是周王卿士。 2 柯陵:郑地,在今河南许昌南,临颖北。

【经】九月,辛丑,用郊。

【传】用者何? 用者不宜用也,九月,非所用郊也。然则郊曷用? 郊用正月上辛[1]。或曰:用然后郊[2]。

【经】九月,辛丑日,用郊。

【传】"用"是什么意思? "用"是不应该用的意思,九月不是举行郊祭的时候。那么应该在什么时间郊祭? 应该在正月的第一个辛日郊祭。有的说:(不必在正月的第一个辛日,)

【经】晋侯使荀䓖来乞师。

【经】冬,公会单子、晋侯、宋公、卫侯、曹伯、齐人、邾娄人伐郑。

【经】十有一月,公至自伐郑。

卜得吉日就可郊祭。

【经】晋侯派荀䓖来请求出兵。

【经】冬季,成公会同单子、晋侯、宋公、卫侯、曹伯、齐国人、邾娄国人攻伐郑国。

【经】十一月,成公从攻伐郑国回来。

[注释] 1 上辛:第一个辛日。 2 用然后郊:卜日子可用,就可以祭天。说本陈立《公羊义疏》:"用而后郊,谓卜中而后郊也。《说文·用部》:用,可施行也,从卜中会意。故其义即为卜中。卜中而后郊,是不必正月上辛矣。故附载其说,以广异义也。"

【经】壬申,公孙婴齐卒于狸轸[1]。

【传】非此月日也,曷为以此月日卒之?待君命,然后卒大夫。曷为待君命,然后卒大夫?前此者,婴齐走之晋,公会晋侯,将执公,婴齐为公请,公许之反为大夫。归至于狸轸而卒。无君命,不敢卒大夫,公至,曰:"吾固许之反为大夫。"然后卒之。

【经】壬申日,公孙婴齐在狸轸去世。

【传】(壬申)不是这个月的日子,为什么把它挂在这个月上当作公孙婴齐的卒日?因为要等到君主封他为大夫的命令后,才能以大夫的级别记"卒"。为什么要等到君主的命令后,才能以大夫的级别记"卒"?因为在此之前,婴齐逃奔到晋国,成公会见晋侯时,晋侯将逮捕成公,婴齐(在晋侯面前)请求赦免成公,成公许他回国后做大夫。他回国时,走到狸轸就死了。没有君主封他为大夫的命令,不敢以大夫的级别记"卒"。成公回到国内,说:"我本来许诺他回国后为大

【经】十有二月,丁巳,朔,日有食之。

【经】邾娄子貜且卒。

【经】晋杀其大夫郤锜、郤州、郤至。

【经】楚人灭舒庸[3]。

夫!"这以后,(史官才)替他记卒。

【经】十二月,丁巳日,朔日,发生日食。

【经】邾娄子貜且去世。

【经】晋国杀它的大夫郤锜、郤州、郤至。

【经】楚国人灭亡舒庸。

[注释] 1 狸轸:鲁地,在今山东曲阜西。 2 邾娄子貜且(juéjū):邾定公,名貜且。 3 舒庸:东夷群舒小国之一,在今安徽舒城一带。

成公十八年

[原文]

【经】十有八年,春,王正月,晋杀其大夫胥童。

【经】庚申,晋弑其君州蒲[1]。

【经】齐杀其大夫国佐。

【经】公如晋。

【经】夏,楚子、郑伯伐宋。

【经】宋鱼石复入于彭城。

[译文]

【经】鲁成公十八年,春季,周王的正月,晋国杀它的大夫胥童。

【经】庚申日,晋国杀它的君主州蒲。

【经】齐国杀它的大夫国佐。

【经】成公到晋国。

【经】夏季,楚子、郑伯攻伐宋国。

【经】宋国的鱼石再入彭城(为楚戍守)。

【经】公至自晋。
【经】晋侯使士匄²来聘。

【经】成公从晋国回国。
【经】晋侯派遣士匄来聘问。

[注释] 1 州蒲：晋厉公，名州蒲。 2 士匄(gài)：晋大夫，士会孙士燮子，食邑范，谥宣，故又称范宣子。

【经】秋，杞伯来朝。
【经】八月，邾娄子来朝。
【经】筑鹿囿。
【传】何以书？讥。何讥尔？有囿矣，又为也。
【经】己丑，公薨于路寝。
【经】冬，楚人、郑人侵宋。
【经】晋侯使士彭¹来乞师。
【经】十有二月，仲孙蔑²会晋侯、宋公、卫侯、邾娄子、齐崔杼同盟于虚朾³。
【经】丁未，葬我君成公。

【经】秋季，杞伯前来朝见。
【经】八月，邾娄子前来朝见。
【经】建造鹿囿。
【传】为什么记？为了讥讽。讥讽什么？已有园林，又建造园林。
【经】己丑日，成公在路寝去世。
【经】冬季，楚国人、郑国人侵伐宋国。
【经】晋侯派士彭来请求出兵。
【经】十二月，仲孙蔑与晋侯、宋公、卫侯、邾娄子、齐国的崔杼在虚朾同盟。
【经】丁未日，安葬我国君主成公。

[注释] 1 士彭：晋大夫，士会子，食邑彘，又称彘季。 2 仲孙蔑：鲁宗室，又称孟孙，孟献子，献子，或称蔑。 3 虚朾(chēng)：宋地，确址不详。

襄公

襄公元年

[原文]

【经】元年[1],春,王正月,公[2]即位。

【经】仲孙蔑会晋栾黡、宋华元、卫甯殖、曹人、莒人、邾娄人、滕人、薛人围宋彭城[3]。

【传】宋华元曷为与诸侯围宋彭城?为宋诛也。其为宋诛奈何?鱼石走之楚,楚为之伐宋,取彭城以封鱼石。鱼石之罪奈何?以入是为罪也。楚已取之矣,曷为系之宋?不与诸侯专封也。

[译文]

【经】鲁襄公元年,春季,周王的正月,襄公即位。

【经】仲孙蔑会同晋国的栾黡、宋国的华元、卫国的甯殖、曹国人、莒国人、邾娄国人、滕国人、薛国人包围宋国的彭城。

【传】宋国的华元为什么与诸侯国一起去包围宋国的彭城?他是替宋国诛讨。他怎么替宋国诛讨?鱼石逃到楚国,楚国替他攻伐宋国,夺取彭城封给鱼石。鱼石的罪过怎样?进入彭城(据守)是他的罪过。楚国已经夺取彭城了,为什么又把它系在宋国之下?(这是)不承认诸侯专封的权利。

[注释] 1 元年:鲁襄公元年,公元前572年。 2 公:襄公,名午。成公之子,母定姒。即位时年仅4岁。 3 彭城:今徐州地,时为宋叛臣鱼石等所据,鱼石等为楚所支持。

【经】夏,晋韩屈[1]帅师伐郑。

【经】仲孙蔑会齐崔杼、曹人、邾娄子、杞人,次于合[2]。

【经】秋,楚公子壬夫[3]帅师侵宋。

【经】九月,辛酉,天王[4]崩。

【经】邾娄子[5]来朝。

【经】冬,卫侯使公孙剽[6]来聘。

【经】晋侯使荀䓨[7]来聘。

【经】夏季,晋国的韩屈领兵攻伐郑国。

【经】仲孙蔑会同齐国的崔杼、曹国人、邾娄国人、杞国人,驻扎在合。

【经】秋季,楚公子壬夫领兵侵伐宋国。

【经】九月,辛酉日,周王驾崩。

【经】邾娄子来朝见。

【经】冬季,卫侯派遣公孙剽来聘问。

【经】晋侯派遣荀䓨来聘问。

[注释] 1 韩屈:晋大夫,将中军,又称韩献子。《左传》作"韩厥"。 2 合:郑地,在今河南睢县东南。 3 壬夫:子反(公子侧)之弟,又称子辛。 4 天王:周简王。 5 邾娄子:邾宣公。 6 公孙剽:卫穆公之孙,卫定公弟子叔黑背之子。 7 荀䓨:晋臣,又称知䓨,知武子,荀首(荀庄子)之子。

襄公二年

[原文]

【经】二年,春,王正月,葬简王。

【经】郑师伐宋。

【经】夏,五月,庚寅,夫人姜氏[1]薨。

【经】六月,庚辰,郑伯睔[2]卒。

【经】晋师、宋师、卫甯殖侵郑。

[译文]

【经】鲁襄公二年,春季,周王的正月,安葬周简王。

【经】郑军攻伐宋国。

【经】夏季,五月,庚寅日,夫人姜氏去世。

【经】六月,庚辰日,郑伯睔去世。

【经】晋军、宋军、卫国的甯殖侵伐郑国。

[注释] 1 姜氏:鲁成公夫人。 2 郑伯睔(gùn):郑成公,名睔。

【经】秋,七月,仲孙蔑会晋荀䓨、宋华元、卫孙林父、曹人、邾娄人于戚[1]。

【经】己丑,葬我小君齐姜[2]。

【传】齐姜者何?齐姜与缪姜[3],则未知其为宣夫人与,成夫人与。

【经】叔孙豹[4]如宋。

【经】秋季,七月,仲孙蔑与晋国的荀䓨、宋国的华元、卫国的孙林父、曹国人、邾娄国人在戚聚会。

【经】己丑日,安葬我国君夫人齐姜。

【传】齐姜是什么人?齐姜与缪姜二人,不知谁是宣公夫人,谁是成公夫人。

【经】叔孙豹到宋国。

[注释] 1 戚:卫邑,在今河南濮阳北。 2 齐姜:此齐姜为成公夫人。 3 缪姜:宣公夫人,成公之母。 4 叔孙豹:鲁大夫,叔孙侨如之弟,又称穆叔。

【经】冬,仲孙蔑会晋荀䓨、齐崔杼、宋华元、卫孙林父、曹人、邾娄人、滕人、薛人、小邾娄人于戚,遂城虎牢[1]。

【传】虎牢者何?郑之邑也。其言城之何?取之也。取之则曷为不言取之?为中国讳也。曷为为中国讳?讳伐丧[2]也。曷为不系乎郑?为中国讳也。大夫无遂事,此其言遂何?归恶乎大夫也。

【经】楚杀其大夫公子申[3]。

【经】冬季,仲孙蔑与晋国的荀䓨、齐国的崔杼、宋国的华元、卫国的孙林父、曹国人、邾娄国人、滕国人、薛国人、小邾娄国人在戚聚会,接着就在虎牢筑城。

【传】虎牢是什么地方?是郑国的邑。这里说修筑虎牢城是什么意思?是已夺取了它。既然已夺取了它,为什么不说夺取了它?是替中原诸侯国隐讳。为什么要替中原诸侯国隐讳?隐讳它们攻伐有国丧的国家。(既是郑国的邑,)为什么不系在郑国下?也是替中原诸侯(乘郑之丧夺取郑邑)隐讳。大夫不能在办一件事时擅自接着去办另一件事,这里用"接着就"是什么意思?是把(取虎牢的)罪过归到大夫们身上。

【经】楚国杀它的大夫公子申。

[注释] 1 虎牢:邑名。在今河南荥阳汜水镇。城筑在山上,形势险要,为军事重镇。 2 伐丧:郑成公六月死,诸侯此时乘其丧占领虎牢,是谓伐丧。 3 公子申:楚宗室,时为右司马。想必是权斗致死。

襄公三年

【原文】

【经】三年,春,楚公子婴齐帅师伐吴。

【经】公如晋。

【经】夏,四月,壬戌,公及晋侯盟于长樗[1]。

【经】公至自晋。

【经】六月,公会单子[2]、晋侯、宋公、卫侯、郑伯、莒子、邾娄子、齐世子光,己未,同盟于鸡泽[3]。

【经】陈侯使袁侨如会。

【传】其言如会何?后会也。

【经】戊寅,叔孙豹及诸侯之大夫,及陈袁侨盟。

【传】曷为殊及陈袁侨?为其与袁侨盟也。

【经】秋,公至自会。

【经】冬,晋荀䓨帅师伐许。

【译文】

【经】鲁襄公三年,春季,楚国公子婴齐领兵攻伐吴国。

【经】襄公到晋国。

【经】夏季,四月,壬戌日,襄公及晋侯在长樗盟誓。

【经】襄公从晋国回来。

【经】六月,襄公与单子、晋侯、宋公、卫侯、郑伯、莒子、邾娄子、齐国世子光相会,己未日,在鸡泽同盟。

【经】陈侯派袁侨到会。

【传】这里说"到会"是什么意思?是会开完后他才到。

【经】戊寅日,叔孙豹及诸侯们的大夫及陈国的袁侨结盟。

【传】(前面已说了及大夫们)为什么特别说"及陈国的袁侨"?是因为(叔孙豹和各大夫)他们作为一体与陈国的袁侨结盟的。

【经】秋季,襄公从会盟回来。

【经】冬季,晋国的荀䓨领兵攻伐许国。

[注释] 1 长樗(chū):晋地,晋都之郊邑。 2 单子:周臣,又称单顷公。 3 鸡泽:晋地,在今河北邯郸东。

襄公四年

[原文]

【经】四年,春,王三月,己酉,陈侯午[1]卒。

【经】夏,叔孙豹如晋。

【经】秋,七月,戊子,夫人弋氏[2]薨。

【经】葬陈成公。

【经】八月,辛亥,葬我小君定弋。

【传】定弋者,襄公之母也。

【经】冬,公如晋。

【经】陈人围顿[3]。

[译文]

【经】鲁襄公四年,春季,周王的三月,己酉日,陈侯午去世。

【经】夏季,叔孙豹到晋国。

【经】秋季,七月,戊子日,夫人弋氏去世。

【经】安葬陈成公。

【经】八月,辛亥日,安葬我国君夫人定弋。

【传】定弋,是襄公的母亲。

【经】冬季,襄公到晋国。

【经】陈国人包围顿国。

[注释] 1 陈侯午:陈定公,名午。 2 弋氏:鲁成公之妾,鲁襄公生母。 3 顿:小国名,姬姓,在今河南项城西。

襄公五年

原文

【经】五年,春,公至自晋。

【经】夏,郑伯使公子发[1]来聘。

【经】叔孙豹、鄫[2]世子巫如晋。

【传】外相如不书,此何以书?为叔孙豹率而与之俱也。叔孙豹则曷为率而与之俱?盖舅出[3]也。莒将灭之,故相与往殆[4]乎晋也。莒将灭之,则曷为相与往殆乎晋?取后乎莒[5]也。其取后乎莒奈何?莒女有为鄫夫人者,盖欲立其出也。

【经】仲孙蔑、卫孙林父会吴于善稻[6]。

译文

【经】鲁襄公五年,春季,襄公从晋国回来。

【经】夏季,郑伯派遣公子发前来聘问。

【经】叔孙豹、鄫国世子巫到晋国。

【传】别国(的大夫)相互聘问不记,这里为什么记?因为是叔孙豹带领他和他一起前去。叔孙豹为什么带领他和他一起前去?因为(巫)是(襄公的)舅舅生的。莒国将灭亡鄫国,所以一同前往(晋国)请晋裁决。莒国将灭亡鄫国,为什么和巫一同前往(晋国)请晋裁决?莒国要鄫立有莒国血统的人为鄫国君主的继承人。从有莒国血统的人中立继承人是怎么回事?因为莒国的女儿有做鄫国夫人的,是要立她所生的儿子(为鄫国君主)。

【经】仲孙蔑、卫国的孙林父在善稻会见吴(人)。

注释 1 公子发:郑宗室,又称子国,郑子产之父。 2 鄫:国名,在今山西枣庄旧峄县东。鲁之附属国。 3 舅出:襄公舅舅所生。 4 殆:

读为"治",治狱的治,这里是说请晋国主持公道,帮巫一把。 5 取后乎莒:是说取消巫的继位资格,而立莒女(之为鄫夫人者)所出为继位人。 6 善稻:吴地,在今安徽盱眙北。

【经】秋,大雩。

【经】楚杀其大夫公子壬夫。

【经】公会晋侯、宋公、陈侯、卫侯、郑伯、曹伯、莒子、邾娄子、滕子、薛伯、齐世子光、吴人、鄫人于戚。

【传】吴何以称人?吴、鄫人云则不辞。

【经】公至自会。

【经】冬,戍陈[1]。

【传】孰戍之?诸侯戍之。曷为不言诸侯戍之?离至[2]不可得而序,故言我也。

【经】楚公子贞[3]帅师伐陈。

【经】公会晋侯、宋公、卫侯、郑伯、曹伯、莒子、邾娄子、滕子、薛伯、齐世子光救陈。

【经】秋季,举行大雩祭。

【经】楚国杀它的大夫公子壬夫。

【经】襄公在戚会见晋侯、宋公、陈侯、卫侯、郑伯、曹伯、莒子、邾娄子、滕子、薛伯、齐国世子光、吴人、鄫人。

【传】为什么称吴人?(如果"吴"不称"人",)写成"吴、鄫人"不是(通顺的)言辞。

【经】襄公从(戚地之会)回来。

【经】冬季,戍守陈国。

【传】谁戍守陈国?诸侯们戍守陈国。为什么不说诸侯们戍守陈国?(因为诸侯们所派的戍守部队)分散地到达,不能依次序列,所以只好说我国了。

【经】楚国公子贞领兵攻伐陈国。

【经】襄公会同晋侯、宋公、卫侯、郑伯、曹伯、莒子、邾娄子、滕子、

【经】十有二月,公至自救陈。

【经】辛未,季孙行父卒。

【经】十二月,襄公从援救陈国回国。

【经】辛未日,季孙行父去世。

[注释] 1 戍陈:陈叛楚即晋,参加戚之会,诸侯助陈以御楚。 2 离至:犹如说分散地到达。 3 公子贞:楚宗室,又称子囊。

襄公六年

[原文]

【经】六年,春,王三月,壬午,杞伯姑容[1]卒。

【经】夏,宋华弱[2]来奔。

【经】秋,葬杞桓公。

【经】滕子来朝。

【经】莒人灭鄫。

【经】冬,叔孙豹如邾娄。

【经】季孙宿[3]如晋。

【经】十有二月,齐侯灭莱[4]。

【传】曷为不言莱君出奔?国灭君死之,正也。

[译文]

【经】鲁襄公六年,春季,周王的三月,壬午日,杞伯姑容去世。

【经】夏季,宋国的华弱逃亡前来。

【经】秋季,安葬杞桓公。

【经】滕子前来朝见。

【经】莒国人灭亡鄫国。

【经】冬季,叔孙豹到邾娄国。

【经】季孙宿到晋国。

【经】十二月,齐侯灭亡莱国。

【传】为什么不说莱国国君出逃?国家被灭亡,国君为国死去,这是人君的正道。

[注释] 1 杞伯姑容：杞桓公，名姑容。 2 华弱：宋臣，时为宋国司马。 3 季孙宿：鲁大夫，又称季武子，季孙行父之子，继承父职为卿。 4 莱：国名，在今山东昌邑东南。

襄公七年

[原文]

【经】七年，春，郯子[1]来朝。

【经】夏，四月，三卜郊，不从，乃免牲。

【经】小邾娄子来朝。

【经】城费[2]。

【经】秋，季孙宿如卫。

【经】八月，螽。

【经】冬，十月，卫侯使孙林父来聘。

【经】壬戌，及孙林父盟。

【经】楚公子贞帅师围陈。

【经】十有二月，公会晋侯、宋公、陈侯、卫侯、曹伯、莒子、邾娄子于鄬[3]。

[译文]

【经】鲁襄公七年，春季，郯子前来朝见。

【经】夏季，四月，三次占卜郊祭（吉日），不从心意，就释放准备郊祀用的牲。

【经】小邾娄子前来朝见。

【经】（季氏）增筑费邑的城墙。

【经】秋季，季孙宿到卫国。

【经】八月，发生螽灾。

【经】冬季，十月，卫侯派孙林父来聘问。

【经】壬戌日，与孙林父盟誓。

【经】楚国公子贞领兵包围陈国。

【经】十二月，襄公与晋侯、宋公、陈侯、卫侯、曹伯、莒子、邾娄子在（郑国的）鄬地集会。

[注释] 1 郯(tán)子：郯国国君。郯国盈姓，相传为东夷首领少皞之后，在今山东郯城西南。战国初，灭于越。 2 费(bì)：鲁国季氏封邑，在今山东费县西北。 3 鄬(wéi)：郑地，或谓在今河南鲁山县境。

【经】郑伯髡原[1]如会，未见诸侯；丙戌，卒于操[2]。

【传】操者何？郑之邑也。诸侯卒其封内不地，此何以地？隐之也。何隐尔？弑也。孰弑之？其大夫弑之。曷为不言其大夫弑之？为中国讳也。曷为为中国讳？郑伯将会诸侯于鄬，其大夫谏曰："中国不足归也，则不若与楚。"郑伯曰："不可。"其大夫曰："以中国为义，则伐我丧；以中国为强，则不若楚。"于是弑之。郑伯髡原何以名？伤而反，未至乎舍[3]而卒也。未见诸侯，其言如会何？致其意也。

【经】陈侯逃归[4]。

【经】郑伯髡原到会，没有见到诸侯；丙戌日，在操邑去世。

【传】操是什么地方？是郑国的邑。诸侯在自己的封地内去世不记地名，这里为什么写出地名？是为他痛惜。痛惜什么？痛惜他被杀。谁杀了他？是他的大夫杀了他。为什么不说是他的大夫杀了他？是为中原诸侯国隐讳。为什么替中原诸侯国隐讳？郑伯将去鄬会见诸侯们，他的大夫劝阻说："中原诸侯不值得我们归向，不如跟从楚国。"郑伯说："不可！"他的大夫说："认为中原诸侯国讲道义吧，（我们）在国丧中，（他们却）攻伐我们；认为中原诸侯国强大吧，又比不上楚国。"于是杀了他。对郑伯为什么要记出他的名"髡原"？（他）受伤后折返，没有走到他（昨天）的住地就死了。（他）还没有见到诸侯们，《春秋》这里说"到会"是为什么？是表达他（要参会归向中原诸侯）的心意。

【经】陈侯逃回国。

[注释] 1 郑伯髡原：郑僖公，名髡原。 2 操：郑地，确址不详。 3 舍：昨天所舍止处。 4 陈侯逃归：陈侯赴鄬之会，共议救陈，而国内发生政变，故急逃归国。

襄公八年

[原文]

【经】八年，春，王正月，公如晋。

【经】夏，葬郑僖公。

【传】贼未讨，何以书葬？为中国讳也。

【经】郑人侵蔡，获蔡公子燮[1]。

【传】此侵也，其言获何？侵而言获者，适得之也。

【经】季孙宿会晋侯、郑伯、齐人、宋人、卫人、邾娄人于邢丘[2]。

【经】公至自晋。

【经】莒人伐我东鄙。

【经】秋，九月，大雩。

【经】冬，楚公子贞

[译文]

【经】鲁襄公八年，春季，周王的正月，襄公到晋国。

【经】夏季，安葬郑僖公。

【传】杀君的贼还没有诛讨，为什么记葬？是为中原诸侯国隐讳。

【经】郑人侵伐蔡国，俘获蔡国公子燮。

【传】这是粗浅用兵的侵伐，说俘获（蔡国公子燮）是什么意思？粗浅用兵的侵伐而说俘获的，是恰好（碰上）俘获了他。

【经】季孙宿与晋侯、郑伯、齐国人、宋国人、卫国人、邾娄国人在邢丘聚会。

【经】襄公从晋国回来。

【经】莒国人攻伐我国东部边境地区。

【经】秋季，九月，举行大雩祭。

帅师伐郑。

【经】晋侯使士匄来聘。

【经】冬季,楚国公子贞领兵攻伐郑国。

【经】晋侯派士匄来聘问。

[注释] 1 公子燮:蔡国司马。 2 邢丘:晋邑,在今河南温县东之平皋故城。

襄公九年

[原文]

【经】九年,春,宋火。

【传】曷为或言灾,或言火?大者曰灾,小者曰火。然则内何以不言火?内不言火者,甚之也。何以书?记灾也。外灾不书,此何以书?为王者之后记灾也。

【经】夏,季孙宿如晋。

【经】五月,辛酉,夫人姜氏[1]薨。

[译文]

【经】鲁襄公九年,春季,宋国发生火灾。

【传】为什么有时说灾,有时说火?(正寝、社稷、宗庙、朝廷等被烧,)大的叫灾,(其余)小的叫火。那么对我国为什么不说火(把小的也说成灾呢)?我国不说火都说成灾,是自己克责,把"火"也看成严重的大事。为什么记?是记灾。别国的灾不记,这里为什么记?是为商王的后代记灾。

【经】夏季,季孙宿到晋。

【经】五月,辛酉日,夫人姜氏去世。

[注释] 1 姜氏:穆(缪)姜,宣公妻,成公母,襄公祖母。

【经】秋,八月,癸未,葬我小君缪姜。

【经】冬,公会晋侯、宋公、卫侯、曹伯、莒子、邾娄子、滕子、薛伯、杞伯、小邾娄子、齐世子光伐郑。

【经】十有二月,己亥,同盟于戏[1]。

【经】楚子伐郑。

【经】秋季,八月,癸未日,安葬我国君夫人缪姜。

【经】冬季,襄公会同晋侯、宋公、卫侯、曹伯、莒子、邾娄子、滕子、薛伯、杞伯、小邾娄子、齐国世子光攻伐郑国。

【经】十二月,己亥日,在戏同盟。

【经】楚子攻伐郑国。

注释 1 戏:又称戏童,郑地,在今河南巩义东南、登封嵩山东北,这里有戏童山。

襄公十年

原文

【经】十年,春,公会晋侯、宋公、卫侯、曹伯、莒子、邾娄子、滕子、薛伯、杞伯、小邾娄子、齐世子光,会吴于柤[1]。

【经】夏,五月,甲午,遂灭偪阳[2]。

【经】公至自会。

译文

【经】鲁襄公十年,春季,襄公与晋侯、宋公、卫侯、曹伯、莒子、邾娄子、滕子、薛伯、杞伯、小邾娄子、齐国世子光相会,在柤地与吴(人)相会。

【经】夏季,五月,甲午日,就(趁势)灭了偪阳国。

【经】襄公从会(诸侯)回来。

【经】楚公子贞、郑公孙辄帅师伐宋。

【经】晋师伐秦。

【经】楚国公子贞、郑国公孙辄领兵攻伐宋国。

【经】晋军攻伐秦国。

注释　1 柤(zū)：楚地，在今江苏邳州西北之加口。　2 偪(fù)阳：小国名，在今江苏邳州西北、山东枣庄峄城南。

【经】秋，莒人伐我东鄙。

【经】公会晋侯、宋公、卫侯、曹伯、莒子、邾娄子、齐世子光、滕子、薛伯、杞伯、小邾娄子伐郑。

【经】冬，盗杀郑公子斐、公子发、公孙辄[1]。

【经】戍郑虎牢。

【传】孰戍之？诸侯戍之。曷为不言诸侯戍之？离至，不可得而序，故言我也。诸侯已取之矣，曷为系之郑？诸侯莫之主有，故反系之郑。

【经】楚公子贞帅师救郑。

【经】公至自伐郑。

【经】秋季，莒国人攻伐我国东部边境地区。

【经】襄公会同晋侯、宋公、卫侯、曹伯、莒子、邾娄子、齐国世子光、滕子、薛伯、杞伯、小邾娄子攻伐郑国。

【经】冬季，盗贼杀郑国公子斐、公子发、公孙辄。

【经】戍守郑国的虎牢。

【传】谁戍守郑国的虎牢？中原诸侯国戍守郑国的虎牢。为什么不说是诸侯戍守它？（因为诸侯们所派的部队）零零散散地到达，不能依次一一序列，所以只好说我国了。诸侯已经占取了它，为什么还把它系在郑国之下？（诸侯国那么多，）不好以谁作为占有它的主人，所以反过来将它系在郑国之下。

【经】楚国公子贞领兵援救郑国。

【经】襄公从攻伐郑国回国。

[注释] 1 此三人为郑执政大臣,亲楚。另一派执政者亲晋,亲楚派为所谋杀。

襄公十一年

【经】十有一年,春,王正月,作三军[1]。

【传】三军者何?三卿[2]也。作三军何以书?讥。何讥尔?古者上卿、下卿、上士、下士。[3]

【经】鲁襄公十一年,春季,周王的正月,编成三军。

【传】"三军"是什么意思?编成三个军,就要设立三个卿。编成三个军为什么要记?是要讥讽。讥讽什么?古代制度只有上卿、下卿、上士、下士(,没有设三个卿的)。

[注释] 1 作三军:扩充军备到三个军。古制一万两千五百人为军。2 三卿:军的统帅为卿,三军则有三个卿为统帅,司徒、司空、司马。3《传》的意思,鲁这样的国家只能有两卿,上卿、下卿,两士,上士佐上卿,下士佐下卿。设三卿,非礼。

【经】夏,四月,四卜郊,不从,乃不郊。

【经】郑公孙舍之[1]帅师侵宋。

【经】公会晋侯、宋公、卫侯、曹伯、齐世子光、莒子、邾娄子、滕子、薛伯、杞伯、小

【经】夏季,四月,四次占卜郊祭(吉日),不从心意,就不举行郊祭。

【经】郑国公孙舍之领兵侵伐宋国。

【经】襄公会同晋侯、宋公、卫侯、曹伯、齐国世子光、莒子、邾娄子、滕子、薛伯、杞伯、小邾娄子攻伐

邾娄子伐郑。

【经】秋,七月,己未,同盟于京城[2]北。

【经】公至自伐郑。

【经】楚子、郑伯伐宋。

【经】秋季,七月,己未日,(诸侯们)在(郑国)京城的北边同盟。

【经】襄公从攻伐郑国回国。

【经】楚子、郑伯攻伐宋国。

[注释] 1 公孙舍之:字子展,谥桓子,公子喜之子。 2 京城:郑地,在今河南荥阳东南。

【经】公会晋侯、宋公、卫侯、曹伯、齐世子光、莒子、邾娄子、滕子、薛伯、杞伯、小邾娄子伐郑。会于萧鱼[1]。

【传】此伐郑也,其言会于萧鱼何?盖郑与会尔。

【经】公至自会。

【经】楚人执郑行人良霄[2]。

【经】冬,秦人伐晋。

【经】襄公会同晋侯、宋公、卫侯、曹伯、齐国世子光、莒子、邾娄子、滕子、薛伯、杞伯、小邾娄子攻伐郑国,在萧鱼聚会。

【传】这是攻伐郑国,这里说在萧鱼聚会是为什么?是因为郑参加了会。

【经】襄公从聚会回国。

【经】楚国人逮捕了郑国的使者良霄。

【经】冬季,秦人攻伐晋国。

[注释] 1 萧鱼:郑地,在今河南许昌。 2 良霄:又称伯有,公孙辄之子。

襄公十二年

【原文】

【经】十有二年,春,王三月,莒人伐我东鄙,围台[1]。

【传】邑不言围,此其言围何?伐而言围者,取邑之辞也;伐而不言围者,非取邑之辞也。

【经】季孙宿帅师救台,遂入运[2]。

【传】大夫无遂事,此其言遂何?公不得为政尔。

【经】夏,晋侯使士彭来聘。

【经】秋,九月,吴子乘[3]卒。

【经】冬,楚公子贞帅师侵宋。

【经】公如晋。

【译文】

【经】鲁襄公十二年,春季,周王的三月,莒国人攻伐我国东部边境地区,包围台邑。

【传】邑不说包围,这里说"包围"是什么意思?攻伐又说包围的,是占取了邑的言辞;攻伐而不说包围的,不是占取邑的言辞。

【经】季孙宿领兵援救台邑,接着就攻取了(莒国的)运邑。

【传】大夫不能受命做一件事,又擅自去做另一件事,这里说"接着就"是怎么回事?是表明大夫专权,襄公不能主持政事。

【经】夏季,晋侯派士彭前来聘问。

【经】秋季,九月,吴子乘去世。

【经】冬季,楚公子贞领兵侵伐宋国。

【经】襄公到晋国。

【注释】 1 台:鲁邑,在今山东费县东南。 2 运:莒邑,在今山东沂水东北。 3 吴子乘:吴王寿梦。

襄公十三年

【原文】

【经】十有三年,春,公至自晋。

【经】夏,取诗[1]。

【传】诗者何? 邾娄之邑也。曷为不系乎邾娄? 讳亟也。

【经】秋,九月,庚辰,楚子审[2]卒。

【经】冬,城防。

【译文】

【经】鲁襄公十三年,春季,襄公从晋国回来。

【经】夏季,占取诗邑。

【传】诗是什么地方? 是邾娄的邑。为什么不把它系在邾娄之下?(萧鱼之会,邾娄是盟国)为我国(占取诗邑)太急隐讳。

【经】秋季,九月,庚辰日,楚子审去世。

【经】冬季,在防筑城。

【注释】 1 诗:在今山东济宁南。 2 楚子审:楚共王,名审。

襄公十四年

【原文】

【经】十有四年,春,王正月,季孙宿、叔老[1]会晋士匄、齐人、宋人、卫人、郑公孙囆[2]、曹人、莒人、邾娄人、滕人、薛人、杞人、小邾娄

【译文】

【经】鲁襄公十四年,春季,周王的正月,季孙宿、叔老会同晋国的士匄、齐国人、宋国人、卫国人、郑国公孙囆、曹国人、莒国人、邾娄国人、滕国人、薛国人、杞国人、小邾娄国人,在向

人,会吴于向³。

【经】二月,乙未,朔,日有食之。

【经】夏,四月,叔孙豹会晋荀偃、齐人、宋人、卫北宫结、郑公孙虿、曹人、莒人、邾娄人、滕人、薛人、杞人、小邾娄人伐秦。

【经】己未,卫侯衎⁴出奔齐。

【经】莒人侵我东鄙。

【经】秋,楚公子贞帅师伐吴。

【经】冬,季孙宿会晋士匄、宋华阅、卫孙林父、郑公孙虿、莒人、邾娄人于戚⁵。

与吴(人)相会。

【经】二月,乙未日,朔日,发生日食。

【经】夏季,四月,叔孙豹会同晋国的荀偃、齐国人、宋国人、卫国的北宫结、郑国的公孙虿、曹国人、莒国人、邾娄国人、滕国人、薛国人、杞国人、小邾娄国人攻伐秦国。

【经】己未日,卫侯衎出逃到齐国。

【经】莒国人侵伐我国东部边境地区。

【经】秋季,楚国公子贞领兵攻伐吴国。

【经】冬季,季孙宿在戚邑与晋国的士匄、宋国的华阅、卫国的孙林父、郑国的公孙虿、莒国人、邾娄国人相会。

[注释] 1 叔老:鲁臣,又称子叔齐子,齐子。 2 公孙虿(chài):《左传》《榖梁传》皆作"公孙虿(蛋)"。 3 向:郑地,在今河南尉氏西南,鄢陵西北。 4 卫侯衎(kàn):卫献公。 5 戚:卫地,孙林父采邑。在今河南濮阳东北。

襄公十五年

[原文]

【经】十有五年,春,宋公使向戌来聘。

【经】二月,己亥,及向戌盟于刘[1]。

【经】刘夏逆王后于齐。

【传】刘夏者何?天子之大夫也。刘者何?邑也。其称刘何?以邑氏也。外逆女不书,此何以书?过我也。

[译文]

【经】鲁襄公十五年,春季,宋公派向戌前来聘问。

【经】二月,己亥日,与向戌在刘地结盟。

【经】刘夏到齐国(为天子)迎接王后。

【传】刘夏是什么人?是天子的大夫。刘是什么?是邑名。这里称刘是什么意思?是用邑名作氏。我国以外迎女不记,这里为什么记?因为途经我国。

[注释] 1 刘:鲁地,在鲁国都城曲阜近郊。

【经】夏,齐侯伐我北鄙,围成[1]。公救成,至遇[2]。

【传】其言至遇何?不敢进也。

【经】季孙宿、叔孙豹师师城成郛[3]。

【经】夏季,齐侯攻伐我国北部边境地区,包围成邑。襄公援救成邑,到达遇地。

【传】这里说"到达遇地"是什么意思?是不敢前进。

【经】季孙宿、叔孙豹领兵修筑成邑的外城。

【经】秋,八月,丁巳,日有食之。

【经】邾娄人伐我南鄙。

【经】冬,十有一月,癸亥,晋侯周[4]卒。

【经】秋季,八月,丁巳日,发生日食。

【经】邾娄人攻伐我国南部边境地区。

【经】冬季,十一月,癸亥日,晋侯周去世。

注释 1 戚:鲁地,在今山东宁阳东北。 2 遇:鲁地,在今山东曲阜与宁阳之间。 3 郛(fú):外城。 4 晋侯周:晋悼公,名周。

襄公十六年

原文

【经】十有六年,春,王正月,葬晋悼公。

【经】三月,公会晋侯、宋公、卫侯、郑伯、曹伯、莒子、邾娄子、薛伯、杞伯、小邾娄子于溴梁[1]。戊寅,大夫盟。

【传】诸侯皆在是,其言大夫盟何?信在大夫也。何言乎信在大夫?遍刺天下之大夫也。曷为遍刺天下之大夫?君若赘

译文

【经】鲁襄公十六年,春季,周王的正月,安葬晋悼公。

【经】三月,襄公与晋侯、宋公、卫侯、郑伯、曹伯、莒子、邾娄子、薛伯、杞伯、小邾娄子在溴梁集会。戊寅日,大夫举行盟誓。

【传】诸侯都在这里,这里说是大夫举行盟誓是什么意思?因为(诸侯无权约信)信任在于大夫。为什么说信任在于大夫?是遍刺天下的大夫(夺君之尊)。为什么要遍刺天下的大夫?因为君主就像系在旗下的旒那样

旒²然。

【经】晋人执莒子、邾娄子以归。

【经】齐侯伐我北鄙。

【经】夏,公至自会。

【经】五月,甲子,地震。

【经】叔老会郑伯、晋荀偃、卫甯殖、宋人伐许。

【经】秋,齐侯伐我北鄙,围成。

【经】大雩。

【经】冬,叔孙豹如晋。

（虚居其位而无实权）。

【经】晋国人逮捕莒子、邾娄子,把（他们）带回（晋国）。

【经】齐侯攻伐我国北部边境地区。

【经】夏季,襄公从（溴梁之）会回来。

【经】五月,甲子日,发生地震。

【经】叔老会同郑伯、晋国的荀偃、卫国的甯殖、宋国人攻伐许国。

【经】秋季,齐侯攻伐我国北部边境地区,包围成邑。

【经】举行大雩祭。

【经】冬季,叔孙豹到晋国。

【注释】 1 溴梁:晋地,溴水之堤梁,在今河南济源西北。 2 赘旒:旌旗下边悬垂的饰物,也指王冠前后悬垂的玉串。喻指只是装饰,而无实际作用。

襄公十七年

[原文]

【经】十有七年,春,王二月,庚午,邾娄子瞷¹卒。

【经】宋人伐陈。

[译文]

【经】鲁襄公十七年,春季,周王的二月,庚午日,邾娄子瞷去世。

【经】宋国人攻伐陈国。

【经】夏,卫石买²帅师伐曹。

【经】秋,齐侯伐我北鄙,围洮³。

【经】齐高厚帅师伐我北鄙,围防。

【经】九月,大雩。

【经】宋华臣⁴出奔陈。

【经】冬,邾娄人伐我南鄙。

【经】夏季,卫国的石买领兵攻伐曹国。

【经】秋季,齐侯攻伐我国北部边境地区,包围洮邑。

【经】齐国的高厚领兵攻伐我国北部边境地区,包围防邑。

【经】九月,举行大雩祭。

【经】宋国的华臣出逃到陈国。

【经】冬季,邾娄国人攻伐我国南部边境地区。

[注释] 1 邾娄子瞯(jiàn):邾宣公,名瞯。去年被晋人执,随即被释。此卒,当卒于其本国。 2 石买:卫大夫,石稷之子。 3 洮:鲁邑,在今山东汶上东北。 4 华臣:宋大夫,宋华阅之弟。

襄公十八年

[原文]

【经】十有八年,春,白狄来。

【传】白狄者何?夷狄之君也。何以不言朝?不能朝也。

【经】夏,晋人执卫行人石买。

[译文]

【经】鲁襄公十八年,春季,白狄(的君主)前来(我国)。

【传】白狄是什么人?是夷狄的君主。为什么不说是来朝见?(因为他还)不能(升降揖让)行朝礼。

【经】夏季,晋国人逮捕卫国使者石买。

【经】秋,齐师伐我北鄙。

【经】冬,十月,公会晋侯、宋公、卫侯、郑伯、曹伯、莒子、邾娄子、滕子、薛伯、杞伯、小邾娄子,同围齐。

【经】曹伯负刍[1]卒于师。

【经】楚公子午[2]帅师伐郑。

【经】秋季,齐军攻伐我国北部边境地区。

【经】冬季,十月,襄公会合晋侯、宋公、卫侯、郑伯、曹伯、莒子、邾娄子、滕子、薛伯、杞伯、小邾娄子,一同包围齐国。

【经】曹伯负刍在军中去世。

【经】楚国公子午领兵伐郑国。

[注释] 1 曹伯负刍:曹成公,名负刍。 2 公子午:楚宗室,任司马,又称子庚、司马子庚。

襄公十九年

[原文]

【经】十有九年,春,王正月,诸侯盟于祝阿[1]。

【经】晋人执邾娄子[2]。

【经】公至自伐齐。

【传】此同围齐也,何以致伐[3]?未围齐也。未围齐,则其言围齐何?抑齐也。曷为抑齐?为其亟伐也。或曰,为其骄

[译文]

【经】鲁襄公十九年,春季,周王的正月,诸侯在祝阿结盟。

【经】晋国人逮捕邾娄子。

【经】襄公从攻伐齐国回国。

【传】这是(诸侯)一同包围齐国,为什么不说襄公从包围齐国回国?因为实际上没有包围齐国。没有包围齐国,这里说包围齐国是什么意思?是贬抑齐国。为什么要贬抑齐国?因为它屡次攻伐我国。有的说:是因为它骄傲无礼,

塞，使其世子处乎诸侯之上也。

【经】取邾娄田，自漷水。

【传】其言自漷水何？以漷为竟[4]也。何言乎以漷为竟？漷移[5]也。

【经】季孙宿如晋。

【经】葬曹成公。

【经】夏，卫孙林父帅师伐齐。

使它的世子处于诸侯之上。

【经】取得邾娄的土地，从漷水（以北起）。

【传】这里说"从漷水"是什么意思？是以漷水为边界。为什么以漷水为边界？漷水改道，移向邾娄境内（我国随着占有邾娄的一些土地）。

【经】季孙宿到晋国。

【经】安葬曹成公。

【经】夏季，卫国的孙林父领兵攻伐齐国。

[注释] 1 祝阿：齐地，在今山东济南长清区东北。 2 邾娄子：邾悼公，以其曾助齐侵鲁被执。 3 何以致伐：据僖公二十九年有"公至自围许"之文，此经当书"公至自围齐"，但为什么要书"公至自伐齐"呢？ 4 以漷(kuò)为竟：以漷水为界。鲁在漷北，邾娄在漷南。漷水，今山东南沙河，源出滕州，入运河。 5 漷移：漷水改道。

【经】秋，七月，辛卯，齐侯瑗[1]卒。

【经】晋士匄帅师侵齐，至榖[2]，闻齐侯卒，乃还。

【传】还者何？善辞也。何善尔？大其不伐丧也。此受命乎君而伐齐，则何大乎其不伐丧？大夫以君命

【经】秋季，七月辛卯日，齐侯瑗卒。

【经】晋国士匄领兵侵伐齐国，走到榖地，听说齐侯卒，就回还。

【传】"回还"是什么意思？是褒奖的好话。为什么讲好话？是褒奖他不攻伐有国丧的国家。这是从国君那里接受命令出征攻打齐国，（齐

出，进退在大夫也。

【经】八月，丙辰，仲孙蔑[3]卒。

【经】齐杀其大夫高厚。

【经】郑杀其大夫公子喜[4]。

【经】冬，葬齐灵公。

【经】城西郛。

【经】叔孙豹会晋士匄于柯[5]。

【经】城武城[6]。

国有丧不去攻打，是没有完成使命，)为什么要褒奖他不攻打有丧的齐国？大夫受君命出征，(在国外)是进是退在于大夫(根据实际情况决定)。

【经】八月丙辰日，仲孙蔑卒。

【经】齐国杀它的大夫高厚。

【经】郑国杀它的大夫公子喜。

【经】冬季，葬齐灵公。

【经】修筑(国都)西边的外城。

【经】叔孙豹在柯会见晋国士匄。

【经】在武城筑城。

[注释] 1 齐侯瑗：齐灵公，名瑗。 2 榖：齐地，在今山东东阿南之东阿镇。 3 仲孙蔑：鲁宗室大臣，庆父之曾孙，又称孟孙、孟献子、献子。 4 公子喜：郑国公子，又称子孔、司徒孔。 5 柯：卫地，在今河南内黄东北。 6 武城：近齐之鲁邑，在今山东嘉祥南。

襄公二十年

[原文]

【经】二十年，春，王正月，辛亥，仲孙遫[1]会莒人，盟于向[2]。

【经】夏，六月，庚申，公会晋侯、齐侯、宋公、卫侯、郑伯、

[译文]

【经】鲁襄公二十年，春季，周王的正月，辛亥日，仲孙遫会见莒国人，在向结盟。

【经】夏季，六月，庚申日，襄公会见晋侯、齐侯、宋公、卫侯、郑伯、

曹伯、莒子、邾娄子、滕子、薛伯、杞伯、小邾娄子,盟于澶渊³。

【经】秋,公至自会。

【经】仲孙遬帅师伐邾娄。

【经】蔡杀其大夫公子燮⁴。

【经】蔡公子履⁵出奔楚。

【经】陈侯之弟光出奔楚。

【经】叔老如齐。

【经】冬,十月,丙辰,朔,日有食之。

【经】季孙宿如宋。

曹伯、莒子、邾娄子、滕子、薛伯、杞伯、小邾娄子,在澶渊结盟。

【经】秋季,襄公从盟会回国。

【经】仲孙遬领兵攻伐邾娄国。

【经】蔡国杀它的大夫公子燮。

【经】蔡国公子履出逃到楚国。

【经】陈侯的弟弟光出逃到楚国。

【经】叔老到齐国。

【经】冬季,十月,丙辰日,朔日,发生日食。

【经】季孙宿到宋国。

[注释] 1 仲孙遬:《左传》《穀梁传》都作"仲孙速"。 2 向:莒地,在今山东莒县西南。 3 澶(chán)渊:卫地,在今河南濮阳西北。 4 公子燮:蔡庄公之子。 5 公子履:公子燮的同母弟。

襄公二十一年

[原文]

【经】二十有一年,春,王正月,公如晋。

【经】邾娄庶其以漆、闾丘¹来奔。

【传】邾娄庶其者何?邾娄大夫也。邾娄无大夫,

[译文]

【经】鲁襄公二十一年,春季,周王的正月,襄公到晋国。

【经】邾娄国的庶其带着漆和闾丘二邑逃来(我国)。

【传】邾娄国的庶其是什么人?是邾娄的大夫。邾娄国没有大夫,这

此何以书？重地也。

【经】夏,公至自晋。

【经】秋,晋栾盈出奔楚。

【经】九月,庚戌,朔,日有食之。

【经】冬,十月,庚辰,朔,日有食之。

【经】曹伯来朝。

【经】公会晋侯、齐侯、宋公、卫侯、郑伯、曹伯、莒子、邾娄子于商任[2]。

【经】十有一月,庚子,孔子生。

里为什么记(他)？是把他盗窃土地逃来和鲁国接受叛臣土地看成严重问题。

【经】夏季,襄公从晋国回来。

【经】秋季,晋国的栾盈出逃到楚国。

【经】九月,庚戌日,朔日,发生日食。

【经】冬季,十月,庚辰日,朔日,发生日食。

【经】曹伯前来朝见。

【经】襄公在商任会见晋侯、齐侯、宋公、卫侯、郑伯、曹伯、莒子、邾娄子。

【经】十一月,庚子日,孔子生。

[注释] 1 漆、间丘:皆邾娄地。漆,在今山东邹城东北;间丘在漆东北十里。 2 商任:古任城在今河北任城东南,地近商墟,故谓之商任。

襄公二十二年

[原文]

【经】二十有二年,春,王正月,公至自会。

【经】夏,四月。

【经】秋,七月,辛酉,叔老卒。

[译文]

【经】鲁襄公二十二年,春季,周王的正月,襄公从(商任之)会回国。

【经】夏季,四月。

【经】秋季,七月,辛酉日,叔老去世。

【经】冬,公会晋侯、齐侯、宋公、卫侯、郑伯、曹伯、莒子、邾娄子、滕子、薛伯、杞伯、小邾娄子于沙随[1]。

【经】公至自会。

【经】楚杀其大夫公子追舒[2]。

【经】冬季,襄公在沙随会见晋侯、齐侯、宋公、卫侯、郑伯、曹伯、莒子、邾娄子、滕子、薛伯、杞伯、小邾娄子。

【经】襄公从(沙随之)会回国。

【经】楚国杀它的大夫公子追舒。

[注释] 1 沙随:宋地,在今河南宁陵西北。 2 追舒:楚庄王子,又称子南,去年为楚令尹。

襄公二十三年

[原文]

【经】二十有三年,春,王二月,癸酉,朔,日有食之。

【经】三月,己巳,杞伯匄[1]卒。

【经】夏,邾娄鼻我来奔。

【传】邾娄鼻我者何?邾娄大夫也。邾娄无大夫,此何以书?以近[2]书也。

【经】葬杞孝公。

[译文]

【经】鲁襄公二十三年,春季,周王的二月,癸酉日,朔日,发生日食。

【经】三月,己巳日,杞伯匄去世。

【经】夏季,邾娄国的鼻我逃来(我国)。

【传】邾娄国的鼻我是什么人?是邾娄国的大夫。邾娄国没有大夫,这里为什么记(他)?因为(他治政)接近于清平。

【经】安葬杞孝公。

【经】陈杀其大夫庆虎及庆寅。

【经】陈侯之弟光自楚归于陈。

【经】晋栾盈[3]复入于晋,入于曲沃[4]。

【传】曲沃者何?晋之邑也。其言入于晋,入于曲沃何?栾盈将入晋,晋人不纳,由乎曲沃而入也。

【经】陈国杀它的大夫庆虎与庆寅。

【经】陈侯的弟弟光从楚国回到陈国。

【经】晋国的栾盈回到晋国,进入曲沃。

【传】曲沃是什么地方?是晋国的邑。这里说"回到晋国,进入曲沃"是什么意思?是栾盈将要进入晋国,晋国人不接受他,他就由曲沃进入。

【注释】 1 杞伯匄:杞孝公,名匄。 2 近:治政近于清平。 3 栾盈:晋大夫。襄公二十一年秋,出奔楚,后又奔齐。 4 曲沃:栾盈封邑。在今山西闻喜东北。

【经】秋,齐侯伐卫,遂伐晋。

【经】八月,叔孙豹帅师救晋,次于雍渝[1]。

【传】曷为先言救而后言次?先通君命也。

【经】己卯,仲遂逝卒。

【经】冬,十月,乙亥,臧孙纥[2]出奔邾娄。

【经】秋季,齐侯攻伐卫国,接着攻打晋国。

【经】八月,叔孙豹领兵援救晋国,驻扎在雍渝。

【传】为什么先说援救后说驻扎?因为(援救晋国是鲁君的命令,驻扎是臣子叔孙豹的事,)要首先表达君主的命令。

【经】己卯日,仲孙遂去世。

【经】冬季,十月,乙亥日,臧孙纥出逃到邾娄国。

【经】晋国人杀栾盈。

【经】晋人杀栾盈。

【传】曷为不言杀其大夫？非其大夫也。

【经】齐侯袭莒。

【传】为什么不说(晋国)杀它的大夫(栾盈)？（因为他是逃往别国后,回到晋国作乱的,）他已不是晋国在位的大夫了。

【经】齐侯袭击莒国。

[注释]　1 雍渝：晋地,在今河南浚县西南、滑县西北。　2 臧孙纥：鲁大夫,又称臧孙。鲁国于季、孟、叔、臧、郈五氏之嗣位者,皆称孙。

襄公二十四年

[原文]

【经】二十有四年,春,叔孙豹如晋。

【经】仲孙羯[1]帅师侵齐。

【经】夏,楚子伐吴。

【经】秋,七月,甲子,朔,日有食之,既[2]。

【经】齐崔杼帅师伐莒。

【经】大水。

【经】八月,癸巳,朔,日有食之。

【经】公会晋侯、宋公、卫侯、郑伯、曹伯、莒子、邾娄子、滕子、薛伯、杞伯、小邾娄子于陈仪[3]。

[译文]

【经】鲁襄公二十四年,春季,叔孙豹到晋国。

【经】仲孙羯领兵侵伐齐国。

【经】夏季,楚子攻伐吴国。

【经】秋季,七月,甲子日,朔日,发生日食,是日全食。

【经】齐国的崔杼率军攻伐莒国。

【经】发大水。

【经】八月,癸巳日,朔日,发生日食。

【经】襄公在陈仪会见晋侯、宋公、卫侯、郑伯、曹伯、莒子、邾娄子、滕子、薛伯、杞伯、小邾娄子。

【经】冬季,楚子、蔡侯、陈侯、许

【经】冬,楚子、蔡侯、陈侯、许男伐郑。

【经】公至自会。

【经】陈鍼宜咎[4]出奔楚。

【经】叔孙豹如京师。

【经】大饥。

【经】男攻伐郑国。

【经】襄公从(陈仪之)会回来。

【经】陈国的鍼宜咎出逃到楚国。

【经】叔孙豹到京师。

【经】发生大饥荒。

[注释] 1 仲孙羯(jié):史称孟孝伯,姬姓,名羯。孟庄子之子,鲁国孟孙氏第七代宗主。 2 既:完,尽。这里是说日全食。 3 陈仪:卫邑。在今山东聊城西。 4 鍼宜咎:陈大夫,庆虎、庆寅的党羽。

襄公二十五年

[原文]

【经】二十有五年,春,齐崔杼帅师伐我北鄙。

【经】夏,五月,乙亥,齐崔杼弑其君光[1]。

【经】公会晋侯、宋公、卫侯、郑伯、曹伯、莒子、邾娄子、滕子、薛伯、杞伯、小邾娄子于陈仪。

【经】六月,壬子,郑公孙舍之[2]帅师入陈。

[译文]

【经】鲁襄公二十五年,春季,齐国的崔杼领兵攻伐我国北部边境地区。

【经】夏季,五月,乙亥日,齐国的崔杼杀死他的君主光。

【经】襄公在陈仪会见晋侯、宋公、卫侯、郑伯、曹伯、莒子、邾娄子、滕子、薛伯、杞伯、小邾娄子。

【经】六月,壬子日,郑国公孙舍之领兵攻进陈国。

[注释] 1 光:齐庄公,名光。 2 公孙舍之:即子展。

【经】秋,八月,己巳,诸侯同盟于重丘[1]。

【经】公至自会。

【经】卫侯[2]入于陈仪。

【传】陈仪者何?卫之邑也。曷为不言入于卫?谖君以弑[3]也。

【经】楚屈建[4]帅师灭舒鸠[5]。

【经】冬,郑公孙囆[6]帅师伐陈。

【经】秋季,八月,己巳日,诸侯们在重丘同盟。

【经】襄公从会盟回国。

【经】卫侯进入陈仪。

【传】陈仪是什么地方?是卫国的邑。为什么不说他进入卫国?他是欺骗(当时在位的)君主(剽),(说他愿意作为臣下待在这个邑,)以等待时机杀掉在位的剽。

【经】楚国的屈建领兵灭亡舒鸠。

【经】冬季,郑国公孙夏领兵攻伐陈国。

注释 1 重丘:齐地,在今山东巨野西南。 2 卫侯:此时卫有二君。一为在位的剽(piào),卫殇公;一为失国寄居于齐的衎(kàn),卫献公。此入于陈仪的是卫献公衎。 3 谖(xuān)君以弑:衎欺骗在位的剽,让他进入陈仪,而后弑君自立,入于都城。谖,欺骗。 4 屈建:楚国令尹子木。 5 舒鸠:群舒国之一,在今安徽舒城。 6 公孙囆(chài):当作"公孙夏",即郑子西。公孙囆于襄公十九年已死。

【经】十有二月,吴子谒[1]伐楚,门于巢,卒。

【传】门于巢卒者何?入门乎巢而卒也。入门乎巢而卒者何?

【经】十二月,吴子谒攻伐楚国,进入巢国之门,去世。

【传】"进入巢国之门,去世",是什么意思?就是"因为进入巢国之门才去世的"。"因为进入巢国之门才去世的"是什么意思?就是攻打巢城进入城门时死亡。

入巢之门而卒也。吴子谒何以名?伤而反,未至乎舍而卒也。

"吴子谒",为什么称吴子的名?因为他进入巢城的门受伤返回来,还没有走到昨天的住地就死了。

注释 1 吴子谒:吴王诸樊。吴、楚各自称王,《春秋》称之为"子"。

襄公二十六年

原文

【经】二十有六年,春,王二月,辛卯,卫甯喜[1]弑其君剽[2]。

【经】卫孙林父入于戚[3]以叛。

【经】甲午,卫侯衎复归于卫。

【传】此谖君以弑也,其言复归何?恶剽也。曷为恶剽?剽之立,于是未有说[4]也。然则曷为不言剽之立?不言剽之立者,以恶卫侯也。

译文

【经】鲁襄公二十六年,春季,周王的二月,辛卯日,卫国的甯喜杀死他的君主剽。

【经】卫国的孙林父进入戚邑,带着戚邑(投向晋国)背叛(卫国)。

【经】甲午日,卫侯衎仍旧回到卫国(恢复君位)。

【传】这本是欺骗君主而待机杀死君主的人,说他"仍旧回到"是什么意思?是表明剽的罪恶。为什么要表明剽的罪恶?剽(为公孙不当立,他)立为国君,在这里没有人喜欢。那么为什么不记剽立为国君?(记剽立为国君,是表明剽的窃位;)不记剽立为国君,是表明卫侯衎失众出逃的过恶。

注释 1 甯喜:卫大夫,甯殖之子,又称悼子。 2 剽:卫殇公。襄公十四年,卫孙林父、甯殖逐献公衎而立。 3 戚:孙林父封邑,在今河南濮阳北。 4 未有说:无人喜欢。说,通"悦"。

【经】夏,晋侯使荀吴[1]来聘。

【经】公会晋人、郑良霄、宋人、曹人于澶渊。

【经】秋,宋公杀其世子痤[2]。

【经】晋人执卫甯喜。

【传】此执有罪,何以不得为伯讨? 不以其罪执之[3]也。

【经】八月,壬午,许男甯[4]卒于楚。

【经】冬,楚子、蔡侯、陈侯伐郑。

【经】葬许灵公。

【经】夏季,晋侯派荀吴来聘问。

【经】襄公在澶渊会见晋国人、郑国的良霄、宋国人、曹国人。

【经】秋季,宋公杀死他的世子痤。

【经】晋国人逮捕卫国的甯喜。

【传】这是逮捕有(杀君之)罪的人,(晋侯是霸主,)为什么他不作为方伯诛讨(而写晋国人逮捕)? 因为不是根据甯喜的弑君之罪逮捕他(,而是为帮助孙林父的缘故)。

【经】八月,壬午日,许男甯在楚国去世。

【经】冬季,楚子、蔡侯、陈侯攻伐郑国。

【经】安葬许灵公。

注释 1 荀吴:晋大夫,荀偃之子,又称中行穆子、中行伯、中行吴、中行缪伯。其母为郑女,又称郑甥。其人勇力,能手搏虎。 2 痤(cuó):宋太子。遭诬陷被囚,自缢死。 3 不以其罪执之:不是因为他有弑君之罪而抓捕他,而是晋人听孙林父之诉而抓捕他。甯喜弑君,孙林父反对,据戚以叛,投诉于晋。 4 许男甯:许灵公,名甯。至楚乞师而卒于楚。

襄公二十七年

[原文]

【经】二十有七年,春,齐侯使庆封[1]来聘。

【经】夏,叔孙豹会晋赵武、楚屈建、蔡公孙归生、卫石恶、陈孔瑗、郑良霄、许人、曹人于宋。

[注释] 1 庆封:齐大夫,又称庆季。齐景公嗣立,派他调整齐鲁关系,以趋于缓和。

【经】卫杀其大夫甯喜,卫侯之弟鱄出奔晋。

【传】卫杀其大夫甯喜,则卫侯之弟鱄曷为出奔晋?为杀甯喜出奔也。曷为为杀甯喜出奔?卫甯殖与孙林父逐卫侯而立公孙剽。甯殖病将死,谓喜曰:"黜公者,非吾意也,孙氏为之。我即死,女能固纳公乎?"喜曰:"诺。"甯殖死,

[译文]

【经】鲁襄公二十七年,春季,齐侯派遣庆封前来聘问。

【经】夏季,叔孙豹与晋国的赵武、楚国的屈建、蔡国公孙归生、卫国的石恶、陈国的孔瑗、郑国的良霄、许国人、曹国人在宋国聚会。

【经】卫国杀死它的大夫甯喜,卫侯的弟弟出逃到晋国。

【传】卫国杀死它的大夫甯喜,卫侯的弟弟鱄为什么要逃到晋国?是因为甯喜被杀而出逃。为什么为甯喜被杀而出逃?卫国的甯殖与孙林父赶走卫侯,立公孙剽为国君。甯殖将死时,对甯喜说:"赶走献公并不是我的意思,是孙氏干的。我如果死了,你能坚决接纳(献)公(回国复位)吗?"甯喜说:"好。"甯殖死,甯喜立

喜立为大夫,使人谓献公曰:"黜公者,非甯氏也,孙氏为之。吾欲纳公,何如?"献公曰:"子苟纳我,吾请与子盟。"喜曰:"无所用盟,请使公子鱄约之。"献公谓公子鱄曰:"甯氏将纳我,吾欲与之盟,其言曰:'无所用盟,请使公子鱄约之。'子固为我与之约矣。"公子鱄辞曰:"夫负羁絷[1],执铁锧[2],从君东西南北,则是臣仆庶孽之事也。若夫约言为信,则非臣仆庶孽之所敢与也。"献公怒曰:"黜我者,非甯氏与孙氏,凡在尔。"公子鱄不得已,而与之约。已约,归至,杀甯喜。公子鱄挈其妻子而去之,将济于河,携其妻子而与之盟,曰:"苟有履卫地、食卫粟者,昧雉彼视[3]。"

为大夫,派人对卫献公说:"赶走公的不是我们甯氏,是孙氏干的。我想接纳您(复位),怎么样?"献公说:"您如果接纳我(复位),我请求与您盟誓。"甯喜说:"没有用盟誓的必要,请派公子鱄为这事订约。"献公对公子鱄说:"甯氏将要接纳我,我要和他盟誓,他说:'没有用盟誓的必要,请派公子鱄为这事订约。'您一定替我和他订约!"公子鱄推辞说:"背负马笼头和绊马索,手执斧头和铁砧,跟随君到东西南北,这是我臣仆庶孽的事情。至于约言作为信誓,这不是我臣仆庶孽所敢参与的。"献公发怒说:"赶走我的,不是甯氏和孙氏,全是你!"公子鱄不得已,与甯喜约言为信。已订约,献公归来(复位),杀掉甯喜。公子鱄携带他的妻子儿女离开献公,将要渡过黄河时,带着他的妻子儿女与他们盟誓,说:"如果再踏上卫国的土地、吃卫国的粮食,就夷灭他的氏族!"

[注释] 1 羁(jī)絷(zhí):马笼头和绊马索。 2 铁锧(zhí):刑具。铁,同"斧"。锧,砧。 3 昧雉彼视:这是一句誓词,犹如说全家死光光。昧,

借为"灭"。雉,借为"夷"。视,借为"示",宗族。连起来是说消灭他的宗族。此句与《侯马盟书》"麻夷非是"相类。

【经】秋,七月,辛巳,豹及诸侯之大夫盟于宋。

【传】曷为再言豹?殆[1]诸侯也。曷为殆诸侯?为卫石恶[2]在是也,曰恶人之徒在是矣。

【经】冬,十有二月,乙亥,朔,日有食之。

【经】秋季,七月,辛巳日,叔孙豹与诸侯的大夫在宋结盟。

【传】(前文说:"夏季,叔孙豹与晋国赵武……在宋国聚会。")为什么(这里)又说"叔孙豹"?是为诸侯感到危险。为什么为诸侯感到危险?因为卫国的石恶也在这里,就是说,恶人的党徒在这里了。

【经】冬季,十二月,乙亥日,朔日,发生日食。

注释 1 殆:危。殆诸侯,使诸侯处于危险的境地。 2 石恶:《传》以为其名为恶,便是丑恶之人。诸侯不愿与之为伍。这是误会。名恶,是为破除其生辰上的不祥,不是表明自己有罪恶在身。

襄公二十八年

原文

【经】二十有八年,春,无冰。

【经】夏,卫石恶出奔晋。

【经】邾娄子来朝。

译文

【经】鲁襄公二十八年,春季,没有结冰。

【经】夏季,卫国的石恶出逃到晋国。

【经】邾娄子前来朝见。

【经】秋,八月,大雩。仲孙羯如晋。

【经】冬,齐庆封来奔。

【经】十有一月,公如楚。

【经】十有二月,甲寅,天王[1]崩。

【经】乙未,楚子昭[2]卒。

【经】秋季,八月,举行大雩祭。仲孙羯到晋国。

【经】冬季,齐国的庆封逃亡前来。

【经】十一月,襄公到楚国。

【经】十二月,甲寅日,周王驾崩。

【经】乙未日,楚子昭去世。

[注释] 1 天王:周灵王。 2 楚子昭:楚康王名昭。

襄公二十九年

[原文]

【经】二十有九年,春,王正月,公在楚。

【传】何言乎公在楚?正月以存君[1]也。

【经】夏,五月,公至自楚。

【经】庚午,卫侯衎卒。

【经】阍弑吴子馀祭[2]。

【传】阍者何?门人也,刑人[3]也。刑人则曷为

[译文]

【经】鲁襄公二十九年,春季,周王的正月,襄公在楚国。

【传】襄公在楚国为什么要说?(正月是新年开始,臣下)在正月里想念问候君主。

【经】夏季,五月,襄公从楚国回来。

【经】庚午日,卫侯衎去世。

【经】阍杀死吴子馀祭。

【传】阍是什么人?是守门的人,是受过宫刑的人。受过刑的人为什么

谓之阍?刑人非其人[4]也。君子不近刑人,近刑人,则轻死之道也。

叫他做阍?受过刑的人,不是一般人。君子不接近受过刑的人,接近受过刑的人,就是看轻死亡的做法。

[注释] 1 正月以存君:每年正月,有朝庙告朔之礼。此年正月,襄公不在国内,国人仍行朝正之礼。因襄公未能亲自朝庙,所以祝史以公在楚告庙。史官因书于策。 2 馀祭:寿梦之子,诸樊之弟。 3 刑人:守门人用刑人,一般是用砍断了脚筋的人。 4 非其人:不是一般的人,不是正常的人。

【经】仲孙羯会晋荀盈、齐高止、宋华定、卫世叔齐、郑公孙段、曹人、莒人、邾娄人、滕人、薛人、小邾娄人,城杞[1]。

【经】晋侯使士鞅来聘。

【经】杞子来盟。

【经】仲孙羯会同晋国的荀盈、齐国的高止、宋国的华定、卫国世叔齐、郑国公孙段、曹国人、莒国人、邾娄国人、滕国人、薛国人、小邾娄国人为杞国筑城。

【经】晋侯派士鞅前来聘问。

【经】杞子前来结盟。

[注释] 1 城杞:会合诸侯助杞筑城。

【经】吴子使札来聘。

【传】吴无君无大夫,此何以有君有大夫?贤季子也。何贤乎季子?让国也。其让国奈何?谒也,馀祭也,夷昧也,与季子同

【经】吴子派札前来聘问。

【经】吴国没有君主没有大夫,这里为什么承认它有君主有大夫?是认为季子贤(而推尊吴国)。季子有什么贤?他辞让国君不做。他怎样辞让国君不做?谒、馀祭、夷昧与季子是同母

母者四,季子弱而才,兄弟皆爱之,同欲立之以为君,谒曰:"今若是迮[1]而与季子国,季子犹不受也。请无与子而与弟,弟兄迭为君,而致国乎季子。"皆曰:"诺。"故诸为君者,皆轻死为勇,饮食必祝,曰:"天苟有吴国,尚[2]速有悔[3]于予身。"故谒也死,馀祭也立;馀祭也死,夷昧也立;夷昧也死,则国宜之季子者也。季子使而亡焉,僚者,长庶也,即之。季子使而反,至而君之尔。阖庐[4]曰:"先君之所以不与子国,而与弟者,凡为季子故也。将从先君之命与,则国宜之季子者也;如不从先君之命与,则我宜立者也。僚恶得为君乎?"于是使专诸刺僚,而致国乎季子。季子不受,曰:"尔弑吾君,吾受尔国,是吾与尔为篡也。尔杀吾兄,吾又杀尔,是父子兄弟

兄弟四人,季子小而有才华,三个哥哥都喜欢他,一同想立他为国君,谒说:"现在如果这样仓促给季子君位,季子仍不会接受。请不要把君位传给儿子而传给弟弟,兄弟更替为君,最终将君位传给季子。"都说:"好!"所以各个做国君的都看轻死亡,做勇敢的事情,饮食时祭祀必定祈祷,说:"上天如果保佑吴国,请快快给我降下灾祸(好传位给季子)。"所以谒死,馀祭立为国君;馀祭死,夷昧立为国君;夷昧死,那么君位应当传到季子了。季子出使不在国内,僚是长庶子,即君位。季子出使归来,到达后而以僚为君。阖庐说:"先君之所以不传位给儿子而传位给弟弟,都是因为季子的缘故。将听从先君的命令吧,那么君位应当传到季子了;如果不听从先君的命令吧,那么我应当立为君了。僚怎么能为君呢?"于是派专诸刺杀僚,将君位传给季子。季子不肯接受,说:"你杀我们的君主,我接受你的君位,这是赞同与你一同篡位。你杀我的哥哥,我又(为他)杀你,这是父子兄弟自相残杀没有停止的时候。"离开(国都)去到延陵,

相杀,终身无已也。"去之延陵[5],终身不入吴国。故君子以其不受为义,以其不杀为仁。贤季子则吴何以有君有大夫?以季子为臣,则宜有君者也。札者何?吴季子之名也。《春秋》贤者不名,此何以名?许夷狄者不壹而足也。季子者所贤也,曷为不足乎季子?许人臣者必使臣[6],许人子者必使子也。

终身不入吴国朝廷。所以君子以为他不接受君位是义,认为他不杀(阖庐)是仁。认为季子贤,为什么承认吴国有君有大夫?因为以季子为臣,就应当有君了。札是什么人?是吴季子的名。《春秋》对贤人不写他的名,这里为什么写名?因为嘉许夷狄不是一次就满足(应该逐渐提升)。季子是大家认为贤的,为什么不满足季子?(在君的前面,臣子称名,)嘉许别人的臣子,一定使他成全为臣之道;嘉许别人的儿子,一定使他成全为子之道。

[注释] 1 迮(zé):急迫,仓促。 2 尚:表希冀的副词。 3 悔:咎,灾。 4 阖庐:公子光,谒(诸樊)之子。 5 延陵:吴下邑。故址在今江苏常州。 6 使臣:使之成全为臣之道。下文"使子",使之成全为子之道。一说,使,从也。依从其本意。

【经】秋,九月,葬卫献公。
【经】齐高止出奔北燕[1]。
【经】冬,仲孙羯如晋。

【经】秋季,九月,安葬卫献公。
【经】齐国的高止出逃到北燕。
【经】冬季,仲孙羯到晋国。

[注释] 1 北燕:燕有南燕、北燕。南燕相传为黄帝后,在今河南汲县东南。北燕始封君为召公奭,战国七雄之一,在今河北北部,辽宁西端,都城蓟,即今北京。

襄公三十年

【原文】

【经】三十年,春,王正月,楚子使薳颇[1]来聘。

【经】夏,四月,蔡世子般弑其君固[2]。

【经】五月,甲午,宋灾,伯姬[3]卒。

【经】天王杀其弟年夫。

【经】王子瑕奔晋。

【译文】

【经】鲁襄公三十年,春季,周王的正月,楚子派薳颇前来聘问。

【经】夏季,四月,蔡国世子般杀死他的国君固。

【经】五月,甲午日,宋国发生火灾,伯姬(在火灾中)去世。

【经】周王杀死他的弟弟年夫。

【经】王子瑕逃亡到晋国。

【注释】 1 薳(wěi)颇:楚臣,又称子荡。 2 固:蔡景公,名固。 3 伯姬:鲁成公姊妹,其夫宋共公,以夫谥为谥,故又称共姬。伯姬于成公九年嫁宋共公。成公十五年,宋共公卒。寡居三十四年,此时近六十岁。

【经】秋,七月,叔弓如宋,葬宋共姬。

【传】外夫人不书葬,此何以书?隐之也。何隐尔?宋灾,伯姬卒焉。其称谥何?贤也。何贤尔?宋灾,伯姬存焉,有司复曰:

【经】秋季,七月,叔弓到宋国,安葬宋共姬。

【传】别国的夫人不记葬,这里为什么记葬?是为她悲痛。为什么要为她悲痛?宋国发生火灾,伯姬在火灾中去世。这里称伯姬的谥号是什么意思?是表明她贤。她有什么贤?宋宫

"火至矣,请出。"伯姬曰:"不可。吾闻之也,妇人夜出,不见傅母[1]不下堂。傅至矣,母未至也。"逮乎火而死。

【经】郑良霄出奔许,自许入于郑。郑人杀良霄。

发生火灾,伯姬在宫里,有关官员报告她说:"火来了,请出宫!"伯姬说:"不可!我听说,妇人夜里出来,不见傅、母不出堂屋。傅到了,母还未到。"直到被火烧死。

【经】郑国的良霄出逃到许国,又从许国进入郑国。郑国人杀良霄。

[注释] 1 傅母:后、夫人必有傅、母。所以辅正其行,卫其身也。选老大夫为傅,选老大夫妻为母。

【经】冬,十月,葬蔡景公。

【传】贼未讨,何以书葬?君子辞也。

【经】晋人、齐人、宋人、卫人、郑人、曹人、莒人、邾娄人、滕人、薛人、杞人、小邾娄人会于澶渊,宋灾故。

【传】宋灾故者何?诸侯会于澶渊,凡为宋灾故也。会未有言其所为者,此言所为何?录伯姬也。诸侯相聚[1],而

【经】冬季,十月,安葬蔡景公。

【传】杀君之贼还没有诛讨,为什么记葬?(这)是君子(宽恕蔡君臣下、儿子)的话。

【经】晋国人、齐国人、宋国人、卫国人、郑国人、曹国人、莒国人、邾娄国人、滕国人、薛国人、杞国人、小邾娄国人在澶渊聚会,是因为宋国发生火灾的缘故。

【传】"因为宋国发生火灾的缘故"是什么意思?诸侯们(的卿奉命)在澶渊聚会,都是因为宋国发生火灾的缘故。记会没有记过是为什么聚会的,这里说是因为宋国发生火灾,是为什么?是记录伯姬的事情。诸侯(的卿)互相聚敛财物以补

更²宋之所丧曰："死者不可复生，尔财复矣。"此大事也，曷为使微者？卿也。卿则其称人何？贬。曷为贬？卿不得忧诸侯也。

偿宋国的损失，说："死去的人不能复生，你们所损失的财物已再有了！"这是大事，为什么派地位低微的人（去办）？（不是地位低微的人，）是卿。既是卿，这里称"人"是什么意思？是贬。为什么贬？因为卿不得为诸侯担忧。

【注释】 1 聚：聚敛，谓集财。 2 更：复，恢复其所损失之数。

襄公三十一年

【原文】

【经】三十有一年，春，王正月。

【经】夏，六月，辛巳，公薨于楚宫¹。

【经】秋，九月，癸巳，子野卒²。

【经】己亥，仲孙羯卒。

【经】冬，十月，滕子来会葬。

【经】癸酉，葬我君襄公。

【经】十有一月，莒人杀其君密州³。

【译文】

【经】鲁襄公三十一年，春季，周王的正月。

【经】夏季，六月，辛巳日，襄公在楚宫去世。

【经】秋季，九月，癸巳日，子野去世。

【经】己亥日，仲孙羯去世。

【经】冬季，十月，滕子来会葬。

【经】癸酉日，安葬我国君主襄公。

【经】十一月，莒国人杀死他们的君主密州。

【注释】 1 楚宫：襄公在鲁都所筑之别馆，仿楚之所制。 2 子野卒：襄公卒，立其妾胡女所生之子子野。子野哀毁过度而死。 3 密州：莒犁比公，名密州。

昭公

昭公元年

【原文】

【经】元年[1],春,王正月,公[2]即位。

【经】叔孙豹会晋赵武、楚公子围、齐国酌、宋向戌、卫石恶[3]、陈公子招、蔡公孙归生、郑轩虎、许人、曹人于漷[4]。

【传】此陈侯之弟招也,何以不称弟?贬。曷为贬?为杀世子偃师贬。曰:"陈侯之弟招杀陈世子偃师。"大夫相杀称人,此其称名氏以杀何?言将自是弑君也。今将尔[5],词曷为与亲弑者同?君亲无将[6],将而必诛焉。然

【译文】

【经】鲁昭公元年,春季,周王的正月,昭公即位。

【经】叔孙豹在漷地会见晋国的赵武、楚国公子围、齐国的国酌、宋国的向戌、卫国的石恶、陈国公子招、蔡国公孙归生、郑国的轩虎、许国人、曹国人。

【传】这是陈侯的弟弟招,为什么不称陈侯之弟?是贬(他)。为什么贬?为了他杀世子偃师贬(他)。(《春秋》昭公八年)记载说:"陈侯的弟弟招杀了陈国世子偃师。"大夫杀大夫,记时称"人",这里杀大夫的称名氏是什么意思?意思是说他将从这时开始要杀国君了。现在只是将要这样,所用的言辞为什么与亲自杀的人相同?对君主、父母是没有"将要"的,"将要"就必定要

则曷为不于其弑焉贬?以亲者弑,然后其罪恶甚。《春秋》不待贬绝而罪恶见者,不贬绝以见罪恶也;贬绝然后罪恶见者,贬绝以见罪恶也。今招之罪已重矣,曷为复贬乎此?著招之有罪也。何著乎招之有罪?言楚之托乎讨招以灭陈[7]也。

对他诛讨。那么为什么不在他杀世子时贬他?因为这么亲的亲人却去杀,这样,他的罪就特别大。《春秋》对不通过贬绝而罪恶就能彰明出来的,就不贬绝以彰明他的罪恶;要通过贬绝然后罪恶才能彰明出来的,就贬绝以彰明他的罪恶。现在招杀世子、杀国君的罪恶已经很重了,为什么又在这里贬?是彰明招有罪恶。为什么要彰明招有罪恶?是说楚借托诛讨招以灭亡陈国。

[注释] 1 元年:鲁昭公元年,公元前541年。 2 公:昭公,鲁襄公之子,胡女敬归之娣齐归所生。名裯,一作稠。即位时年十九,在位二十五年,寄居于齐、晋八年,共三十三年。 3 石恶:当是齐恶。石恶已于襄公二十八年出奔晋。 4 潟:《左传》作"虢",此为东虢,姬姓国,后为郑所灭。故城在今河南郑州北之古荥镇。 5 今将尔:谓招欲弑君。 6 君亲无将:国君的亲人不可以有将要弑君的图谋。 7 言楚之托乎讨招以灭陈:指昭公八年楚借口讨招而灭陈事。

【经】三月,取运[1]。

【传】运者何?内之邑也。其言取之何?不听[2]也。

【经】夏,秦伯之弟鍼[3]出奔晋。

【传】秦无大夫,此

【经】三月,攻取运邑。

【传】运是什么地方?是国内的一个邑。这里说攻取它是为什么?是因为它(反叛)不听从政令。

【经】夏季,秦伯的弟弟鍼出逃到晋国。

【传】秦国没有大夫,(不是大夫不

何以书？仕诸晋也。曷为仕诸晋？有千乘之国，而不能容其母弟，故君子谓之出奔也。

记名,)这里为什么记(他)？因为他在晋国做官(,成为晋国的大夫)。为什么到晋国做官？有千辆兵车的大国国君,不能容纳同母胞弟,所以君子说他是出逃。

[注释] 1 运：在今山东沂水东北。在莒、鲁边境。时属莒,时属鲁。 2 听：听从,服从。 3 鍼(qián)：又名后子,秦桓公子,秦景公母弟。

【经】六月,丁巳,邾娄子华卒。

【经】六月,丁巳日,邾娄子华去世。

【经】晋荀吴帅师败狄于大原。

【经】晋国的荀吴领兵在大原打败狄。

【传】此大卤[1]也,曷为谓之大原？地物从中国,邑人名从主人。原者何？上平曰原,下平曰隰。

【传】(从狄的叫法)这是大卤,为什么叫它大原？因为地与事物都遵照诸夏的叫法,邑与人名都跟着主人叫。原是什么意思？高而平广的地方叫原,低而平广的地方叫隰。

[注释] 1 大卤：狄名之为大卤,所谓"邑人名从主人"。晋谓之为大原,所谓"地物从中国"。

【经】秋,莒去疾自齐入于莒。

【经】秋季,莒国的去疾从齐国进入莒国。

【经】莒展出奔吴[1]。

【经】莒国的展出逃到吴国。

【经】叔弓帅师疆运田[2]。

【经】叔弓领兵以运田为边境。

【传】以运田为边境是什么意

【传】疆运田者何？与莒为竟也。与莒为竟，则曷为帅师而往？畏莒也。

【经】葬邾娄悼公。

【经】冬，十有一月，己酉，楚子卷[3]卒。

【经】楚公子比出奔晋。

思？是与莒国划分国界。与莒国划分国界，为什么要领兵前往？是害怕莒国（捣乱）。

【经】安葬邾娄悼公。

【经】冬季，十一月，己酉日，楚子卷去世。

【经】楚国公子比出逃到晋国。

注释 1 莒展出奔吴：去疾与展，皆莒犁比公密州之子。犁比公立展为太子，后又废之。襄公三十一年，展利用国人对犁比公不满而弑君自立。去疾为齐女所出，奔齐。昭公元年，齐公子鉏纳去疾于莒，展为吴女所出，奔吴。 2 疆运田：整顿边疆运地的田土，划清界限。 3 楚子卷：楚国君郏敖，名卷。在位四年。楚人不为作谥，因葬于郏，名郏敖。

昭公二年

原文

【经】二年，春，晋侯使韩起[1]来聘。

【经】夏，叔弓[2]如晋。

【经】秋，郑杀其大夫公孙黑。

【经】冬，公如晋，至河乃复。

译文

【经】鲁昭公二年，春季，晋侯派韩起前来聘问。

【经】夏季，叔弓到晋国。

【经】秋季，郑国杀它的大夫公孙黑。

【经】冬季，昭公到晋国去，走到黄河就返回了。

【传】这里说走到黄河就返回是什

【传】其言至河乃复何？不敢进也。

【经】季孙宿如晋。

么原因？因为（听说晋侯要逮捕他）不敢前进。

【经】季孙宿到晋国。

注释　1 韩起：晋臣，又称韩子、韩宣子。　2 叔弓：鲁宗族，叔老之子。

昭公三年

原文

【经】三年，春，王正月，丁未，滕子泉[1]卒。

【经】夏，叔弓如滕。

【经】五月，葬滕成公。

【经】秋，小邾娄子来朝。

【经】八月，大雩。

【经】冬，大雨雹。

【经】北燕伯[2]款出奔齐。

译文

【经】鲁昭公三年，春季，周王的正月，丁未日，滕子泉去世。

【经】夏季，叔弓到滕国。

【经】五月，安葬滕成公。

【经】秋季，小邾娄子前来朝见。

【经】八月，举行大雩祭。

【经】冬季，下大冰雹。

【经】北燕伯款出逃到齐国。

注释　1 滕子泉：滕成公，名泉。　2 北燕伯：燕简公。

昭公四年

【原文】

【经】四年,春,王正月,大雨雪。

【经】夏,楚子、蔡侯、陈侯、郑伯、许男、徐子、滕子、顿子、胡子、沈子、小邾娄子、宋世子佐、淮夷会于申[1]。楚人执徐子[2]。

【经】秋,七月,楚子、蔡侯、陈侯、许男、顿子、胡子、沈子、淮夷伐吴,执齐庆封,杀之。

【传】此伐吴也,其言执齐庆封何?为齐诛也。其为齐诛奈何?庆封走之吴,吴封之于防[3]。然则曷为不言伐防?不与诸侯专封也。庆封之罪何?胁齐君而乱齐国也。

【经】遂灭厉[4]。

【经】九月,取鄫[5]。

【译文】

【经】鲁昭公四年,春季,周王的正月,下大雪。

【经】夏季,楚子、蔡侯、陈侯、郑伯、许男、徐子、滕子、顿子、胡子、沈子、小邾娄子、宋世子佐、淮夷在申国集会。楚国人逮捕徐子。

【经】秋季,七月,楚子、蔡侯、陈侯、许男、顿子、胡子、沈子、淮夷攻伐吴国,抓住齐国的庆封,把他杀了。

【传】这是攻伐吴国,这里说抓住齐国的庆封是什么意思?是替齐国诛杀(他)。替齐国诛杀(他)是怎么回事?庆封跑到吴国,吴国将他封在防邑。那么为什么不说是攻伐防邑?是不赞许诸侯擅自行封。庆封的罪是什么?是胁迫齐君搞乱齐国。

【经】接着就灭亡厉国。

【经】九月,取得鄫国。

【传】这里说取得它是什么意

【传】其言取之何？灭之也。灭之，则其言取之何？内大恶讳也。

【经】冬，十有二月，乙卯，叔孙豹卒。

思？其实是灭亡它。灭亡它，而这里说取得它是什么缘故？（灭鄫是）我国的大恶，为它隐讳。

【经】冬季，十二月，乙卯日，叔孙豹去世。

[注释] 1 申：楚地，在今河南南阳北。 2 楚人执徐子：楚与吴为世仇，徐子为吴女所出，楚疑其二心，故抓捕他。 3 防：吴邑，在今江苏镇江东丹徒镇南。 4 厉：小国名，在今湖北随州东北之厉山店。 5 鄫：姒姓小国，在今山东枣庄旧峄县东。

昭公五年

【原文】

【经】五年，春，王正月，舍中军[1]。

【传】舍中军者何？复古也。然则曷为不言三卿？五亦有中，三亦有中。

【经】楚杀其大夫屈申。

【经】公如晋。

【经】夏，莒牟夷以牟娄及防、兹

【译文】

【经】鲁昭公五年，春季，周王的正月，废除中军。

【传】废除中军是什么意思？就是恢复以前的二军制。那么（襄公十一年说编成三个军，也就是设立三个卿，这里）为什么不说废除三卿（亦即三军）？（前面如果不说编成三军，而说增设中军就不行，）因为五军有中军，三军也有中军（，就不知道是几军的中军）。（这里说废除中军，因前面有"编成三军"，就知道是三军的中军。）

【经】楚国杀它的大夫屈申。

来奔。

【传】莒牟夷者何？莒大夫也。莒无大夫，此何以书？重地也。其言及防、兹来奔何？不以私邑累公邑[2]也。

【经】昭公到晋国。

【经】夏季，莒国的牟夷带着牟娄及防、兹等地逃亡而来。

【传】莒国的牟夷是什么人？是莒国的大夫。莒国没有大夫，这里为什么记（他）？是看重他带来的这些土地城邑。这里说"及防、兹"逃亡而来是什么意思？（牟娄是公邑，防、兹是私邑，）是不把公邑私邑并列。

[注释] 1 舍中军：裁撤中军。鲁原有上下两军，襄公十一年增设中军而为三军。此年裁撤中军，仍为两军。 2 不以私邑累公邑：牟娄是公邑，防、兹为私邑，中间用"及"字，以见等列分明。

【经】秋，七月，公至自晋。

【经】戊辰，叔弓帅师败莒师于濆泉[1]。

【传】濆泉者何？直泉也。直泉者何？涌泉也。

【经】秦伯卒。

【传】何以不名？秦者夷也，匿嫡之名[2]也。其名何？嫡得之也。[3]

【经】冬，楚子、蔡侯、

【经】秋季，七月，昭公从晋国回来。

【经】戊辰日，叔弓领兵在濆泉打败莒军。

【传】濆泉是什么？是直泉。直泉是什么？是涌泉。

【经】秦伯去世。

【传】为什么不写出秦伯的名？秦是夷国，（夷）隐匿嫡子的名（以便选择勇猛的人立为君）。有时又有名是怎么回事？是嫡子得立为君。

【经】冬季，楚子、蔡侯、陈侯、许

陈侯、许男、顿子、沈子、徐人、越人伐吴。

男、顿子、沈子、徐国人、越国人攻伐吴国。

【注释】 1 濆(pēn)泉：喷水之泉。鲁地名，位于莒、鲁交界处，或在今山东沂南。 2 匿嫡之名：嫡长子不为他取名，不立为君，择四境中之勇武者而立之。 3 其名何？嫡得之也：那为什么有的又有名字呢？那是因为他勇武，又属于嫡长，得继君位。

昭公六年

【原文】

【经】六年，春，王正月，杞伯益姑[1]卒。

【经】葬秦景公。

【经】夏，季孙宿如晋。

【经】葬杞文公。

【经】宋华合比出奔卫。

【经】秋，九月，大雩。

【经】楚薳颇帅师伐吴。

【经】冬，叔弓如楚。

【经】齐侯伐北燕。

【译文】

【经】鲁昭公六年，春季，周王的正月，杞伯益姑去世。

【经】安葬秦景公。

【经】夏季，季孙宿到晋国。

【经】安葬杞文公。

【经】宋国的华合比出逃到卫国。

【经】秋季，九月，举行大雩祭。

【经】楚国的薳颇领兵攻伐吴国。

【经】冬季，叔弓到楚国。

【经】齐侯攻伐北燕。

【注释】 1 杞伯益姑：杞文公，名益姑。

昭公七年

[原文]

【经】七年,春,王正月,暨齐平。

【经】三月,公如楚。

【经】叔孙舍如齐莅盟。

【经】夏,四月,甲辰,朔,日有食之。

【经】秋,八月,戊辰,卫侯恶[1]卒。

【经】九月,公至自楚。

【经】冬,十有一月,癸未,季孙宿卒。

【经】十有二月,癸亥,葬卫襄公。

[译文]

【经】鲁昭公七年,春季,周王的正月,同齐国媾和。

【经】三月,昭公到楚国。

【经】叔孙舍到齐国去结盟。

【经】夏季,四月,甲辰日,朔日,发生日食。

【经】秋季,八月,戊辰日,卫侯恶去世。

【经】九月,昭公从楚国回国。

【经】冬季,十一月,癸未日,季孙宿去世。

【经】十二月,癸亥日,安葬卫襄公。

[注释] 1 卫侯恶:卫襄公,名恶。

昭公八年

【原文】

【经】八年,春,陈侯之弟招杀陈世子偃师。[1]

【经】夏,四月,辛丑,陈侯溺[2]卒。

【经】叔弓如晋。

【经】楚人执陈行人[3]于徼师,杀之。

【经】陈公子留出奔郑。

【经】秋,蒐于红[4]。

【传】蒐者何？简车徒[5]也。何以书？盖以罕书也。

【经】陈人杀其大夫公子过[6]。

【经】大雩。

【经】冬,十月,壬午,楚师灭陈,执陈公子招,放之于越。杀陈孔瑗。

【经】葬陈哀公。

【译文】

【经】鲁昭公八年,春季,陈侯的弟弟招杀了陈国世子偃师。

【经】夏季,四月,辛丑日,陈侯溺去世。

【经】叔弓到晋国。

【经】楚国人在徼师逮捕陈国的使者,杀了他。

【经】陈国公子留出逃到郑国。

【经】秋季,在红地举行大蒐。

【传】"蒐"是什么？是检阅兵车和步兵。为什么记？是因为举行得太少而记。

【经】陈国人杀他们的大夫公子过。

【经】举行大雩祭。

【经】冬季,十月,壬午日,楚军灭亡陈国,逮捕陈国公子招,将他流放到越地。杀陈国孔瑗。

【经】安葬陈哀公。

【注释】 1 陈侯陈哀公元妃郑姬,生太子偃师,二妃生公子留,有宠。陈侯母弟公子招专权,杀死太子偃师。 2 陈侯溺:陈哀公名溺,母弟杀其世子,悔愤交加,自经死。 3 陈行人:陈国使者。向楚报告国内事变,以及公子留继位。楚不认可,抓捕起来杀了。 4 红:鲁地,在今山东泰安东北。 5 简车徒:检阅兵车和步兵。 6 公子过:与公子招一伙。

昭公九年

【原文】

【经】九年,春,叔弓会楚子于陈。

【经】许迁于夷[1]。

【经】夏,四月,陈火。

【传】陈已灭矣,其言陈火何?存陈也。曰存陈悕[2]矣。曷为存陈?灭人之国,执人之罪人,杀人之贼,葬人之君,若是则陈存悕矣。

【经】秋,仲孙貜[3]如齐。

【经】冬,筑郎囿[4]。

【译文】

【经】鲁昭公九年,春季,叔弓在陈会见楚子。

【经】许国迁都到夷地。

【经】夏季,四月,陈国发生火灾。

【传】陈国已被灭亡,这里说"陈国发生火灾"是什么意思?是要保存陈国。说"保存陈国"是(因陈国被灭)悲伤。为什么保存陈国?灭别人的国家,逮捕别国的罪臣,杀别国的贼人,葬别国的君主,像这样,陈国存在下来就可悲了。

【经】秋季,仲孙貜到齐国。

【经】冬季,修造郎囿。

【注释】 1 夷:楚地。在今安徽亳州东南。 2 悕(xī):悲,可悲。 3 仲孙貜(jué):鲁宗族大臣,又称孟孙、孟僖子。 4 郎囿(yòu):囿,国君畜养禽兽的园林。此囿位于郎,郎在鲁都曲阜东南近郊。

昭公十年

[原文]

【经】十年,春,王正月。

【经】夏,晋[1]栾施来奔。

【经】秋,七月,季孙隐如、叔弓、仲孙貜帅师伐莒。

【经】戊子,晋侯彪[2]卒。

【经】九月,叔孙舍如晋。

【经】葬晋平公。

【经】十有二月,甲子,宋公成[3]卒。

[译文]

【经】鲁昭公十年,春季,周王的正月。

【经】夏季,齐国的栾施逃奔前来。

【经】秋季,七月,季孙隐如、叔弓、仲孙貜领兵攻伐莒国。

【经】戊子日,晋侯彪去世。

【经】九月,叔孙舍到晋国。

【经】安葬晋平公。

【经】十二月,甲子日,宋公成去世。

[注释] 1 晋:当作齐,《传》误。 2 晋侯彪:晋平公,名彪。 3 宋公成:宋平公,名成。

昭公十一年

[原文]

【经】十有一年,春,王正月,叔弓如宋。

[译文]

【经】鲁昭公十一年,春季,周王的正月,叔弓到宋国。

【经】葬宋平公。

【经】夏,四月,丁巳,楚子虔[1]诱蔡侯般[2],杀之于申。

【传】楚子虔何以名?绝。曷为绝之?为其诱讨也。此讨贼[3]也,虽诱之,则曷为绝之?怀恶而讨不义,君子不予也。

【经】安葬宋平公。

【经】夏季,四月,丁巳日,楚子虔诱骗蔡侯般,在申地杀死他。

【传】楚子为什么要写出他的名虔?是不承认(他的爵位)。为什么不承认他(的爵位)?因为他采用诱骗的方法诛讨。这是诛讨贼子,即使是用诱骗的方法诛讨他,为什么不承认他(的爵位)?怀着恶意诛讨不义的人,君子不赞许他诛讨。

[注释] 1 楚子虔:楚灵王,原名围,即位后改名虔。 2 诱蔡侯般:楚灵王在申(楚地),召蔡侯。蔡大夫谏曰:"今币重而言甘,诱我也,不如无往。"蔡侯不听。灵王伏甲而飨蔡侯,醉而执之,继而杀之。 3 贼:谓蔡侯般。他在襄公三十年弑君自立。

【经】楚公子弃疾帅师围蔡。

【经】五月,甲申,夫人归氏[1]薨。

【经】大蒐于比蒲[2]。

【传】大蒐者何?简车徒也。何以书?盖以罕书也。

【经】仲孙貜会邾娄子,盟于侵羊[3]。

【经】楚国公子弃疾率军包围蔡国。

【经】五月,甲申日,夫人归氏去世。

【经】在比蒲举行大蒐。

【传】大蒐是什么意思?是检阅兵车和步兵。为什么记?因为平日举行得少而记。

【经】仲孙貜会见邾娄子,在侵羊结盟。

[注释] 1 夫人归氏:鲁昭公生母,胡女,归姓,谥齐。鲁襄公嫡夫人敬归之娣,继为夫人。 2 比蒲:不详何地,或以为鲁东门外之蒲圃。 3 侵羊:在今山东曲阜境。

【经】秋,季孙隐如会晋韩起、齐国酌、宋华亥、卫北宫佗、郑轩虎、曹人、杞人于屈银[1]。

【经】九月,己亥,葬我小君齐归。

【传】齐归者何?昭公之母也。

【经】冬,十有一月,丁酉,楚师灭蔡,执蔡世子有[2]以归,用之[3]。

【传】此未逾年之君也,其称世子何?不君灵公,不成其子也。不君灵公则曷为不成其子?诛君之子不立,非怒也,无继也[4]。恶乎用之?用之防也。其用之防奈何?盖以筑防[5]也。

【经】秋季,季孙隐如在屈银会见晋国的韩起、齐国的国酌、宋国的华亥、卫国的北宫佗、郑国的轩虎、曹国人、杞国人。

【经】九月,己亥日,安葬我国君夫人齐归。

【传】齐归是什么人?是昭公的母亲。

【经】冬季,十一月,丁酉日,楚军灭亡蔡国,抓了蔡国世子有带回(楚国),用他做牲祭祀。

【传】这是为君不到一个年头的国君(应称"子"),这里称世子是什么意思?因为灵公有杀君之罪,不把他当国君看待,因此也不把他的儿子当已继承君位而没有一个年头的新君看待。不把灵公当国君看待,为什么不把他的儿子当没有一个年头的新君看待?被诛讨的国君的儿子不当立为嗣君,这不是因为恨他的父亲而迁怒到他的儿子,是因为被诛讨的君是大逆不道的,理当断绝君位无嗣。把他用在哪里?把他用在堤防上。把他用在堤防上是怎么回事?用他来筑堤防。

[注释] 1 屈银:卫地,在今河南新乡。 2 世子有:蔡灵侯被杀,世子有守国,追谥隐。 3 用之:杀之以祭,作为牺牲。 4 非怒也,无继也:不是迁怒,而是蔡侯大逆,理当无继。 5 筑防:谓持其足,以其头夯筑堤防。

昭公十二年

[原文]

【经】十有二年,春,齐高偃帅师纳北燕伯于阳[1]。

【传】伯于阳者何?公子阳生也。子曰:"我乃知之矣。"在侧者曰:"子苟知之,何以不革[2]?"曰:"如尔所不知何[3]?《春秋》之信史也,其序则齐桓、晋文,其会则主会者为之也,其词则丘有罪[4]焉耳。"

[译文]

【经】鲁昭公十二年,春季,齐国的高偃领兵送北燕伯于阳归国。

【传】"伯于阳"是什么意思?是"公子阳生"四字的错缺。孔子说:"我就知道这件事!"在身旁的人说:"您如果知道这里错了,为什么不改过来?"(孔子)说:"(我如果改了,)你们不知道史书有讹脱怎么办?《春秋》作为信史,对诸侯次序的排列是按齐桓公、晋文公(主会时)的排列法,(齐桓公、晋文公以后的)那些会,是照主会国家排列的序次记载的。《春秋》(贬绝讥讽的)词语(如果有失误),我孔丘有过错就在这里。"

[注释] 1 纳北燕伯于阳:把北燕国的国君送进北燕的国土阳地。阳,或作唐,据王夫之研究,"在文安、大城之间,为燕、齐孔道"。《传》误以为"伯于阳"为公子阳生之误。文作"纳北燕公子阳生",把北燕的公子阳生

送进北燕去。 **2** 何以不革:为什么不改正?是说为什么不把"伯于阳"改正为"公子阳生"。 **3** 如尔所不知何:你们不知道经文有误,那怎么办呢? **4** 其词则丘有罪:《春秋》经的措辞(我修订过),如果用词不当,我有罪过,不可推诿。

【经】三月,壬申,郑伯嘉[1]卒。

【经】夏,宋公使华定[2]来聘。

【经】公如晋,至河乃复。

【经】五月,葬郑简公。

【经】楚杀其大夫成然。

【经】秋,七月。

【经】冬,十月,公子慭[3]出奔齐。

【经】楚子伐徐。

【经】晋伐鲜虞[4]。

【经】三月,壬申日,郑伯嘉去世。

【经】夏季,宋公派华定前来聘问。

【经】昭公到晋国去,走到黄河就返回了。

【经】五月,安葬郑简公。

【经】楚国杀它的大夫成然。

【经】秋季,七月。

【经】冬季,十月,公子慭出逃到齐国。

【经】楚子攻伐徐国。

【经】晋国攻伐鲜虞国。

[注释] **1** 郑伯嘉:郑简公,名嘉。 **2** 华定:宋大夫,华椒之孙。 **3** 公子慭:鲁宗族,又称子仲。 **4** 鲜虞:白狄别种,国都在今河北正定北之新城铺。战国时为中山国。

昭公十三年

原文

【经】十有三年,春,叔弓帅师围费[1]。

【经】夏,四月,楚公子比自晋归于楚,弑其君虔于乾谿[2]。

【传】此弑其君,其言归何?归无恶于弑立也。归无恶于弑立者何?灵王为无道,作乾谿之台,三年不成。楚公子弃疾胁比而立之,然后令于乾谿之役曰:"比已立矣,后归者不得复其田里。"众罢而去之,灵王经而死。

【经】楚公子弃疾弑公子比。

【传】比已立矣,其称公子何?其意不当[3]也。其意不当,则曷为加

译文

【经】鲁昭公十三年,春季,叔弓领兵包围费邑。

【经】夏季,四月,楚国公子比从晋国回归到楚国,在乾谿杀了他的君主虔。

【传】这人杀了他的君主,这里说"回归"是为什么?因他归国时本无杀君自立的恶意。归国时本无杀君自立的恶意是怎么回事?楚灵王做无道的事,建造乾谿台,三年没有造成。楚国公子弃疾胁迫比,将比立为君,然后对乾谿的役夫下令说:"比已立为国君了,后归的不得仍然占有他原有的田土,并不让他回故里!"众人停止劳作离开灵王,灵王自缢而死。

【经】楚国公子弃疾杀了公子比。

【传】比已立为国君了,这里称他为"公子"是什么意思?他的本意不是要立为国君。(臣杀君称弑)既然他的本意不是要立为国君,为什么对他用"弑"

弑焉尔？比之义,宜乎效死不立。大夫相杀称人,此其称名氏以弑何？言将自是为君也。

字(贬他)？比在道义上应当为灵王效死,自己拒绝立为国君。大夫杀大夫,杀者称"人",这里称杀者的名氏是什么意思？是说(弃疾)将从此为君。

[注释] 1 费(bì):鲁邑,在今山东费县西北。鲁昭公元年以汶阳、费封季友。时季氏家臣南蒯据费反叛,昭公派正卿叔弓围讨,被南蒯击败。 2 乾豀:楚地,在今安徽亳州东南。 3 不当:不承当,不接受。

【经】秋,公会刘子[1]、晋侯、齐侯、宋公、卫侯、郑伯、曹伯、莒子、邾娄子、滕子、薛伯、杞伯、小邾娄子于平丘[2]。

【经】八月,甲戌,同盟于平丘。公不与盟。晋人执季孙隐如以归。[3]公至自会。

【传】公不与盟者何？公不见与盟也。公不见与盟,大夫执,何以致会？不耻也。曷为不耻？诸侯遂乱,反陈蔡[4],君子不耻不与焉。

【经】秋季,昭公在平丘会见刘子、晋侯、齐侯、宋公、卫侯、郑伯、曹伯、莒子、邾娄子、滕子、薛伯、杞伯、小邾娄子。

【经】八月,甲戌日,在平丘同盟。昭公不参加结盟。晋国人逮捕季孙隐如,将他带回(国)。昭公从(平丘之)会回来。

【传】昭公不参加结盟是什么意思？是昭公不被他们接受参加结盟。昭公不被他们接受参加结盟,大夫(季孙隐如)被逮捕,为什么还记从(平丘之)会回国？是不以这事为耻辱。为什么不以这事为耻辱？诸侯们(不讨伐弃疾杀死两个国君的罪行)成全(弃疾所做的)乱事,(以)恢复陈国、蔡国作为自己的功劳,君子不把不参加他们这样的结盟作为耻辱。

[注释] 1 刘子:周王卿士,又称刘献公。 2 平丘:卫地,在今河南封丘东。 3 鲁国大臣专政,背昭公而伐邾、莒。邾、莒诉于晋。晋不许昭公盟,并抓捕季孙隐如。 4 反陈蔡:恢复陈、蔡二国,使两国相关人回国为国君。

【经】蔡侯庐[1]归于蔡,陈侯吴[2]归于陈。

【传】此皆灭国也,其言归何?不与诸侯专封也。

【经】冬,十月,葬蔡灵公。

【经】公如晋,至河乃复。

【经】吴灭州来[3]。

【经】蔡侯庐回到蔡国,陈侯吴回到陈国。

【传】这(蔡国、陈国)都是被灭亡了的国家,(现在复国,是楚王所封)这里说"回"是什么意思?是不赞同诸侯擅自行封。

【经】冬季,十月,安葬蔡灵公。

【经】昭公到晋国去,走到黄河就返回了。

【经】吴国灭亡州来国。

[注释] 1 庐:蔡国隐太子之子。 2 吴:陈国悼太子之子。 3 州来:古国名,后灭于楚。在今安徽凤台。

昭公十四年

[原文]

【经】十有四年,春,隐如至自晋。

【经】三月,曹伯滕[1]卒。

[译文]

【经】鲁昭公十四年,春季,隐如从晋国回来。

【经】三月,曹伯滕去世。

【经】夏,四月。

【经】秋,葬曹武公。

【经】八月,莒子去疾[2]卒。

【经】冬,莒杀其公子意恢。

【经】夏季,四月。

【经】秋季,安葬曹武公。

【经】八月,莒子去疾去世。

【经】冬季,莒国杀死它的公子意恢。

[注释] 1 曹伯滕:曹武公,名滕。 2 莒子去疾:莒著丘公,名去疾。

昭公十五年

[原文]

【经】十有五年,春,王正月,吴子夷昧[1]卒。

【经】二月,癸酉,有事于武宫[2],籥[3]入。叔弓卒[4],去乐,卒事。

【传】其言去乐卒事何?礼也。君有事于庙,闻大夫之丧,去乐,卒事。大夫闻君之丧,摄主而往[5]。大夫闻大夫之丧,尸[6]事毕而往。

【经】夏,蔡昭吴[7]奔郑。

[译文]

【经】鲁昭公十五年,春季,周王的正月,吴子夷昧去世。

【经】二月,癸酉日,在武庙里有祭祀活动,奏籥管的人进入。叔弓卒,撤除音乐,继续祭祀完毕。

【传】这里说撤除音乐把祭祀进行完毕是怎么回事?这是符合礼制的。国君在庙里有祭礼活动,听到大夫死去的消息,撤除音乐,把祭祀进行完毕。大夫听到君主死去的消息,请人代表主祭的行祭事,自己即行前往。大夫听到大夫死去的消息,以礼接待代神受祭的尸,这样的事完毕再前去。

【经】六月,丁巳,朔,日有食之。

【经】秋,晋荀吴帅师伐鲜虞[8]。

【经】冬,公如晋。

【经】夏季,蔡国的昭吴逃亡到郑国。

【经】六月,丁巳日,朔日,发生日食。

【经】秋季,晋国的荀吴领兵攻伐鲜虞。

【经】冬季,昭公到晋国。

[注释] 1 夷昧:继馀祭为吴王。 2 有事于武宫:指于武公之庙举行祭祀。 3 籥:祭祀时必有乐,乐有文舞、武舞。文执羽籥,武执干戚。入庙时先文后武。籥乃文舞所吹之管,这里用籥代指首先入庙文舞乐队。 4 叔弓卒:叔弓,大臣,或在祭祀现场,暴卒。 5 摄主而往:请相当的人代为主祭,自己立即赶往丧事现场。 6 尸:指宾尸,大夫之祭谓之宾尸。 7 蔡昭吴:蔡国大夫昭吴。 8 鲜虞:国名,又称中山。在今河北正定县东北。

昭公十六年

[原文]

【经】十有六年,春,齐侯伐徐。

【经】楚子诱戎曼子[1],杀之。

【传】楚子何以不名?夷狄相诱,君子不疾[2]也。曷为不疾?若不疾,乃疾之也。

【经】夏,公至自晋。

[译文]

【经】鲁昭公十六年,春季,齐侯攻伐徐国。

【经】楚子诱骗戎曼子,杀了他。

【传】对楚子为什么不写出他的名?夷狄互相诱骗,君子不憎恶(他们)。为什么不憎恶?像是不憎恶,(其实)是深深地憎恶他们。

【经】秋,八月,己亥,晋侯夷³卒。

【经】九月,大雩。

【经】季孙隐如如晋。

【经】冬,十月,葬晋昭公。

【经】夏季,昭公从晋国回来。

【经】秋季,八月,己亥日,晋侯夷去世。

【经】九月,举行大雩祭。

【经】季孙隐如到晋国。

【经】冬季,十月,安葬晋昭公。

注释 1 戎曼子:戎人之君。 2 疾:憎恶,认为可恶。 3 晋侯夷:晋昭公,名夷。

昭公十七年

【原文】

【经】十有七年,春,小邾娄子来朝。

【经】夏,六月,甲戌,朔,日有食之。

【经】秋,郯子来朝。

【经】八月,晋荀吴帅师灭贲浑戎¹。

【经】冬,有星孛²于大辰³。

【传】孛者何?彗星也。其言于大辰何?在大辰也。大辰者何?大火也。

【译文】

【经】鲁昭公十七年,春季,小邾娄子前来朝见。

【经】夏季,六月,甲戌日,朔日,发生日食。

【经】秋季,郯子前来朝见。

【经】八月,晋国的荀吴领兵灭亡贲浑戎。

【经】冬季,孛星在大辰出现。

【传】"孛"是什么?是彗星。这里说"在大辰"是什么意思?是在大辰星旁。大辰是什么?是大火星。大火星是大辰,伐是大辰,北辰也是大辰

大火为大辰,伐为大辰,北辰亦为大辰。何以书？记异也。

【经】楚人及吴战于长岸[4]。

【传】诈战[5]不言战,此其言战何？敌也。

(此大辰专指大火)。为什么记？是记异常现象。

【经】楚国人与吴国在长岸作战。

【传】不约定时间地点的突然袭击,这样的战是不说战的,这里说战是为什么？是因为双方势均力敌,不分胜负(只好说是战)。

注释　1 贲(lù)浑戎:《左传》作"陆浑之戎"。其时或指居于今河南嵩县东北之戎人。　2 孛(bèi):彗星,俗称扫帚星。古人以为彗星出现是不祥之兆。　3 大辰:星座名,据《传》文,大火、参伐、北辰皆可称大辰,这里专指大火。　4 长岸:楚地,在今安徽当涂西南之西梁山一带。　5 诈战:出其不意攻击,事先不约定时间地点的攻战。

昭公十八年

原文

【经】十有八年,春,王三月,曹伯须[1]卒。

【经】夏,五月,壬午,宋、卫、陈、郑灾。

【传】何以书？记异也。何异尔？异其同日而俱灾也。外异不书,此何以书？为天下记异也。

译文

【经】鲁昭公十八年,春季,周王的三月,曹伯须去世。

【经】夏季,五月,壬午日,宋国、卫国、陈国、郑国发生火灾。

【传】为什么？记奇异事情。有什么奇异？是它们同一天都发生火灾。别国的奇异事情不记,这里为什么记？是为天下记奇异事情。

【经】六月,邾娄人入鄅²。

【经】秋,葬曹平公。

【经】冬,许迁于白羽³。

【经】六月,邾娄人攻进鄅国。

【经】秋季,安葬曹平公。

【经】冬季,(楚王将)许国迁徙至白羽。

注释　1 曹伯须:曹平公,名须。　2 鄅(yǔ):小国名,妘姓,子爵,在今山东临沂北。　3 白羽:又称析,在今河南西峡县。

昭公十九年

原文

【经】十有九年,春,宋公伐邾娄。

【经】夏,五月,戊辰,许世子止弑其君买。

【经】己卯,地震。

【经】秋,齐高发帅师伐莒。

【经】冬,葬许悼公。

【传】贼未讨,何以书葬?不成于弑也。曷为不成于弑?止进药,

译文

【经】鲁昭公十九年,春季,宋公攻伐邾娄国。

【经】夏季,五月,戊辰日,许国世子止杀死他的君父买。

【经】己卯日,发生地震。

【经】秋季,齐国的高发领兵攻伐莒国。

【经】冬季,安葬许悼公。

【传】杀君之贼还没有诛讨,为什么记葬?因为不是真的杀君。为什么不是真的杀君?(是君有病,)止给他治病的药吃,(药不对症)杀死了君。止只是给治病的药,而药杀了君,为什么对止加上杀

而药杀也。止进药而药杀,则曷为加弑焉尔?讥子道之不尽也。其讥子道之不尽奈何?曰:乐正子春[1]之视疾也,复加一饭则脱然[2]愈,复损一饭则脱然愈,复加一衣则脱然愈,复损一衣则脱然愈。止进药而药杀,是以君子加弑焉尔,曰许世子止弑其君买,是君子之听[3]止也。"葬许悼公",是君子之赦止也。赦止者,免止之罪辞也。

君的罪名?是讥讽为子之道不全。讥讽为子之道是怎样不全的?(回答)说:乐正子春审察(父母的)疾病,(观看他的颜色,如果气力还好时,)请他们增加一点饮食,(病)就很快除去,身体痊愈;(如果气力较弱时)请他们减少一些饮食,(病)就很快除去,身体痊愈;(如果像是寒冷)请他们增加一些衣服,(病)就很快除去,身体痊愈;(如果像是有些热)请他们减少一些衣服,(病)就很快除去,身体痊愈。止送药给父亲饮,药杀了他父亲,所以君子对他加上杀君的罪名,说"许国世子止杀死他的君父买",这是君子断治止的罪过。记"葬许悼公",这是君子(因止是无心杀父)宽赦止。宽赦止,就是免除止的罪过的言辞。

[注释] 1 乐正子春:曾子的弟子,以孝闻名。侍奉父母体贴入微,根据具体情况增减衣食,由于护理得当,父母之病很快痊愈。 2 脱然:病痛解除的样子。 3 听:犹如说处理。

昭公二十年

[原文]

【经】二十年,春,王正月。

[译文]

【经】鲁昭公二十年,春季,周王的正月。

【经】夏,曹公孙会自鄸出奔宋。

【传】奔未有言自者,此其言自何?鄸[1]也。鄸则曷为不言其鄸?为公子喜时之后讳也。《春秋》为贤者讳,何贤乎公子喜时?让国也。其让国奈何?曹伯庐卒于师,则未知公子喜时从与,公子负刍从与。[2]或为主于国,或为主于师。公子喜时见公子负刍之当主也,逡巡[3]而退。贤公子喜时,则曷为为会讳?君子之善善也长,恶恶也短;恶恶止其身,善善及子孙。贤者子孙,故君子为之讳也。

【经】秋,盗杀卫侯之兄辄。

【传】母兄称兄,兄何以不立?有疾也。何疾尔?恶疾[4]也。

【经】冬,十月,宋华亥、向宁、华定出奔陈。

【经】夏季,曹国公孙会从鄸邑出逃到宋国。

【传】记出逃没有记从(什么地方出逃)的,这里记从(鄸邑出逃)是因为什么?因为这是带着鄸邑叛曹到宋。既是叛却为什么不说是叛?是为公子喜时的后人隐讳。《春秋》为贤人隐讳,公子喜时有什么贤?他辞让君位。他怎样辞让君位?曹伯庐在军中去世,不知当时是公子喜时跟随他呢,还是公子负刍跟随他。(他们二人)有一个留守国内主持国事,有一个随军掌管军事。公子喜时见公子负刍应当主国,就回避退让。认为公子喜时贤,为什么要替会的叛国罪隐讳?君子褒扬好人好事是长久的,憎恶坏人坏事是短暂的;憎恶坏人只停留在坏人自身,褒扬好人延及他的子孙。(会是)贤人的子孙,所以君子替他的叛国罪隐讳。

【经】秋季,盗贼杀了卫侯的哥哥辄。

【传】同母之兄才称兄,既是兄为什么没有立他为君?因为他有病。是什么病?是恶性疾病。

【经】冬季,十月,宋国的华亥、向

【经】十有一月,辛卯,蔡侯庐[5]卒。

宵、华定出逃到陈国。

【经】十一月,辛卯日,蔡侯庐去世。

[注释] 1 畔:通"叛",背叛。这里指带着城邑叛逃。 2 意思是说,负刍与喜时作为弟弟,都有权继位,但曹伯庐并没有决定谁是第一继承人。 3 逡巡:退让的样子。 4 恶疾:无法治的恶性疾病,或谓是残疾,现在所说的小儿麻痹症之类。 5 蔡侯庐:蔡平公,名庐。

昭公二十一年

[原文]

【经】二十有一年,春,王三月,葬蔡平公。

【经】夏,晋侯使士鞅来聘。

【经】宋华亥、向宁、华定自陈入于宋南里[1]以畔。

【传】宋南里者何?若曰因诸[2]者然。

【经】秋,七月,壬午,朔,日有食之。

【经】八月,乙亥,叔痤[3]卒。

【经】冬,蔡侯朱出奔楚。

【经】公如晋,至河乃复。

[译文]

【经】鲁昭公二十一年,春季,周王的三月,安葬蔡平公。

【经】夏季,晋侯派士鞅来聘问。

【经】宋国的华亥、向宁、华定从陈国进入宋国南里反叛。

【传】宋国南里是什么地方?如齐国的因诸一样(是监狱)。

【经】秋季,七月,壬午日,朔日,发生日食。

【经】八月,乙亥日,叔痤去世。

【经】冬季,蔡侯朱出逃到楚国。

【经】昭公到晋国去,走到黄河就返回了。

[注释] 1 南里：宋都监狱所在街里。 2 因诸：齐人称监狱为因诸。 3 叔痤(cuó)：鲁大夫。

昭公二十二年

[原文]

【经】二十有二年，春，齐侯伐莒。

【经】宋华亥、向宁、华定自宋南里出奔楚。

【经】大蒐于昌奸[1]。

【经】夏，四月，乙丑，天王[2]崩。

【经】六月，叔鞅如京师。

【经】葬景王。

【经】王室乱[3]。

【传】何言乎王室乱？言不及外也。

【经】刘子、单子[4]以王猛居于皇[5]。

【传】其称王猛何？当国也。

[译文]

【经】鲁昭公二十二年，春季，齐侯攻伐莒国。

【经】宋国的华亥、向宁、华定从宋国南里出逃到楚国。

【经】在昌奸举行大阅兵。

【经】夏季，四月，乙丑日，周王驾崩。

【经】六月，叔鞅到京师。

【经】安葬周景王。

【经】王室动乱。

【传】为什么说王室动乱？是说（这是兄弟争王位，内部自乱，）不涉及外部事务。

【经】刘子、单子侍奉王猛居留在皇。

【传】（景王葬没有逾年，不应称王）这里称"王猛"是什么意思？是他想为王（以王称他，如他的愿，以表明他的恶）。

[注释] 1 昌奸:鲁地,在今山东泗水县境。 2 天王:周景王。 3 王室乱:王子猛立,王子朝(景王长庶子)利用已失职秩的官员和灵王、景王不满现状的子孙作乱。 4 刘子、单子:都是王室卿士。刘子刘狄,刘献公长庶子。单子单旗,又称单穆公。 5 皇:周地,今河南巩义西南。

【经】秋,刘子、单子以王猛入于王城[1]。

【传】王城者何?西周[2]也。其言入何?篡辞也[3]。

【经】冬,十月,王子猛卒。

【传】此未逾年之君也,其称王子猛卒何?不与当也[4]。不与当者,不与当父死子继、兄死弟及之辞也。

【经】十有二月,癸酉,朔,日有食之。

【经】秋季,刘子、单子奉王猛进入王城。

【传】王城是什么?是西周。这里说"入"是什么意思?是篡位的话。

【经】冬季,十月,王子猛去世。

【传】这是(立起来还)没有超过一个年头的君,为什么称"王子猛去世"?是不赞同(他的行为)符合制度的规定。"不赞同(他的行为)符合制度的规定",这样的措辞就是不赞同(他立为君)符合"父死儿子接位,兄死弟弟接上来"这样的立君的规定。

【经】十二月,癸酉日,朔日,发生日食。

[注释] 1 王城:周地,在今河南洛阳西北。 2 西周:成周在京师之东,王城在京师之西。 3 篡辞也:谓王城、成周不能并列为二京师,王猛入王城,欲以王城代京师,是篡夺君位的一种说法。 4 不与当也:不承认其合法掌握国政。

昭公二十三年

[原文]

【经】二十三年,春,王正月,叔孙舍如晋。

【经】癸丑,叔鞅卒。

【经】晋人执我行人叔孙舍。

【经】晋人围郊。

【传】郊者何?天子之邑也。曷为不系于周?不与伐天子也。

【经】夏,六月,蔡侯东国[1]卒于楚。

[译文]

【经】鲁昭公二十三年,春季,周王的正月,叔孙舍到晋国。

【经】癸丑日,叔鞅去世。

【经】晋国人逮捕我国的使者叔孙舍。

【经】晋国人包围郊邑。

【传】郊邑是什么地方?是天子的邑。为什么不把它系在"周"上?是不赞许晋国攻伐天子。

【经】夏季,六月,蔡侯东国在楚国去世。

[注释] 1 蔡侯东国:蔡悼公,名东国,隐太子之子,平侯庐之弟,朱之叔父。

【经】秋,七月,莒子庚舆来奔。

【经】戊辰,吴败顿、胡、沈、蔡、陈、许之师于鸡父[1]。胡子髡、沈子楹灭[2],获陈夏啮[3]。

【经】秋季,七月,莒子庚舆逃亡前来。

【经】戊辰日,吴国在鸡父打败顿国、胡国、沈国、蔡国、陈国、许国的军队。胡子髡、沈子楹战死,俘获陈国的夏啮。

【传】这是偏战,为什么(不写战,只

【传】此偏战也,曷为以诈战之辞言之?不与夷狄之主中国也。然则曷为不使中国主之?中国亦新夷狄也。[4]其言灭、获何?别君臣也。君死于位曰灭,生得曰获;大夫生死皆曰获。不与夷狄之主中国,则其言获陈夏啮何?吴少进[5]也。

写败)用诈战的言辞记它?是不许夷狄作为中原诸侯战事之主。那么为什么不以中原诸侯作为战事之主呢?中原诸侯(不遵礼义,)也是新的夷狄。这里说"灭""获"是什么意思?是分别君臣的措辞。君死在职位上叫灭,为敌人活捉叫获;大夫不论是生是死,(凡被敌人获得)都叫获。既然不使夷狄做中原诸侯战事之主,却说俘获陈国的夏啮是什么意思?是因为吴(能约日而战,)稍稍进步了一点。

[注释] 1 鸡父:楚地,在今安徽金寨西北,河南固始县东南。 2 灭:谓战死。 3 获陈夏啮:陈国的夏啮被俘。夏啮,陈大夫,夏徵舒曾孙。 4 言其行事如夷狄,不尊重王室,不遵循礼制。 5 吴少进:吴虽夷狄,然此战能择日列阵而战,有些进步。

【经】天王居于狄泉[1]。
【传】此未三年,其称天王何?著[2]有天子也。
【经】尹氏立王子朝。
【经】八月,乙未,地震。
【经】冬,公如晋,至河,公有疾乃复。

【经】天王居留在狄泉。
【传】这时景王的三年之丧未满,(不当称天王,)这里称天王是什么意思?是表示(王室虽乱)仍有天子在。
【经】尹氏立王子朝(为王)。
【经】八月,乙未日,发生地震。
【经】冬季,昭公到晋国,走到黄河,昭公生病就返回了。

【传】何言乎公有疾乃复？杀[3]耻也。

【传】怎么说昭公生病就返回了？是削减畏惧晋国的耻辱。

注释 1 狄泉：在今河南洛阳。天王指周敬王匄，猛之母弟，猛死继立。王子朝攻入王城，敬王只能避居狄泉。 2 著：表明。 3 杀(shài)：减弱，减轻。

昭公二十四年

【原文】

【经】二十有四年，春，王二月，丙戌，仲孙貜卒。

【经】叔孙舍至自晋。

【经】夏，五月，乙未，朔，日有食之。

【经】秋，八月，大雩。

【经】丁酉，杞伯郁釐[1]卒。

【经】冬，吴灭巢[2]。

【经】葬杞平公。

【译文】

【经】鲁昭公二十四年，春季，周王的二月，丙戌日，仲孙貜去世。

【经】叔孙舍从晋国回来。

【经】夏季，五月，乙未日，朔日，发生日食。

【经】秋季，八月，举行大雩祭。

【经】丁酉日，杞伯郁釐去世。

【经】冬季，吴国灭亡巢国。

【经】安葬杞平公。

注释 1 杞伯郁釐：杞平公，名郁釐。 2 巢：小国名，偃姓，在今安徽巢湖东北。

昭公二十五年

[原文]

【经】二十有五年,春,叔孙舍如宋。

【经】夏,叔倪会晋赵鞅、宋乐世心、卫北宫喜、郑游吉、曹人、邾娄人、滕人、薛人、小邾娄人于黄父[1]。

【经】有鹳鹆[2]来巢。

【传】何以书?记异也。何异尔?非中国之禽也,宜穴又巢[3]也。

[译文]

【经】鲁昭公二十五年,春季,叔孙舍到宋国。

【经】夏季,叔倪在黄父会见晋国的赵鞅、宋国的乐世心、卫国的北宫喜、郑国的游吉、曹国人、邾娄国人、滕国人、薛国人、小邾娄国人。

【经】有鹳鹆鸟前来筑巢。

【传】为什么记?是记奇异现象。奇异在什么地方?它不是中原地方的鸟,适宜于栖息在洞穴里,现在(来到这里)筑巢止息。

[注释] 1 黄父:晋地,在今山西沁水西北。 2 鹳鹆(guàn yù):鹳,当作鸜(qú)。鸜鹆,鸟名,俗称八哥。 3 宜穴又巢:本适宜居于洞穴中,现在又到这里来筑巢了。

【经】秋,七月,上辛[1],大雩。季辛[2],又雩。

【传】又雩者何?又雩者,非雩也,聚众以逐季氏也。

【经】秋季,七月,上旬的辛日,举行大雩祭。下旬的辛日,又举行雩祭。

【传】"又举行雩祭"是什么意思?又举行雩祭并非真正举行雩祭,是聚集徒众驱逐季氏。

【经】九月,己亥,公孙[3]于齐,次于杨州[4]。

【经】九月,己亥日,昭公避逃到齐国,住在杨州。

[注释] 1 上辛:上旬辛卯日,即三日。 2 季辛:下旬辛亥日,二十三日。 3 孙:读为"逊",避让,实即逃避。弃位逃走。 4 杨州:本为鲁邑,此时已为齐地。在今山东东平东北。

【经】齐侯唁公于野井[1]。

【传】唁公者何?昭公将弑[2]季氏[3],告子家驹曰:"季氏为无道,僭[4]于公室久矣,吾欲弑之,何如?"子家驹曰:"诸侯僭于天子,大夫僭于诸侯久矣。"昭公曰:"吾何僭矣哉?"子家驹曰:"设两观[5],乘大路[6],朱干[7],玉戚[8],以舞《大夏》[9],八佾[10]以舞《大武》[11],此皆天子之礼也。且夫牛马,维娄委己者[12]也而柔焉,季氏得民众久矣,君无多辱焉。"昭公不从其言,终弑而败焉。走之齐,齐侯唁公于野井,曰:"奈何君去鲁国之社稷?"昭公

【经】齐侯到野井慰问昭公。

【传】慰问昭公是怎么回事?昭公将要杀季氏,告诉子家驹说:"季氏做无道的事情,超越大夫之位用诸侯礼已经很久了,我想杀他,怎么样?"子家驹说:"诸侯越位用天子礼,大夫越位用诸侯礼,(都已经)很久了!"昭公说:"我在什么地方越位了呢?"子家驹说:"建有两观,乘大辂车,让人执着红漆的盾、玉装饰的斧,跳《大夏》舞,用八个队列跳《大武》舞,这些都是天子的礼。况且那牛马,多次喂养它的人,它就对他驯服,季氏得民心已经很久了,君不要反而被他所羞辱!"昭公不听从他的话,终于去攻击季氏而被打败。(昭公)逃跑到齐国,齐侯到野井慰问昭公,说:"君怎么离开鲁国的社稷?"昭公说:"逃亡的人不好,失守鲁国的社稷,我这个执事之臣,将

曰："丧人不佞[13],失守鲁国之社稷,执事[14]以羞。"再拜颡[15]。庆子家驹曰："庆子免君于大难矣。"子家驹曰："臣不佞,陷君于大难,君不忍加之以铁锧[16],赐之以死。"再拜颡。高子执箪食[17]与四脡脯[18],国子执壶浆[19],曰："吾寡君闻君在外,馂飨[20]未就,敢致糗[21]于从者。"昭公曰："君不忘吾先君,延及丧人,锡之以大礼。"再拜稽首,以衽[22]受。高子曰："有夫不祥[23],君无所辱大礼。"昭公盖祭而不尝。景公曰："寡人有不腆[24]先君之服,未之敢服;有不腆先君之器,未之敢用。敢以请。"昭公曰："丧人不佞,失守鲁国之社稷,执事以羞,敢辱大礼?敢辞。"景公曰："寡人有不腆先君之服,未之敢服;有不腆先君之器,未之敢用。敢固以请。"昭公曰："以吾

羞辱连及君。"再拜叩头。(齐侯)庆贺子家驹说:"恭贺您使您的君主免于大难了!"子家驹说:"臣不好,使我的君主陷于大难,我的君主不忍心对我处以腰斩之刑,赐我死。"再拜叩头。高子拿着一篮子饭和四条干肉,国子提着一壶酒,说:"我们的国君听说君在外面,熟食熟肉没有预备好,请允许我给您的随从送来干粮。"昭公说:"君主不忘先君的友谊,(还把友谊)延伸到我这个逃亡的人,将大礼赐给我!"再拜叩头,拿起衣襟接着。高子说:"人都有这样的不祥的事情,君没有必要自卑用大礼拜答!"昭公用来祭祀,不敢先尝。齐景公说:"寡人有不好的先君的衣服,没有敢穿;有不好的先君的器具,没有敢用。冒昧地请君服用(以便行礼)。"昭公说:"逃亡的人不好,失守鲁国的社稷,我这个执事之臣,将羞辱连及君,岂敢羞辱君行这样的大礼?请允许我冒昧地辞谢。"景公说:"寡人有不好的先君的衣服,没有敢穿;有不好的先君的器具,没有敢用。冒昧地请君一定收下。"昭公说:"因为我的宗庙在鲁国,在那里有先君

宗庙之在鲁也,有先君之服,未之能以服;有先君之器,未之能以出。敢固辞。"景公曰:"寡人有不腆先君之服,未之敢服;有不腆先君之器,未之敢用。请以缒²⁵乎从者。"昭公曰:"丧人其何称?"景公曰:"孰君而无称?"昭公于是嚗然而哭²⁶,诸大夫皆哭。既哭,以人为菑²⁷,以幦²⁸为席,以鞍为几,以遇礼相见。孔子曰:"其礼与其辞足观矣!"

的衣服,没有能够把它穿上;有先君的器具,没有能够把它拿出来。请允许我坚决辞谢!"景公说:"寡人有不好的先君的衣服,没有敢穿;有不好的先君的器具,没有敢用。请允许我送给您的随从。"昭公说:"我这个失国逃亡的人在行礼时自称什么呢?"景公说:"哪有做国君而没有称呼的?"昭公这时号啕大哭,各位大夫都哭。哭过后,用人作为围墙,用覆盖车辕的帷席作为座席,用马鞍作为几,用诸侯没有事先相约在外面遇见的礼相见。孔子说:"他们所用的礼仪和言辞可以让人观摩了。"

[注释] 1 野井:齐地,在今山东济南西、齐河东南。 2 弑:古以臣杀君、子杀父母为弑,这里君臣倒置。 3 季氏:指鲁国当时执政大臣季孙意如,又称季平子。 4 僭(jiàn):超越本分,指下级冒用上级的名义,用上级的礼仪、器物等。 5 两观:大门前设两个台观。天子两观,诸侯一观。 6 大路:大车。路,通"辂"。 7 朱干:朱红色的盾。 8 玉戚:以玉饰斧。 9《大夏》:夏乐,以夏乐伴舞。 10 八佾(yì):舞者八列。佾,列,每列八人。八佾,八八六十四人。 11《大武》:周武王乐。 12 娄委己者:经常喂养自己的人。娄,借为屡。委,借为喂,喂养。 13 不佞:不善,自己谦称。 14 执事:谦称自己是齐国执事,齐国的役使之人。 15 颡(sǎng):额头。意思是稽颡,叩头。 16 铁锧:腰斩人的刑具。铁,通"斧"。锧,砧。 17 箪食:一竹篮子食物。 18 脡脯:干肉条。

19 壶浆：水壶，盛了水的壶。　20 餕饔(jùn yōng)：餕，熟食。饔，熟肉。合起来指饭食。　21 糗(qiǔ)：干粮，炒熟的米、麦等谷物。　22 袿：衣下裳。　23 有夫不祥：有人就有不吉利的时候。是说，人人都有可能碰到不好的事。　24 腆(tiǎn)：丰厚。　25 飨：以酒食款待。　26 嚼(jiào)然而哭：号啕大哭。　27 菑(zī)：围墙。以人为菑，是说以人为墙，以别内外，便于行礼。　28 幦(mì)：车轼上的覆盖物。

【经】冬，十月，戊辰，叔孙舍卒。

【经】十有一月，己亥，宋公佐[1]卒于曲棘[2]。

【传】曲棘者何？宋之邑也。诸侯卒其封内不地，此何以地？忧内[3]也。

【经】十有二月，齐侯取运[4]。

【传】外取邑不书？此何以书？为公取之也。

【经】冬季，十月，戊辰日，叔孙舍去世。

【经】十一月，己亥日，宋公佐在曲棘去世。

【传】曲棘是什么地方？是宋国的邑。诸侯在自己的封地里去世不记去世的地点，这里为什么记？因为他是为我国的内乱而忧（，死在途中）。

【经】十二月，齐侯攻取运邑。

【传】别国取得邑不记，这里为什么记？因为是替昭公攻取（我国的）运（让昭公住在这里）。

[注释]　1 宋公佐：宋元公，名佐。　2 曲棘：宋地，在今河南兰考东南，民权西北。　3 忧内：操心鲁国的事。宋元公为鲁国内乱而忧虑，他想与晋侯商量迎昭公返鲁国，不幸死于道中。　4 运：鲁邑，在今山东郓城东。

昭公二十六年

【原文】

【经】二十有六年,春,王正月,葬宋元公。

【经】三月,公至自齐,居于运。

【经】夏,公围成[1]。

【经】秋,公会齐侯、莒子、邾娄子、杞伯,盟于鄟陵[2]。

【经】公至自会,居于运。

【经】九月,庚申,楚子居[3]卒。

【译文】

【经】鲁昭公二十六年,春季,周王的正月,安葬宋元公。

【经】三月,昭公从齐国回来,住在运邑。

【经】夏季,昭公包围(孟氏的)成邑。

【经】秋季,昭公会见齐侯、莒子、邾娄子、杞伯,在鄟陵结盟。

【经】昭公从会盟回来,住在运邑。

【经】九月,庚申日,楚子居去世。

【注释】 1 成:鲁邑,在今山东宁阳东北。 2 鄟(zhuān)陵:地阙,或以为即鄟,邾邑,在今山东郯城东北。 3 楚子居:楚平王,名熊居,又名弃疾。

【经】冬,十月,天王入于成周。

【传】成周者何?东周[1]也。其言入何?不嫌[2]也。

【经】冬季,十月,周王进入成周。

【传】成周是什么?是东周。这里说"入"是什么意思?表明没有篡位之嫌。

【经】尹氏、召伯、毛伯以王子朝奔楚。

【经】尹氏、召伯、毛伯奉王子朝逃亡到楚国。

[注释] 1 东周:《公羊传》以王城为西周,成周在王城之东,故称东周。2 不嫌:《公羊传》以王猛入王城为篡,此处经文之入,无篡位之嫌。

昭公二十七年

[原文]

【经】二十有七年,春,公如齐。公至自齐,居于运。

【经】夏,四月,吴弑其君僚[1]。

【经】楚杀其大夫郤宛。

【经】秋,晋士鞅、宋乐祁犁、卫北宫喜、曹人、邾娄人、滕人会于扈[2]。

[译文]

【经】鲁昭公二十七年,春季,昭公到齐国。昭公从齐国回来,住在运邑。

【经】夏季,四月,吴国杀它的国君僚。

【经】楚国杀它的大夫郤宛。

【经】秋季,晋国的士鞅、宋国的乐祁犁、卫国的北宫喜、曹国人、邾娄国人、滕国人在扈地聚会。

[注释] 1 吴弑其君僚:吴王寿梦四子,长诸樊,次馀祭,三为夷昧,四为季札。相约兄死弟继,最终让位季札。季札不受,夷昧之子僚继父而立。诸樊之子光认为,季札不立,当由他光继位,便派勇士专诸藏剑于鱼腹中,刺杀公子僚,而后光自立,这就是阖闾。 2 扈:郑邑,在今河南原阳西。

【经】冬,十月,曹伯午[1]卒。

【经】邾娄快来奔。

【传】邾娄快者何?邾娄之大夫也。邾娄无大夫,此何以书?以近书也。

【经】公如齐。公至自齐,居于运。

【经】冬季,十月,曹伯午去世。

【经】邾娄国的快逃亡前来。

【传】邾娄国的快是什么人?是邾娄国的大夫。邾娄国没有大夫,这里为什么记?因为(他治政)接近于清平而记(他)。

【经】昭公到齐国。昭公从齐国回来,住在运邑。

注释 1 曹伯午:曹悼公,名午。

昭公二十八年

[原文]

【经】二十有八年,春,王三月,葬曹悼公。

【经】公如晋,次于乾侯[1]。

【经】夏,四月,丙戌,郑伯甯[2]卒。

【经】六月,葬郑定公。

【经】秋,七月,癸巳,滕子甯[3]卒。

【经】冬,葬滕悼公。

[译文]

【经】鲁昭公二十八年,春季,周王的三月,安葬曹悼公。

【经】昭公到晋国,停驻在乾侯。

【经】夏季,四月,丙戌日,郑伯宁去世。

【经】六月,安葬郑定公。

【经】秋季,七月,癸巳日,滕子甯去世。

【经】冬季,安葬滕悼公。

【注释】 1 乾侯:晋地,在今河北成安东南。 2 郑伯宁:郑定公,名宁。 3 滕子宁:滕悼公,名宁。

昭公二十九年

[原文]

【经】二十有九年,春,公至自乾侯,居于运。

【经】齐侯使高张来唁[1]公。

【经】公如晋,次于乾侯。

【经】夏,四月,庚子,叔倪卒。

【经】秋,七月。

【经】冬,十月,运溃[2]。

【传】邑不言溃,此其言溃何?郛之[3]也。曷为郛之?君存焉尔。

[译文]

【经】鲁昭公二十九年,春季,昭公从乾侯回来,住在运邑。

【经】齐侯派遣高张前来慰问昭公。

【经】昭公到晋国,停驻在乾侯。

【经】夏季,四月,庚子日,叔倪去世。

【经】秋季,七月。

【经】冬季,十月,运邑溃散。

【传】(国都的反叛叫溃)邑的反叛不叫溃(而叫叛),这里说"溃"是什么意思?是将它看作国都的外城。为什么将它看作国都的外城?因为君主待在这里。

【注释】 1 唁:慰问。 2 运溃:运邑溃散。 3 郛之:看作国都的外城。

昭公三十年

[原文]

【经】三十年,春,王正月,公在乾侯。

【经】夏,六月,庚辰,晋侯去疾[1]卒。

【经】秋,八月,葬晋顷公。

【经】冬,十有二月,吴灭徐,徐子章禹奔楚。

[译文]

【经】鲁昭公三十年,春季,周王的正月,昭公待在乾侯。

【经】夏季,六月,庚辰日,晋侯去疾去世。

【经】秋季,八月,安葬晋顷公。

【经】冬季,十二月,吴国灭亡徐国,徐子章禹逃亡到楚国。

[注释] 1 晋侯去疾:晋顷公,名去疾。

昭公三十一年

[原文]

【经】三十有一年,春,王正月,公在乾侯。

【经】季孙隐如会晋荀栎于適历[1]。

【经】夏,四月,丁巳,薛伯穀卒。

[译文]

【经】鲁昭公三十一年,春季,周王的正月,昭公待在乾侯。

【经】季孙隐如在適历会见晋国的荀栎。

【经】夏季,四月,丁巳日,薛伯穀去世。

【经】晋侯使荀栎唁公于乾侯。

【经】秋,葬薛献公。

【经】晋侯派荀栎到乾侯慰问昭公。

【经】秋季,安葬薛献公。

[注释]　1　適历:晋地。

【经】冬,黑弓以滥[1]来奔。

【传】文何以无邾娄?通滥[2]也。曷为通滥?贤者子孙宜有地也。贤者孰谓?谓叔术也。何贤乎叔术?让国也。其让国奈何?当邾娄颜之时[3],邾娄女有为鲁夫人者,则未知其为武公与,懿公与。孝公[4]幼,颜淫九公子[5]于宫中,因以纳贼[6],则未知其为鲁公子与,邾娄公子与。臧氏之母,养公[7]者也。君幼则宜有养者,大夫之妾,士之妻,则未知臧氏之母者曷为者也。养公者必以其子入养[8]。臧氏之母闻有贼,以其子易公,抱公以逃,贼至,

【经】冬季,黑弓带着滥逃亡前来。

【传】(黑弓是邾娄国的大夫,滥是邾娄国的地,)文中为什么没有邾娄二字?是把滥当成一个国家看待。为什么把滥当成一个国家看待?因为贤人的子孙应该有土地。贤人指的是谁?指的是叔术。叔术有什么贤?他辞让君位。他是怎样辞让君位的?在邾娄颜公的时候,邾娄有女儿做鲁国国君的夫人,只是不知这个国君是武公呢,还是懿公。孝公年幼,颜在鲁宫中淫女公子九人,就用这个办法收纳贼人(以杀鲁公),只是不知这贼是鲁公子呢,还是邾娄公子。臧氏的母亲,是孝公的奶妈。国君年幼应该有奶妈,奶妈可以用大夫的妾或士的妻充当,不知臧氏的母亲是什么人。哺育公的人一定要把她的孩子也带进宫哺养。臧氏的母亲听说有贼,用自己

凑公寝⁹而弑之。臣有鲍广父与梁买子者,闻有贼,趋而至。臧氏之母曰:"公不死也,在是。吾以吾子易公矣。"于是负孝公之周,诉天子,天子为之诛颜而立叔术,反孝公于鲁。颜夫人者,妪盈女¹⁰也,国色也,其言曰:"有能为我杀杀颜者,吾为其妻。"叔术为之杀杀颜者,而以为妻。有子焉,谓之盱。夏父者,其所为有于颜者也¹¹。盱幼而皆爱之,食必坐二子于其侧而食之。有珍怪之食,盱必先取足焉。夏父曰:"以来¹²,人¹³未足,而盱有余。"叔术觉焉,曰:"嘻!此诚尔国也夫!"起而致国于夏父,夏父受,而中分之,叔术曰:"不可!"三分之,叔术曰:"不可!"四分之,叔术曰:"不可!"五分之,然后受之。公扈子者,邾娄之父兄也,习乎邾娄

的儿子换了孝公,抱了孝公逃走,贼人来了,到孝公卧室里把孩子杀了。鲁臣鲍广父与梁买子听说有贼,跑步来到。臧母说:"公没死,在这里。我用我的孩子换了公了。"于是就背着孝公到周向天子告状,天子因此杀了颜公而立叔术为邾娄国君,把孝公送回鲁国。颜公夫人是妪盈的女儿,是全国最美丽的女人,她发话说:"有能够替我杀死那个杀颜公的人,我就做他的妻子!"叔术替她杀死了那个杀颜公的人,而以她为妻。他们生了儿子,叫他盱。夏父是妪盈的女儿为颜公生的儿子。盱年幼,大家都喜爱他,他们吃饭时,一定要让这两个孩子坐在身旁,让他们吃。珍贵的食物,盱一定首先拿足。夏父说:"把它拿过来,我还没有拿足,盱却有剩余!"叔术悟出了这话的意思,说:"唉!这国确实是你的国啊!"起身向夏父送还治国之权,夏父接受,分一半给叔术,叔术说:"不可!"分三分之一,叔术说:"不可!"分四分之一,叔术说:"不可!"分五分之一,这才接受它。公扈子是邾娄国的前辈,对邾娄国过去的事情

之故[14]，其言曰："恶有言人之国贤若此者乎！诛颜之时，天子死，叔术起而致国于夏父。当此之时，邾娄人常被兵于周，曰：'何故死吾天子？'"通滥，则文何以无邾娄？天下未有滥也。天下未有滥，则其言以滥来奔何？叔术者，贤大夫也，绝之，则为叔术不欲绝；不绝，则世大夫也。大夫之义不得世[15]，故于是推而通之也。

【经】十有二月，辛亥，朔，日有食之。

很熟悉，他的话这样说："哪有称道别国贤人是这样称道的？诛杀颜公的天子死了，叔术就起来将君位送给夏父。在这时，邾娄国人常受周兵讨伐，说：'为什么天子死了就违背天子的教令？'"把滥当成国，为什么字面上没有邾娄二字（而口头相传又加有邾娄二字）？因为天下没有滥。天下没有滥，为什么说"带了滥逃亡"？叔术是贤大夫，断绝滥与邾娄的关系，为了叔术的缘故不想断绝；不断绝，就是大夫世袭。大夫的规矩不得世袭，所以在这里推论将它当国看待。

【经】十二月，辛亥日，朔日，发生日食。

[注释] 1 滥：邾娄邑，在今山东枣庄西北、滕州东南。 2 通滥：把滥当作国家来看待。 3 当邾娄颜之时：以前邾娄国君是颜公的时候。 4 孝公：鲁孝公，邾娄外甥。武公子，懿公弟。 5 公子：女公子，国君之女。 6 纳贼：把弑懿公的贼人放进宫中来了。颜公之女为鲁夫人，所以他能出入鲁宫闱。 7 养公：作为乳母，抚养孝公。 8 以其子入养：把她自己的儿子带进宫里来抚养。 9 凑公寝：来到孝公寝处。 10 妪盈女：叫作盈的老太婆的女儿。 11 其所为有于颜者也：是她与颜为夫妻时所生的儿子。 12 以来：以之来，把那些好吃的拿到我这边来。 13 人：人家，他指。实指自己。 14 习乎邾娄之故：熟习邾娄国的典故。 15 世：世代相传，世袭。

昭公三十二年

【原文】

【经】三十有二年,春,王正月,公在乾侯。

【经】取阚。

【传】阚者何?邾娄之邑也。曷为不系乎邾娄?讳亟也。

【经】夏,吴伐越。

【经】秋,七月。

【经】冬,仲孙何忌会晋韩不信、齐高张、宋仲几、卫世叔申、郑国参、曹人、莒人、邾娄人、薛人、杞人、小邾娄人,城成周。

【经】十有二月,己未,公薨于乾侯。

【译文】

【经】鲁昭公三十二年,春季,周王的正月,昭公待在乾侯。

【经】取得阚。

【传】阚是什么地方?是邾娄国的邑。为什么不把它系在邾娄之下?隐讳屡次掠取邾娄国的地盘。

【经】夏季,吴国攻伐越国。

【经】秋季,七月。

【经】冬季,仲孙何忌会同晋国的韩不信、齐国的高张、宋国的仲几、卫国世叔申、郑国的国参、曹国人、莒国人、邾娄国人、薛国人、杞国人、小邾娄国人,为成周筑城。

【经】十二月,己未日,昭公在乾侯去世。

定公

定公元年

【原文】

【经】元年[1],春,王。

【传】定何以无正月？正月者,正即位也。定无正月者,即位后[2]也。即位何以后？昭公在外,得入不得入,未可知也。曷为未可知？在季氏也。定、哀多微辞[3],主人[4]习其读而问其传,则未知己之有罪焉尔。

【译文】

【经】鲁定公元年,春季,周王。

【传】定公(元年)为什么不写正月？写正月是表明诸侯正式即位。定公(元年)没写正月,是因为定公即位在正月之后。他即位何以在正月之后？因为昭公流亡在别国,(他的灵柩)能不能回来还不知道。为什么不可知？因为决定权在季氏。(《春秋》)对定公、哀公的记载,有许多隐晦之辞。当时的君臣习读《春秋》,问措辞的意义,并不知道自己在什么地方会有罪过。

【注释】 1 元年:鲁定公元年,公元前509年。定公,名宋,襄公之子,昭公之弟。 2 即位后:昭公死于三十二年十二月,丧在乾侯。定公之立,是在昭公丧至自乾侯之后六日,即于六月初戊辰,非于年初告庙时。 3 微辞:隐语,不能明白说的话。 4 主人:谓时君,恐亦包括权臣在内。

【经】三月,晋人执宋仲幾于京师。

【传】仲幾之罪何?不蓑[1]城也。其言于京师何?伯讨也。伯讨,则其称人[2]何?贬。曷为贬?不与大夫专执也。曷为不与?实与而文不与。文曷为不与?大夫之义,不得专执也。

【经】夏,六月,癸亥,公之丧[3]至自乾侯。

【经】戊辰,公即位。

【传】癸亥,公之丧至自乾侯。则曷为以戊辰之日然后即位?正棺于两楹之间[4],然后即位。子沈子曰:"定君乎国[5],然后即位。"即位不日,此何以日?录乎内[6]也。

【经】三月,晋国人在京师抓了宋国的仲幾。

【传】仲幾的罪过是什么?(诸侯们给成周筑城时,他施工)没有接受对于工程的要求。这里说在京师抓是什么意思?表明是方伯的讨伐。既是方伯的讨伐,却称"人"是为什么?是要贬他。为什么贬?是不赞同大夫擅自抓人。为什么不赞同?实际上赞同而字面上不赞同。字面上为什么不赞同?因为作为大夫的规矩,不得擅自抓人。

【经】夏季,六月,癸亥日,昭公的灵柩从乾侯回国。

【经】戊辰日,定公即位。

【传】癸亥日,昭公的灵柩就从乾侯回国了。为什么在灵柩回国之后的戊辰日即位?因为要(在五日之后举行殡礼,)将灵柩移至殿上的两柱之间,嗣君才行即位之礼。子沈子说:"把逝世的国君的灵柩在国都中摆正位置,然后新君即位。"新君即位(都是正月朔日,因此)不记日子,这里为什么记日子?是为了对本国的事详加记载。

【注释】 1 蓑:以草覆盖。 2 称人:指经文中称"晋人"执宋仲幾,而不是说晋大夫韩不信。 3 丧:指遗体、灵柩。 4 正棺于两楹之间:殡礼。将殓后的灵柩移置于殿上两柱之间。 5 定君乎国:定昭公为国君的丧礼。 6 录乎内:详记鲁国国内的事。

【经】秋,七月,癸巳,葬我君昭公。

【经】九月,大雩。

【经】立炀宫[1]。

【传】炀宫者何?炀公之宫也。立者何?立者不宜立也,立炀宫,非礼也。

【经】冬,十月,陨霜杀菽[2]。

【传】何以书?记异也。此灾菽也,曷为以异书?异大乎灾[3]也。

【经】秋季,七月,癸巳日,安葬我国君主昭公。

【经】九月,举行大雩祭。

【经】建立炀宫。

【传】炀宫是什么?是炀公的庙。写"立"是什么意思?立是不应当立的意思。建立炀公庙是不符合礼的。

【经】冬季,十月,降霜杀死豆类作物。

【传】为什么记?是记怪异现象。这是使豆类作物受灾,为什么作为怪异现象记?怪异现象比灾害更严重。

[注释] 1 炀宫:远祖炀公的庙。鲁公伯禽卒,子考公酋立。考公四年,立弟熙,是为炀公。炀公是鲁国小宗代大宗之始。季氏是小宗季友之后,亦欲以代大宗昭公,故立炀公之庙。但按祭法,诸侯五庙,炀公至定公,年代渺远,祷所不及,更无立庙之理。所以《公羊传》说:"不宜立也。" 2 陨霜杀菽:降霜毁了豆苗。陨,同"陨",降落。菽,大豆。 3 异大乎灾:《公羊传》认为,异,是为人君的自省机会,引以为戒。重异不重灾,就是重教化而贱刑罚。

定公二年

原文

【经】二年,春,王正月。

【经】夏,五月,壬辰,雉门[1]及两观[2]灾。

【传】其言雉门及两观灾何?两观微[3]也。然则曷为不言雉门灾及两观?主灾者两观也。主灾者两观,则曷为后言之?不以微及大也。何以书?记灾也。

【经】秋,楚人伐吴。

【经】冬,十月,新作雉门及两观。

【传】其言新作之何?修大[4]也。修旧不书,此何以书?讥。何讥尔?不务乎公室[5]也。

译文

【经】鲁定公二年,春季,周王的正月。

【经】夏季,五月,壬辰日,雉门及两观发生火灾。

【传】(本是两观发生火灾延及雉门,)这里说雉门及两观发生火灾是为什么?因为(门是尊大的),两观(是门的装饰),是低微的。那么为什么不说是雉门发生火灾延及两观?因为火灾的起火处是两观。火灾的起火处是两观,为什么将两观放在后面说?这是不将低微的延及尊大的。为什么记?是记灾害。

【经】秋季,楚国人攻伐吴国。

【经】冬季,十月,新建雉门及两观。

【传】这里说新建雉门及两观是什么意思?是修复扩大(雉门及两观)。修复旧的照例不记,这里为什么记?是讥讽(季孙氏)。讥讽什么?(五月发生火灾,十月才修复,)他们不为公室尽力。

注释 1 雉门:鲁官南门。 2 两观:大门两旁的两个看台。门旁两阙,

积土为台,台上为重屋曰楼,可以观望。常悬法令于其上,供民观览。又称象魏。 3 两观微:两观为微为贱;雉门为大为尊。 4 修大:修复并扩大。 5 不务乎公室:五月灾,十月才修复。说明季氏不为公室的事操心费力。务,勉力从事。

定公三年

[原文]

【经】三年,春,王正月,公如晋,至河乃复。

【经】三月,辛卯,邾娄子穿[1]卒。

【经】夏,四月。

【经】秋,葬邾娄庄公。

【经】冬,仲孙何忌及邾娄子盟于枝。

[译文]

【经】鲁定公三年,春季,周王的正月,定公到晋国去,走到黄河就返回了。

【经】三月,辛卯日,邾娄子穿去世。

【经】夏季,四月。

【经】秋季,安葬邾娄庄公。

【经】冬季,仲孙何忌与邾娄子在枝结盟。

[注释] 1 邾娄子穿:邾娄庄公,名穿。

定公四年

[原文]

【经】四年,春,王二月,癸巳,陈侯吴[1]卒。

[译文]

【经】鲁定公四年,春季,周王的二月,癸巳日,陈侯吴去世。

【经】三月，公会刘子[2]、晋侯、宋公、蔡侯、卫侯、陈子、郑伯、许男、曹伯、莒子、邾娄子、顿子、胡子、滕子、薛伯、杞伯、小邾娄子、齐国夏于召陵[3]，侵楚。

【经】三月，定公与刘子、晋侯、宋公、蔡侯、卫侯、陈子、郑伯、许男、曹伯、莒子、邾娄子、顿子、胡子、滕子、薛伯、杞伯、小邾娄子、齐国的国夏在召陵聚会，侵伐楚国。

[注释] 1 陈侯吴：陈惠公，名吴。 2 刘子：周上卿刘文公。 3 召陵：在今河南漯河郾城区东。

【经】夏，四月，庚辰，蔡公孙归姓帅师灭沈[1]，以沈子嘉归，杀之。

【经】夏季，四月，庚辰日，蔡国公孙归姓领兵灭亡沈国，将沈子嘉带回（蔡国），把他杀了。

【经】五月，公及诸侯盟于浩油[2]。杞伯戊[3]卒于会。

【经】五月，定公与诸侯们在浩油结盟。杞伯戊在会中去世。

【经】六月，葬陈惠公。

【经】六月，安葬陈惠公。

【经】许迁于容城[4]。

【经】许国迁都到容城。

[注释] 1 沈：小国名，在今安徽临泉。沈不参与召陵之会，晋使蔡伐之。 2 浩油：在今河南临颍南。 3 杞伯戊：杞悼公，名戊。 4 容城：在今河南鲁山东南、叶县西。

【经】秋，七月，公至自会。

【经】秋季，七月，定公从盟会回国。

【经】刘卷[1]卒。

【经】刘卷去世。

【传】刘卷者何？天

【传】刘卷是什么人？是天子的大夫。对我国以外的大夫不记去世，这里

子之大夫也。外大夫不卒,此何以卒?我主之[2]也。

【经】葬杞悼公。

【经】楚人围蔡。

【经】晋士鞅、卫孔圉帅师伐鲜虞。

【经】葬刘文公。

【传】外大夫不书葬,此何以书?录我主也。

【经】安葬杞悼公。

【经】楚国人包围蔡国。

【经】晋国的士鞅、卫国的孔圉率兵攻伐鲜虞。

【经】安葬刘文公。

【传】我国以外的大夫不记葬,这里为什么记?因为他曾被我国尊为(召陵之盟的)主会人,所以记。

为什么记去世?因为我国曾尊他为(召陵之盟的)主会人。

[注释] 1 刘卷:即三月召陵之会的刘子,又叫刘蚠,刘文公。 2 我主之:召陵之会是刘子奉天子之命主持的。《公羊传》有春秋王鲁之说,以鲁为主,视刘子为列国之大夫,所以说"我主之"。

【经】冬,十有一月,庚午,蔡侯以吴子及楚人战于伯莒[1],楚师败绩。

【传】吴何以称子?夷狄也,而忧中国。其忧中国奈何?伍子胥父诛乎楚,挟弓而去楚,以干阖庐。阖庐曰:"士之甚,勇之甚。"将为之兴师而复雠于楚,伍子胥复曰:"诸侯不为匹夫兴师,且

【经】冬季,十一月,庚午日,蔡侯借用吴子的兵力与楚国人在伯莒作战,楚军大败。

【传】吴凭什么称"子"?他本是夷狄,而为中原诸侯分忧。他怎么为中原诸侯分忧?伍子胥的父亲被楚国杀死,他带着弓箭逃离楚国,求见阖庐。阖庐说:"(伍子胥)是很贤能的士,是很勇敢的人。"将替他兴师向楚国复仇,伍子胥回答说:"诸侯不为匹夫(私仇)兴师动众,况且我听说,侍奉君主就像侍奉父

臣闻之,事君犹事父也。亏君之义,复父之雠,臣不为也。"于是止。蔡昭公朝乎楚,有美裘焉,囊瓦求之,昭公不与。为是拘昭公于南郢,数年然后归之。于其归焉,用事乎河,曰:"天下诸侯苟有能伐楚者,寡人请为之前列。"楚人闻之怒。为是兴师,使囊瓦将而伐蔡。蔡请救于吴,伍子胥复曰:"蔡非有罪也,楚人为无道,君如有忧中国之心,则若[2]时可矣。"于是兴师而救蔡。曰"事君犹事父也",此其为可以复雠奈何?曰:"父不受诛,子复雠可也。父受诛,子复雠,推刃[3]之道也。复雠不除害[4],朋友相卫而不相迿[5],古之道也。"

亲。损害君主的道义,报父亲的仇,我是不做(这样的事情)的。"于是停止(兴兵)。蔡昭公在楚国朝见(楚王),他有漂亮的皮袍子,囊瓦要这件皮袍,昭公不给。为了这事,将蔡昭公关押在南郢,过了好几年才放他回国。在他归到国内后,(去晋国,渡黄河时)祭黄河,说:"天下诸侯如果有能攻伐楚国的,寡人请求做它的前锋!"楚国人听说后大怒,为这事兴兵,派囊瓦为将攻伐蔡国。蔡国向吴国求救,伍子胥报告说:"蔡没有罪,楚人做无道的事,君如果有忧虑中原各诸侯国的心思,那么这时就可以(出兵)了!"于是吴国兴兵援救蔡国。说"侍奉君主就像侍奉父亲",这时是可以复仇的时机是怎么回事?回答说:"父亲无罪,不应当被杀,儿子为父亲复仇是可以的。父亲有罪,应当受诛,儿子复仇,这就是拉锯一样地推来推去的做法。复仇不应当除掉担心将来会害自己的仇人的儿子,朋友相互卫护不应当效死争先,这是自古以来的原则。"

[注释] 1 伯莒:在今湖北麻城东北。 2 若:代词,此。 3 推刃:一往一来,相互杀害。 4 复雠不除害:复仇只及其身,不及其子。 5 迿(xùn):争先,抢先击刺。

【经】楚囊瓦出奔郑。

【经】庚辰,吴入楚。

【传】吴何以不称子?反夷狄[1]也。其反夷狄奈何?君舍于君室,大夫舍于大夫室,盖妻楚王之母[2]也。

【经】楚国的囊瓦出逃到郑国。

【经】庚辰日,吴军进入楚国国都。

【传】(这里称吴)为什么不称吴子?这是因为他返回到夷狄的本性上来了。他怎样返回到夷狄的本性上来了?吴君居住在楚君的宫室,吴大夫居住在楚大夫的府邸,大概也奸污了楚王的母亲。

[注释] 1 反夷狄:恢复了夷狄的本性。 2 妻楚王之母:阖闾妻楚昭王夫人。

定公五年

[原文]

【经】五年,春,王正月,辛亥,朔,日有食之。

【经】夏,归[1]粟于蔡。

【传】孰归之?诸侯归之。曷为不言诸侯归之?离至[2],不可得而序,故言我也。

【经】於越[3]入吴。

【传】於越者何?越者何?於越者,未能以其名通[4]也。越者,能以其名

[译文]

【经】鲁定公五年,春季,周王的正月,辛亥日,朔日,发生日食。

【经】夏季,(我国)送粟给蔡国。

【传】谁送粟给蔡国?诸侯们送粟给蔡国。为什么不说是诸侯们送粟给蔡国?因为他们分散地送来,不可能列出序次,所以(只以我国为代表)说是我国送的。

【经】於越攻入吴国。

【传】於越是什么?越是什么?於越,是没能用它的名爵与中原诸侯相通

通[5]也。

【经】六月,丙申,季孙隐如卒。

【经】秋,七月,壬子,叔孙不敢卒。

【经】冬,晋士鞅帅师围鲜虞。

时的叫法。越,是能够用它的名爵与中原诸侯相通时的叫法。

【经】六月,丙申日,季孙隐如去世。

【经】秋季,七月,壬子日,叔孙不敢去世。

【经】冬季,晋国的士鞅领兵包围鲜虞。

[注释] 1 归:通"馈",馈赠。 2 离至:分散到达。 3 於越:即越。"於"为词头。越人自称为於越,中原人称之无发声,只称为越。《公羊传》另有解释。 4 未能以其名通:《传》以为於越是俗名,如其治国无状,不与中国通,则称於越以示贬。 5 能以其名通:如其治国有成,能与中国通,就称之为越以示褒。

定公六年

[原文]

【经】六年,春,王正月,癸亥,郑游遬帅师灭许,以许男斯归。

【经】二月,公侵郑。公至自侵郑。

【经】夏,季孙斯、仲孙何忌如晋。

【经】秋,晋人执宋行人

[译文]

【经】鲁定公六年,春季,周王的正月,癸亥日,郑国的游遬领兵灭亡许国,将许男斯带回(郑国)。

【经】二月,定公率军侵伐郑国。定公从侵伐郑国回国。

【经】夏季,季孙斯、仲孙何忌到晋国。

【经】秋季,晋国人逮捕宋国使

乐祁犂。

【经】冬,城中城。

【经】季孙斯、仲孙忌帅师围运。

【传】此仲孙何忌也,曷为谓之仲孙忌?讥二名[1],二名非礼也。

者乐祁犂。

【经】冬季,修筑内城。

【经】季孙斯、仲孙忌领兵包围运邑。

【传】这是仲孙何忌,为什么叫他作仲孙忌?讥讽他的名是两个字,用两个字作名是不符合礼的。

注释 1 二名:名称有两个字。《传》以为名称有两个字非礼,不是事实。隐公元年,"公子益师卒",僖公三十二年,"晋侯重耳卒",皆二字为名,于礼合。

定公七年

原文

【经】七年,春,王正月。

【经】夏,四月。

【经】秋,齐侯、郑伯盟于咸[1]。

【经】齐人执卫行人北宫结以侵卫。

【经】齐侯、卫侯盟于沙泽[2]。

【经】大雩。

译文

【经】鲁定公七年,春季,周王的正月。

【经】夏季,四月。

【经】秋季,齐侯、郑伯在咸地结盟。

【经】齐国人逮捕卫国的使者北宫结,侵伐卫国。

【经】齐侯、卫侯在沙泽结盟。

【经】举行大雩祭。

【经】齐国夏帅师伐我西鄙。

【经】九月,大雩。

【经】冬,十月。

【经】齐国的国夏领兵攻伐我国西部边境地区。

【经】九月,举行大雩祭。

【经】冬季,十月。

注释　1 咸:郑地,在今河南濮阳东南。　2 沙泽:卫地,在今河北大名东。

定公八年

原文

【经】八年,春,王正月,公侵齐。公至自侵齐。

【经】二月,公侵齐。三月,公至自侵齐。

【经】曹伯露[1]卒。

【经】夏,齐国夏帅师伐我西鄙。

【经】公会晋师于瓦[2]。公至自瓦。

译文

【经】鲁定公八年,春季,周王的正月,定公侵伐齐国。定公从侵伐齐国回来。

【经】二月,定公侵伐齐国。三月,定公从侵伐齐国回来。

【经】曹伯露去世。

【经】夏季,齐国的国夏领兵攻伐我国西部边境地区。

【经】定公在瓦地会见晋军。定公从瓦地回来。

注释　1 曹伯露:曹靖公,名露。　2 瓦:卫地,在今河南滑县东南瓦岗寨。

【经】秋,七月,戊辰,陈侯柳[1]卒。

【经】晋赵鞅帅师侵郑,遂侵卫。

【经】葬曹靖公。

【经】九月,葬陈怀公。

【经】季孙斯、仲孙何忌帅师侵卫。

【经】冬,卫侯、郑伯盟于曲濮[2]。

【经】从祀先公[3]。

【传】从祀者何?顺祀也。文公逆祀[4],去者三人。定公顺祀[5],叛者五人。

【经】秋季,七月,戊辰日,陈侯柳去世。

【经】晋国的赵鞅领兵侵伐郑国,接着侵伐卫国。

【经】安葬曹靖公。

【经】九月,安葬陈怀公。

【经】季孙斯、仲孙何忌领兵侵伐卫国。

【经】冬季,卫侯、郑伯在曲濮结盟。

【经】从祀已逝的君主。

【传】从祀是什么意思?是按照已逝君主即君位先后次序祭祀(他们)。文公(将僖公升到闵公之上)不按顺序祭祀,(因谏而不从)弃官而离开他的有三人。定公按顺序祭祀,叛离他的有五人。

[注释] 1 陈侯柳:陈怀公,名柳。 2 曲濮:卫地,在今河南长垣东北。 3 从祀先公:理顺先公祭祀顺序。从,顺。先公,闵公、僖公,将正二公之位次,所顺非一,故说先公。 4 文公逆祀:文公二年八月,有事于太庙,文公逆置僖公于闵公之上。闵公幼年嗣立,未三年而死,无子为继,由庶兄僖公嗣位。僖公死,神主入庙,就当把闵公神主由穆庙移到昭庙,僖公神主进入闵公的原庙,而成为穆。文公是僖公的儿子,以为这样委屈了他的父亲,将僖公神主挪到闵公之上,以僖公为昭,闵公为穆。 5 定公顺祀:定公把闵公、僖公的颠倒的庙次加以理顺。

【经】盗窃宝玉、大弓。

【传】盗者孰谓？谓阳虎也。阳虎者，曷为者也？季氏之宰也。季氏之宰，则微者也，恶乎得国宝而窃之？阳虎专季氏，季氏专鲁国。阳虎拘季孙，孟氏与叔孙氏迭而食之。睋而[1]锲其板[2]曰："某月某日将杀我于蒲圃，力能救我则于是。"至乎日若时[3]而出。临南者，阳虎之出[4]也，御之，于其乘焉，季孙谓临南曰："以季氏之世世有子，子可以不免我死乎？"临南曰："有力不足，臣何敢不勉。"阳越者，阳虎之从弟也，为右[5]。诸阳之从者，车数十乘。至于孟衢[6]，临南投策而坠之，阳越下取策，临南騁马[7]，而由[8]乎孟氏。阳虎从而射之，矢着于庄门[9]。然而，甲[10]起于琴如。弑不成，却反舍于郊，皆说然息。或曰："弑

【经】盗偷走宝玉、大弓。

【传】盗说的是谁？说的是阳虎。阳虎是做什么事的？是季氏的宰臣。季氏的宰臣是身份卑微的人，从哪里得到国宝偷走了它？阳虎在季氏那里专权，季氏在鲁国专权。阳虎拘押季孙，孟氏和叔孙氏轮流送饭给季孙吃。(季孙)顷刻之间用指甲在盛饭菜的器皿盖上划字，说："某月某日将在蒲圃杀我，能努力救我就在这个时候。"到了那天那个时候离开拘留地出来。临南是阳虎的外甥，为季孙驾车，在他坐上车子时，季孙对临南说："凭季孙世世代代对您家亲厚友好，您可以使我免于不死吗？"临南说："力量不够，在下哪里敢不努力？"阳越是阳虎的堂弟，做季孙的车右(守卫着，不让他逃走)。阳姓随行跟着的，有数十辆车。走到孟氏家近处的交叉路口，临南丢下马鞭，阳越下车捡马鞭，临南打马飞奔，从孟氏家门(进去)。阳虎跟在后用箭射他，箭头附着在庄门上。这时(孟氏、叔孙氏)在琴如组织起了武装部队。阳虎杀季孙不成，退回驻在郊外，从容地休息。有人说："杀千乘之主(季孙)没有取胜，

千乘之主而不克,舍此可乎?"阳虎曰:"夫孺子得国而已,如丈夫[11]何?"俄而曰:"彼哉!彼哉!趣驾。"既驾,公敛处父帅师而至,堇[12]然后得免,自是走之晋。宝者何?璋判白[13],弓绣质[14],龟青纯[15]。

驻在这里行吗?"阳虎说:"那小子仍得专国政而已,能把老子怎么样?"一会儿说:"他们(快来了)啊!他们(快来了)啊!赶快驾车。"车刚驾好,公敛处父领兵已到,阳虎仅仅身免于难,(阳虎)从这里逃跑到晋国。宝指的什么?白色的璋玉,柄两侧饰有华丽花纹的弓,边缘青色的龟甲。

【注释】 1 俄而:表示时间短暂。与"俄而"同。 2 锓其板:在盖饭的板子上刻字。锓,刻。 3 若时:如时。 4 出:外甥。 5 右:车右,保安。 6 孟衢:孟孙领地的街上。 7 骕(sǒng)马:掣马衔,令马走。 8 由:从,这里的意思是冲向。 9 庄门:孟氏之门名。 10 甲:武装人员,孟、仲两家控制的武装。 11 丈夫:大丈夫,好汉子。阳虎自称。 12 堇(jǐn):通"仅",仅仅。 13 璋判白:白色的璋玉。半圭曰璋,其半白,其半青。白归天子。鲁得郊天,故赐以白。判,半也。 14 弓绣质:绣了把手的巨弓。 15 龟青纯(zhǔn):边缘青色的千岁神龟甲。青纯,青毛镶边,青毛镶边的龟,是千岁神龟。纯,镶边。

定公九年

【原文】

【经】九年,春,王正月。

【经】夏,四月,戊申,郑伯囆[1]卒。

【译文】

【经】鲁定公九年,春季,周王的正月。

【经】夏季,四月,戊申日,郑伯囆去世。

【经】得宝玉、大弓。[2]

【传】何以书？国宝也。丧之书,得之书。

【经】六月,葬郑献公。

【经】秋,齐侯、卫侯次于五氏[3]。

【经】秦伯卒。

【经】冬,葬秦哀公。

【经】得到(阳虎盗去的)宝玉、大弓。

【传】为什么记？因为它是国宝。丧失它,记载;得到它,也记载。

【经】六月,安葬郑献公。

【经】秋季,齐侯、卫侯(领兵)驻扎在五氏。

【经】秦伯去世。

【经】冬季,安葬秦哀公。

注释 1 郑伯趸:郑献公,名趸。 2《穀梁传》说是得之于堤下,阳虎为延缓追兵而弃之。 3 五氏:晋地。在今河北邯郸西。齐、卫伐晋,齐侯驻于五氏,卫侯前往会合。

定公十年

原文

【经】十年,春,王三月,及齐平。

【经】夏,公会齐侯于颊谷[1]。

【经】公至自颊谷。

【经】晋赵鞅帅师围卫。

【经】齐人来归运、谨、

译文

【经】鲁定公十年,春季,周王的三月,(我国)与齐国媾和。

【经】夏季,定公在颊谷会见齐侯。

【经】定公从颊谷回来。

【经】晋国的赵鞅领兵包围卫国。

【经】齐国人前来归还运、谨、龟阴三邑的田地。

龟阴田[2]。

【传】齐人曷为来归运、讙、龟阴田?孔子行乎季孙,三月不违,齐人为是来归之。

【经】叔孙州仇、仲孙何忌帅师围郈。

【传】齐国人为什么前来归还运、讙、龟阴三邑的田地?孔子在季氏的政权中(做官)实行自己的政治主张,三月之中不见有失误的地方,齐人因为这点归还这些田地。

【经】叔孙州仇、仲孙何忌领兵包围郈。

[注释] 1 颊谷:在今山东莱芜之夹谷峪。 2 运、讙、龟阴田:皆为汶阳之田。运在今山西运城东,讙在今山东宁阳西北,龟阴在今山东新泰西南、泗水东北。

【经】秋,叔孙州仇、仲孙何忌帅师围费。

【经】宋乐世心出奔曹。

【经】宋公子池出奔陈。

【经】冬,齐侯、卫侯、郑游遬会于鄟[1]。

【经】叔孙州仇如齐。

【经】宋公之弟辰暨宋仲佗、石彄[2]出奔陈。

【经】秋季,叔孙州仇、仲孙何忌领兵包围费。

【经】宋国的乐世心出逃到曹国。

【经】宋国公子池出逃到陈国。

【经】冬季,齐侯、卫侯、郑国的游遬在鄟地相会。

【经】叔孙州仇到齐国。

【经】宋公的弟弟辰与宋国的仲佗、石彄出逃到陈国。

[注释] 1 鄟:齐地,在今山东济南西北。 2 仲佗、石彄(kōu):宋臣名。

定公十一年

【原文】

【经】十有一年,春,宋公之弟辰及仲佗、石𧦬、公子池自陈入于萧[1]以叛。

【经】夏,四月。

【经】秋,宋乐世心自曹入于萧。

【经】冬,及郑平。

【经】叔还如郑莅盟。

【译文】

【经】鲁定公十一年,春季,宋公的弟弟辰与仲佗、石𧦬、公子池从陈国进入(宋国的)萧地反叛。

【经】夏季,四月。

【经】秋季,宋国的乐世心从曹国进入萧地。

【经】冬季,(我国)与郑国媾和。

【经】叔还到郑国结盟。

【注释】 1 萧:宋邑,在今安徽萧县西北。

定公十二年

【原文】

【经】十有二年,春,薛伯定[1]卒。

【经】夏,葬薛襄公。

【经】叔孙州仇帅师堕郈[2]。

【译文】

【经】鲁定公十二年,春季,薛伯定去世。

【经】夏季,安葬薛襄公。

【经】叔孙州仇领兵毁坏郈邑的城墙。

【经】卫公孟彄帅师伐曹。

【经】季孙斯、仲孙何忌帅师堕费。

【传】曷为帅师堕郈,帅师堕费?孔子行乎季孙,三月不违,曰:"家不藏甲,邑无百雉之城。"于是帅师堕郈、帅师堕费。雉者何?五板[3]而堵,五堵而雉,百雉而城。

【经】秋,大雩。

【经】冬,十月,癸亥,公会晋侯,盟于黄[4]。

【经】十有一月,丙寅,朔,日有食之。

【经】公至自黄。

【经】十有二月,公围成。公至自围成。

【经】卫国的公孟彄领兵攻伐曹国。

【经】季孙斯、仲孙何忌领兵毁坏费邑的城墙。

【经】为什么要领兵毁坏郈邑城墙,领兵毁坏费邑城墙?孔子在季氏的政权中做官实行自己的政治主张,三月之中不见有失误的地方,(他)说:"私家不能藏有军服武器,邑不要有百雉的城墙。"于是领兵毁坏郈邑的城墙,领兵毁坏费邑的城墙。雉是什么?五板是一堵,五堵是一雉,(公侯才有)一百雉的城。

【经】秋季,举行大雩祭。

【经】冬季,十月,癸亥日,定公会见齐侯,在黄地结盟。

【经】十一月,丙寅日,朔日,发生日食。

【经】定公从黄地回来。

【经】十二月,定公包围成邑。定公从包围成邑回来。

注释 1 薛伯定:薛襄公,名定。 2 堕(huī)郈:拆毁郈邑的城墙。堕,同"隳",毁坏。 3 板:筑墙夹板。板的体积说法不一。大致上是每板高宽各二尺,长六尺。 4 黄:齐地,在今山东邹平东南。此在齐地与齐侯盟,共谋叛晋,知此盟于黄的是齐侯,不是晋侯。

定公十三年

【原文】

【经】十有三年,春,齐侯、卫侯次于垂瑕[1]。

【经】夏,筑蛇渊囿[2]。

【经】大蒐于比蒲[3]。

【经】卫公孟彄帅师伐曹。

【经】秋,晋赵鞅入于晋阳[4]以叛。

【经】冬,晋荀寅及士吉射入于朝歌[5]以叛。

【经】晋赵鞅归于晋。

【传】此叛也,其言归何?以地正国也。其以地正国奈何?晋赵鞅取晋阳之甲以逐荀寅与士吉射。荀寅与士吉射者,曷为者也?君侧之恶人也。此逐君侧之恶人,曷为以叛言之?无君命也。

【经】薛弑其君比。

【译文】

【经】鲁定公十三年,春季,齐侯、卫侯(领兵)驻扎在垂瑕。

【经】夏季,在蛇渊建造园囿。

【经】在比蒲举行大阅兵。

【经】卫国的公孟彄领兵攻伐曹国。

【经】秋季,晋国的赵鞅进入晋阳,据晋阳反叛。

【经】冬季,晋国的荀寅与士吉射进入朝歌,据朝歌反叛。

【经】晋国的赵鞅回到晋国都。

【传】这是反叛,这里说"回到"是为什么?是他用自己的采地整顿国家。他怎样用自己的采地整顿国家?晋国的赵鞅调来晋阳的甲兵驱逐荀寅与士吉射。荀寅与士吉射是干什么的?是君主身旁的恶人。这本是驱逐君身旁的恶人,为什么用反叛来指称?因为没有君主的命令。

【经】薛国杀了它的君主比。

【注释】 1 垂瑕:在今山东巨野西南。 2 蛇渊囿:在今山东肥城南汶河北岸。 3 比蒲:昭公十一年也曾大蒐于比蒲,那里注比蒲或是鲁都东门外之蒲圃。 4 晋阳:晋邑,在今山西太原西南。 5 朝歌:原卫地,后属晋,在今河南淇县。

定公十四年

【原文】

【经】十有四年,春,卫公叔戍来奔。

【经】晋赵阳[1]出奔宋。

【经】三月,辛巳、楚公子结、陈公子佗人帅师灭顿[2],以顿子牂[3]归。

【经】夏,卫北宫结[4]来奔。

【经】五月,於越败吴于醉李[5]。

【经】吴子光[6]卒。

【经】公会齐侯、卫侯于坚[7]。公至自会。

【译文】

【经】鲁定公十四年,春季,卫国公叔戍逃亡前来。

【经】晋国的赵阳出逃到宋国。

【经】三月,辛巳日,楚国公子结、陈国公子佗人领兵灭亡顿国,将顿子牂带回。

【经】夏季,卫国的北宫结逃奔前来。

【经】五月,於越在醉李打败吴国。

【经】吴子光去世。

【经】定公在坚会见齐侯、卫侯。定公从相会处归来。

【注释】 1 晋赵阳:清代学者已证明不是晋赵阳,而是卫大夫赵氏名阳。以其党于公叔文子之子公叔戍,故卫侯并逐之。 2 顿:小国名,在今河南项城稍西之南顿故城。 3 牂(qiāng):《左传》《穀梁传》均作"牄"

(zāng)"。　4 北宫结：卫大夫，公叔戍之党。　5 醉李：吴地，在今浙江嘉兴南。　6 吴子光：吴君阖闾，名光。　7 坚：在今河南浚县北。

【经】秋，齐侯、宋公会于洮[1]。

【经】天王使石尚来归脤[2]。

【传】石尚者何？天子之士也。脤者何？俎实也。腥曰脤，熟曰燔。

【经】卫世子蒯聩[3]出奔宋。

【经】卫公孟彄出奔郑。

【经】宋公之弟辰自萧来奔。

【经】大蒐于比蒲。

【经】邾娄子来会公。

【经】城莒父及霄[4]。

【经】秋季，齐侯、宋公在洮地相会。

【经】周王派石尚前来送脤。

【传】石尚是什么人？是天子的士。脤是什么？是盛在祭器内的（祭肉）。生的叫脤，煮熟的叫燔。

【经】卫国世子蒯聩出逃到宋国。

【经】卫国的公孟彄出逃到郑国。

【经】宋公的弟弟辰从萧逃来。

【经】在比蒲举行大阅兵。

【经】邾娄子前来与定公相会。

【经】在莒父及霄修筑城墙。

[注释]　1 洮：曹地，在今河南濮阳东黄河西岸。　2 脤(shèn)：古代王侯祭社稷所用的肉，生的叫脤，熟的叫燔。　3 蒯聩(Kuǎikuì)：卫灵公太子，其母南子与人私通，蒯聩欲杀其母未果，事发，奔宋。　4 莒父及霄：二城在今山东莒县境。在此二地筑城，以防晋侵。

定公十五年

【原文】

【经】十有五年,春,王正月,邾娄子来朝。

【经】鼷鼠[1]食郊牛,牛死,改卜牛。

【传】曷为不言其所食?漫[2]也。

【经】二月,辛丑,楚子灭胡[3],以胡子豹归。

【经】夏,五月,辛亥,郊。

【传】曷为以夏五月郊?三卜之运[4]也。

【经】壬申,公薨于高寝[5]。

【经】郑轩达帅师伐宋。

【经】齐侯、卫侯次于籧篨[6]。

【经】邾娄子来奔丧。

【传】其言来奔丧何?奔丧非礼也。

【译文】

【经】鲁定公十五年,春季,周王的正月,邾娄子前来朝见。

【经】鼷鼠咬伤准备做郊祀祭品的牛,牛死去,改卜其它的牛。

【传】为什么不说鼷鼠所咬的地方?因为伤口已遍及全身。

【经】二月,辛丑日,楚子灭亡胡国,将胡子豹带回(楚国)。

【经】夏季,五月,辛亥日,举行郊祭。

【传】为什么在夏季的五月举行郊祭?是经过三次反复占卜改到五月的。

【经】壬申日,定公在高寝去世。

【经】郑国的轩达领兵攻伐宋国。

【经】齐侯、卫侯(领兵)驻扎在籧篨。

【经】邾娄子前来奔丧。

【传】这里说邾娄子前来奔丧是什么意思?奔丧不合礼制。

注释　1 鼷(xī)鼠：鼠类中最小的一种，食人及牛马等皮肤成疮。 2 漫：伤口遍及全身。　3 胡：胡国在今安徽阜阳。　4 三卜之运：经过三次反复占卜才改到五月的。运，转，改订。　5 高寝：犹后世所谓的上房。　6 籧篨(qúchú)：地名，不详其今在何处。

【经】秋，七月，壬申，姒氏卒。

【传】姒氏者何？哀公之母也。何以不称夫人？哀未君也。

【经】八月，庚辰，朔，日有食之。

【经】九月，滕子来会葬。

【经】丁巳，葬我君定公，雨，不克葬。戊午，日下昃[1]，乃克葬。

【经】辛巳，葬定姒。

【传】定姒何以书葬？未逾年之君也，有子则庙，庙则书葬。

【经】冬，城漆[2]。

【经】秋季，七月，壬申日，姒氏去世。

【传】姒氏是什么人？是哀公的母亲。为什么不称夫人？这时哀公嗣位还没有一个年头，不能称君(，其母也就不能称夫人)。

【经】八月，庚辰日，朔日，发生日食。

【经】九月，滕子前来会葬。

【经】丁巳日，安葬我国君主定公，因为下雨，不能把下葬的事进行完毕。戊午日，太阳偏西时，才能完成下葬的事。

【经】辛巳日，安葬定姒。

【经】(不是夫人不记葬，)定姒为什么记葬？因为(她的儿子是)嗣位未过一个年头的国君，有儿子为君就应配享于庙，配享于庙就应记葬。

【经】冬季，在漆筑城。

注释　1 日下昃(zè)：傍晚时分。昃，日西斜。　2 漆：在今山东邹城北。

哀公

哀公元年

[原文]

【经】元年[1],春,王正月,公[2]即位。

【经】楚子、陈侯、随侯、许男围蔡。

【经】鼷鼠食郊牛,改卜牛。

【经】夏,四月,辛巳,郊。

【经】秋,齐侯、卫侯伐晋。

【经】冬,仲孙何忌帅师伐邾娄。

[译文]

【经】鲁哀公元年,春季,周王的正月,哀公即位。

【经】楚子、陈侯、随侯、许男包围蔡国。

【经】鼷鼠咬伤准备做郊祀祭品的牛,改卜其他的牛。

【经】夏季,四月,辛巳日,举行郊祭。

【经】秋季,齐侯、卫侯攻伐晋国。

【经】冬季,仲孙何忌领兵攻伐邾娄国。

[注释] 1 元年:鲁哀公元年公元前494年。 2 公:哀公名蒋,定公之子,母姒氏。

哀公二年

原文

【经】二年,春,王二月,季孙斯、叔孙州仇、仲孙何忌帅师伐邾娄,取漷东田及沂西田。

【经】癸巳,叔孙州仇、仲孙何忌及邾娄子盟于句绎[1]。

【经】夏,四月,丙子,卫侯元[2]卒。

【经】滕子来朝。

【经】晋赵鞅帅师纳卫世子蒯聩于戚。

【传】戚者何?卫之邑也。曷为不言入于卫?父有子[3],子不得有父[4]也。

【经】秋,八月,甲戌,晋赵鞅帅师及郑轩达帅师战于栗[5],郑师败绩。

【经】冬,十月,葬卫灵公。

【经】十有一月,蔡迁于

译文

【经】鲁哀公二年,春季,周王的二月,季孙斯、叔孙州仇、仲孙何忌领兵攻伐邾娄国,得到漷水以东和沂水以西的田地。

【经】癸巳日,叔孙州仇、仲孙何忌与邾娄子在句绎结盟。

【经】夏季,四月,丙子日,卫侯元去世。

【经】滕子前来朝见。

【经】晋国的赵鞅领兵护送卫国世子蒯聩到戚地。

【传】戚是什么地方?是卫国的邑。为什么不说进入卫国?父亲卫灵公拥有对儿子的父权(将他废黜),儿子蒯聩就不能拥有父亲灵公的卫国。

【经】秋季,八月,甲戌日,晋国的赵鞅领兵与郑国的轩达在栗作战,郑军大败。

【经】冬季,十月,安葬卫灵公。

州来[6]。

【经】蔡杀其大夫公子驷。

【经】十一月,蔡国迁都到州来。

【经】蔡国杀它的大夫公子驷。

注释 1 句绎:在今山东邹城东南峄山东南。 2 卫侯元:卫灵公名元。 3 父有子:父亲有权废除儿子的继承权。 4 子不得有父:儿子无权获得已被父亲废除了的继承权。 5 栗:卫地,在戚邑之南。戚在今河南濮阳北。 6 州来:蔡依吴,迁于州来,称为下蔡。今安徽凤台。

哀公三年

【原文】

【经】三年,春,齐国夏、卫石曼姑帅师围戚。

【传】齐国夏曷为与卫石曼姑帅师围戚?伯讨[1]也。此其为伯讨奈何?曼姑受命乎灵公而立辄,以曼姑之义为固可以距之也。辄者曷为者也?蒯聩之子也。然则曷为不立蒯聩而立辄?蒯聩为无道,灵公逐蒯聩而立辄。然则辄之义可以立乎?曰:可。其可奈何?

【译文】

【经】鲁哀公三年,春季,齐国的国夏、卫国的石曼姑领兵包围戚。

【传】齐国的国夏为什么和卫国的石曼姑一起领兵包围戚?这是方伯(对蒯聩的)讨伐。这怎么是方伯的讨伐?曼姑接受卫灵公的命令立辄为君,以君臣之义讲,曼姑本是可以抵拒蒯聩的。辄是干什么的?(他)是蒯聩的儿子。为什么不立蒯聩而立辄?蒯聩做无道的事,灵公驱逐蒯聩而立辄。那么辄在道义上可以抗拒父意而立吗?(回答)说:可以。怎么可以?不凭父亲的命令而抗拒祖父的命令,凭祖父的命令而不

不以父命辞王父命,以王父命辞父命,是父之行乎子也;不以家事辞王事,以王事辞家事,是上之行乎下也。

【经】夏,四月,甲午,地震。

【经】五月,辛卯,桓宫、僖宫灾。

【传】此皆毁庙也,其言灾何?复立也。曷为不言其复立?《春秋》见者不复见也。何以不言及?敌也。何以书?记灾也。

【经】季孙斯、叔孙州仇帅师城开阳[2]。

【经】宋乐髡帅师伐曹。

【经】秋,七月,丙子,季孙斯卒。

【经】蔡人放其大夫公孙猎于吴。

【经】冬,十月,癸卯,秦伯[3]卒。

从父亲的命令,这是父亲(灵公)的命令在儿子(蒯聩)那里实行;不以父与子的私家之事拒绝朝廷的公家之事,以朝廷的公家之事拒绝父子之间的私家之事,这是在上的命令在下实行。

【经】夏季,四月,甲午日,发生地震。

【经】五月,辛卯日,桓公庙、僖公庙发生火灾。

【传】(桓公、僖公已过高祖,)这两座庙应该早已毁祭让给后死的新主了,这里说这两座庙发生火灾是为什么?是毁祭后又为他们重立了。为什么没有记重立?《春秋》记事,只在重要的地方记一次,其余重复的就不再记。为什么不说(桓宫)及(僖宫)?因为(已过高祖,亲疏)相等。为什么记?是记火灾。

【经】季孙斯、叔孙州仇领兵在开阳筑城。

【经】宋国的乐髡领兵攻伐曹国。

【经】秋季,七月,丙子日,季孙斯去世。

【经】蔡国人把他们的大夫公孙猎放逐到吴。

【经】冬季,十月,癸卯日,秦伯去世。

【经】叔孙州仇、仲孙何忌帅师围邾娄。

【经】叔孙州仇、仲孙何忌领兵包围邾娄国。

[注释] 1 伯讨：方伯正当的讨伐。 2 开阳：鲁地，在今山东临沂北。本名启阳，《公羊传》写成于汉景帝时，避景帝讳改"启"为"开"。 3 秦伯：秦惠公。

哀公四年

[原文]

【经】四年，春，王三月，庚戌，盗杀蔡侯申[1]。

【传】弑君，贱者穷诸人[2]，此其称盗以弑何？贱乎贱者[3]也。贱乎贱者孰谓？谓罪人也。

【经】蔡公孙辰出奔吴。

【经】葬秦惠公。

【经】宋人执小邾娄子。

[译文]

【经】鲁哀公四年，春季，周王的三月，庚戌日，盗贼杀蔡侯申。

【传】杀国君，身份卑贱的贬降到称他为人，这里说是盗贼杀是什么意思？对身份卑贱的予以轻贱。对身份卑贱的予以轻贱是说谁？是说（杀国君的）罪人。

【经】蔡国公孙辰出逃到吴国。

【经】安葬秦惠公。

【经】宋国人逮捕小邾娄子。

[注释] 1 蔡侯申：蔡昭公，名申。 2 贼者穷诸人：弑君者如果是大夫，就写他的名字，如果是没有地位的人，是贼者，就写某"人"，不出现名字。顶多如此。穷，终竟，只不过。诸，约同于之。 3 贱乎贱者：比贱者还贱。乎，于，表示比较。

【经】夏,蔡杀其大夫公孙归姓、公孙霍。

【经】晋人执戎曼子赤归于楚。

【传】赤者何？戎曼子之名也。其言归于楚何？子北宫子曰:"辟伯晋而京师楚[1]也。"

【经】城西郛。

【经】六月,辛丑,蒲社灾。

【传】蒲社者何？亡国之社也。社者封也[2],其言灾何？亡国之社盖揜之[3],揜其上而柴其下[4]。蒲社灾何以书？记灾也。

【经】秋,八月,甲寅,滕子结[5]卒。

【经】冬,十有二月,葬蔡昭公。

【经】葬滕顷公。

【经】夏季,蔡国杀它的大夫公孙归姓、公孙霍。

【经】晋国人逮捕戎曼子赤,将他送到楚国。

【传】赤是什么？是戎曼子的名。这里说送到楚国是什么意思？子北宫子说:"是为了避免将晋作为方伯,将楚作为京师的嫌疑。"

【经】修筑(国都)西边的外城。

【经】六月,辛丑日,蒲社发生火灾。

【传】蒲社是什么地方？是亡国的前朝的社。社是土坛,说它被火焚烧是为什么？亡国的前代的社坛大概上面有建筑物作为覆盖,上面覆盖起来,下面铺设木柴。蒲社被烧为什么记？是记火灾。

【经】秋季,八月,甲寅日,滕子结去世。

【经】冬季,十二月,安葬蔡昭公。

【经】安葬滕顷公。

注释 1 辟伯晋而京师楚:避开这样一种印象,好像晋执戎君是方伯的正当行为,而送到楚国去是将楚当作王室一样对待。 2 社者封也:社就是封土而成,把土堆起来就是社了。 3 揜(yǎn)之:把它遮盖起来。揜,掩盖,遮蔽。　4 柴其下:在下面铺设木柴以为支撑。　5 滕子结:滕顷公,名结。

哀公五年

【原文】

【经】五年,春,城比[1]。

【经】夏,齐侯伐宋。

【经】晋赵鞅帅师伐卫。

【经】秋,九月,癸酉,齐侯处臼[2]卒。

【经】冬,叔还如齐。

【经】闰月,葬齐景公。

【传】闰不书,此何以书?丧以闰数[3]也。丧曷为以闰数?丧数略也[4]。

【译文】

【经】鲁哀公五年,春季,在比筑城。

【经】夏季,齐侯攻伐宋国。

【经】晋国的赵鞅领兵攻伐卫国。

【经】秋季,九月,癸酉日,齐侯处臼去世。

【经】冬季,叔还到齐国。

【经】闰月,安葬齐景公。

【传】闰月是不写的,这里为什么写?(大功以下的各)丧(都是数月数的,所以)将闰月也数进去(充当月数)。(大功以下各)丧为什么将闰月也数进?服丧的月数应当从简从少。

【注释】　1 比:在今山东郓城北。　2 齐侯处臼:齐景公,名处臼。　3 丧以闰数:服丧大功以下,三月至九月,都是以月计的。闰月要计算在内。　4 丧数略也:计算服丧的时长,应从短,不可往后拖。略,简略,缩略。

哀公六年

【原文】

【经】六年，春，城邾娄葭[1]。

【经】晋赵鞅帅师伐鲜虞。

【经】吴伐陈。

【经】夏，齐国夏及高张来奔。

【经】叔还会吴于柤[2]。

【经】秋，七月，庚寅，楚子轸[3]卒。

【经】齐阳生[4]入于齐。

【译文】

【经】鲁哀公六年，春季，在邾娄葭筑城。

【经】晋国的赵鞅领兵攻伐鲜虞。

【经】吴国攻伐陈国。

【经】夏季，齐国的国夏与高张逃亡前来。

【经】叔还在柤会见吴(国人)。

【经】秋季，七月，庚寅日，楚子轸去世。

【经】齐国的阳生进入齐国。

【注释】 1 葭：在今山东济宁东南。 2 柤(zhā)：本楚地，此时属吴。在今江苏邳州西北。 3 楚子轸：楚昭王，名轸。 4 齐阳生：齐景公之子，后为悼公。去年齐孺子舍即位，逃奔来鲁。

【经】齐陈乞弑其君舍。

【传】弑而立者[1]不以当国之辞言之，此其以当国之辞言之何？为谖[2]

【经】齐国的陈乞杀他的国君舍。

【传】杀死君主自立为君的不应当以当国的词语来记他，这里(阳生不以公子为氏，而以齐国号为氏，是)以当国的词语来记他是什么意思？这是

也。此其为谖奈何？景公谓陈乞曰："吾欲立舍[3]，何如？"陈乞曰："所乐乎为君者，欲立之则立之，不欲立则不立。君如欲立之，则臣请立之。"阳生谓陈乞曰："吾闻子盖将不欲立我也。"陈乞曰："夫千乘之主，将废正而立不正，必杀正者。吾不立子者，所以生子者也。走矣！"与之玉节而走之。景公死而舍立。陈乞使人迎阳生，于诸[4]其家。除景公之丧，诸大夫皆在朝，陈乞曰："常之母[5]有鱼菽之祭[6]，愿诸大夫之化[7]我也。"诸大夫皆曰："诺。"于是皆之陈乞之家，坐。陈乞曰："吾有所为甲[8]，请以示焉。"诸大夫皆曰："诺。"于是使力士举巨囊而至于中霤[9]，诸大夫见之，皆色然[10]而骇。开之，则闯然[11]公子阳生也。陈乞曰："此君也已！"诸大

要表示他的欺诈。这人是怎样采用欺诈方法的？齐景公对陈乞说："我想立舍（为世子），怎么样？"陈乞说："做国君所快意的是，想立谁就立谁，不想立就不立。君主您想立他，臣下我请求立他。"阳生对陈乞说："我听说您将不想立我了。"陈乞说："拥有千乘兵车的君主，将要废除处于正位当立的人，而立处于不正之位而不当立的人，必然要杀死处于正位的人。我不想立您，是使您活命的办法。您快逃走吧！"给他作为信符的玉节使他逃走。景公死，舍立为嗣君。陈乞派人去迎接阳生，把他藏在自己家里。为景公服丧期满，除去丧服，各大夫都在朝，陈乞说："我的常儿的母亲有微薄的祭品鱼豆之类，希望诸大夫不要讲究什么礼仪，去我家里（享用）。"各大夫都说："好！"于是都去陈乞家里，坐下。陈乞说："我有所做的铠甲，请允许我拿它来给你们看。"各大夫都说："好！"于是命令力士举着一个大袋子来到庭中央，各大夫看见它，脸色都变了，感到惊异。把袋子打开，伸出头来的是公子阳生。陈乞说："这就是君主

夫不得已,皆逡巡¹²北面,再拜稽首而君之尔。自是往弑舍。

【经】冬,仲孙何忌帅师伐邾娄。

【经】宋向巢帅师伐曹。

了!"各大夫不得已,都恭敬地后退面向北,拜了又拜,叩头至地,将阳生奉为君主。从这里出发前去杀舍。

【经】冬季,仲孙何忌领兵攻伐邾娄国。

【经】宋国的向巢领兵攻伐曹国。

注释 1 弑而立者:指上文齐阳生。 2 谖(xuān):欺诈,欺骗。 3 舍:齐景公幼子,又称孺子。 4 于诸:意思是安顿于。 5 常之母:我儿子陈常的母亲,犹如现在说"孩子他妈"。 6 鱼菽之祭:祭品为鱼与豆的祭祀,是说薄祭。 7 化:不用礼品而相过从,谓之化,齐人语。 8 甲:铠甲。 9 中霤(liú):房室中央明亮处。 10 色然:作色恐惧的样子。 11 闿然:冒出头来的样子。 12 逡巡:避让的样子。

哀公七年

【原文】

【经】七年,春,宋皇瑗帅师侵郑。

【经】晋魏曼多帅师侵卫。

【经】夏,公会吴于鄫¹。

【经】秋,公伐邾娄。

【译文】

【经】鲁哀公七年,春季,宋国的皇瑗领兵侵伐郑国。

【经】晋国的魏曼多领兵侵伐卫国。

【经】夏季,哀公在鄫地会见吴(君)。

【经】秋季,哀公攻伐邾娄国。

【经】八月,己酉日,进入邾娄国都,把邾娄子益带来(我国)。

【传】(只举分量重的)说进入别国国

【经】八月,己酉,入邾娄,以邾娄子益来。

【传】入不言伐,此其言伐何?内辞也,若使他人然[2]。邾娄子益何以名?绝。曷为绝之?获也。曷为不言其获?内大恶讳也。

【经】宋人围曹。

【经】冬,郑驷弘帅师救曹。

【经】八月,己酉,(哀公率军)攻入邾娄国,将邾娄子益带回鲁国。

【传】(军队)进入(别的国家的)国都就不说攻伐别国,这里说攻伐邾娄国是为什么?这是为我国俘掠诸侯的罪恶隐讳之辞,使得好像是(哀公攻伐后就离开了,)进入国都的是别人一样。为什么要写出邾娄子名益?是不承认(他的君位)。为什么不承认他(君主的地位)?因为(他不能为社稷而死,)被鲁军俘获。为什么不说他被鲁军俘获?是为我国的大罪恶隐讳。

【经】宋国人包围曹国。

【经】冬季,郑国的驷弘领兵援救曹国。

[注释] 1 鄑:鲁地,在今山东枣庄东、兰陵西北。 2 若使他人然:使得好像进入国都的是别人一样。

哀公八年

[原文]

【经】八年,春,王正月,宋公入曹,以曹伯阳归。

【传】曹伯阳何以名?绝。曷为绝之?灭也。曷为不言其灭?讳

[译文]

【经】鲁哀公八年,春季,周王的正月,宋公攻进曹国国都,将曹伯阳带回(宋国)。

【传】曹伯阳何以写出他的名?是不承认(他的君位)。为什么不承认他(君主的地位?)是曹国被宋国灭了。为

同姓之灭也。何讳乎同姓之灭？力能救之而不救也。

【经】吴伐我。

【经】夏,齐人取讙及阐[1]。

【传】外取邑不书,此何以书？所以赂齐也。曷为赂齐？为以邾娄子益来也。

【经】归邾娄子益于邾娄。

【经】秋,七月。

【经】冬,十有二月,癸亥,杞伯过[2]卒。

【经】齐人归讙及阐。

什么不说曹国被灭了？是为我国同姓国的灭亡隐讳。为什么要对同姓国的灭亡隐讳？是因为我国有能力救它却没有救。

【经】吴国攻伐我国。

【经】夏季,齐国人取走讙及阐二地。

【传】我国以外的国家取得邑不记,这里为什么记？这是(我国)用来贿赂齐国的。为什么要贿赂齐国？因为(齐国是邾娄国的盟国,)我们把邾娄子益带了回来。

【经】把邾娄子益放归到邾娄国。

【经】秋季,七月。

【经】冬季,十二月,癸亥日,杞伯过去世。

【经】齐国人归还讙及阐二地。

注释 1 讙、阐(chǎn):讙邑在今山东宁阳西北。阐邑在今山东宁阳东北。 2 杞伯过:杞僖公名过。

哀公九年

原文

【经】九年,春,王二月,葬杞僖公。

译文

【经】鲁哀公九年,春季,周王的二月,安葬杞僖公。

【经】宋皇瑗帅师取郑师于雍丘[1]。

【传】其言取之何?易也。其易奈何?诈之也。

【经】夏,楚人伐陈。

【经】秋,宋公伐郑。

【经】冬,十月。

【经】宋国的皇瑗领兵在雍丘取胜郑军。

【传】这里说取胜郑军是什么意思?是说取胜得容易。怎么会容易的?是采用诈骗郑军的策略。

【经】夏季,楚人攻伐陈国。

【经】秋季,宋公攻伐郑国。

【经】冬季,十月。

[注释] 1 雍丘:宋地,在今河南杞县。

哀公十年

[原文]

【经】十年,春,王二月,邾娄子益来奔。

【经】公会吴伐齐。

【经】三月,戊戌,齐侯阳生[1]卒。

【经】夏,宋人伐郑。

【经】晋赵鞅帅师侵齐。

【经】五月,公至自伐齐。

【经】葬齐悼公。

[译文]

【经】鲁哀公十年,春季,周王的二月,邾娄子益逃亡前来。

【经】哀公会合吴攻伐齐国。

【经】三月,戊戌日,齐侯阳生去世。

【经】夏季,宋人攻伐郑国。

【经】晋国的赵鞅领兵侵伐齐国。

【经】五月,哀公从攻伐齐国归来。

【经】安葬齐悼公。

【经】卫公孟彄[2]自齐归于卫。

【经】薛伯寅[3]卒。

【经】秋,葬薛惠公。

【经】冬,楚公子结帅师伐陈。吴救陈。

【经】卫国的公孟彄从齐国回到卫国。

【经】薛伯寅去世。

【经】秋季,安葬薛惠公。

【经】冬季,楚公子结领兵攻伐陈国。吴国援救陈国。

[注释] 1 齐侯阳生:齐悼公。 2 公孟彄:蒯聩之党,今叛而从辄。 3 薛伯寅:薛惠公,名寅。

哀公十一年

[原文]

【经】十有一年,春,齐国书帅师伐我。

【经】夏,陈袁颇出奔郑。

【经】五月,公会吴伐齐。甲戌,齐国书帅师及吴战于艾陵[1],齐师败绩,获齐国书。

【经】秋,七月,辛酉,滕子虞母[2]卒。

【经】冬,十有一月,葬滕隐公。

【经】卫世叔齐出奔宋。

[译文]

【经】鲁哀公十一年,春季,齐国的国书领兵攻伐我国。

【经】夏季,陈国的袁颇出逃到郑国。

【经】五月,哀公会合吴国攻伐齐国。甲戌日,齐国的国书领兵和吴在艾陵作战,齐军大败,俘获齐国的国书。

【经】秋季,七月,辛酉日,滕子虞母去世。

【经】冬季,十一月,安葬滕隐公。

【经】卫国世叔齐出逃到宋国。

【注释】 1 艾陵:齐地,在今山东莱芜东南。 2 滕子虞母:滕隐公,名虞母。

哀公十二年

【原文】

【经】十有二年,春,用田赋[1]。

【传】何以书？讥。何讥尔？讥始用田赋也。

【经】夏,五月,甲辰,孟子卒。

【传】孟子者何？昭公之夫人也。其称孟子何？讳娶同姓[2],盖吴女也。

【经】公会吴于橐皋[3]。

【经】秋,公会卫侯、宋皇瑗于运[4]。

【经】宋向巢帅师伐郑。

【经】冬,十有二月,螽。

【传】何以书？记异也。何异尔？不时也。

【译文】

【经】鲁哀公十二年,春季,采用田赋制。

【传】为什么记？为了讥讽。讥讽什么？讥讽开始采用田赋制。

【经】夏季,五月,甲辰日,孟子去世。

【传】孟子是什么人？是昭公的夫人。这里只称孟子是为什么？是为(昭公)娶同姓女隐讳,(孟子)是吴国的女儿。

【经】哀公在橐皋会见吴(人)。

【经】秋季,哀公在运会见卫侯、宋国的皇瑗。

【经】宋国的向巢领兵攻伐郑国。

【经】冬季,十二月,发生蝗灾。

【传】为什么记？记异常现象。有什么异常？因为不是时候。

注释 1 用田赋:采用田赋制。田赋制内容不详,总之是加重了赋税。 2 同姓:鲁,姬姓。吴为泰伯之后,同是姬姓。 3 橐皋:吴地,在今安徽巢湖西北之拓皋镇。 4 运:鲁地,在今山东莒县南。

哀公十三年

原文

【经】十有三年,春,郑轩达帅师取宋师于嵒¹。

【传】其言取之何?易也。其易奈何?诈反²也。

【经】夏,许男戍³卒。

【经】公会晋侯及吴子⁴于黄池⁵。

【传】吴何以称子?吴主会也。吴主会则曷为先言晋侯?不与夷狄之主中国也。其言及吴子何?会两伯⁶之辞也。不与夷狄之主中国,则曷为以会两伯之辞言之?重吴也。曷为重吴?吴

译文

【经】鲁哀公十三年,春季,郑国的轩达领兵在嵒取胜宋军。

【传】这里说"取胜宋军"是什么意思?是说取胜得容易。怎么会取胜得容易的?是用诈骗策略回报宋以前所采用的诈骗策略。

【经】夏季,许男戍去世。

【经】哀公在黄池与晋侯、吴子相会。

【传】吴为什么称子?因为是他主持盟会。既是吴(子)主持盟会,为什么又先说晋侯?是不赞同夷狄为中原诸侯的盟主。这里说"及吴子"是什么意思?这是(哀公)与两个方伯相会的辞语。既然不赞同夷狄为中原诸侯的盟主,为什么用与两个方伯相会的辞语来记事?是认为吴(子)在会中占有重要地位。为什么认为吴(子)在会中占有

在是,则天下诸侯莫敢不至也。

重要地位?因为吴(子)在这里,天下诸侯就没有谁敢不来。

[注释] 1 喦(yán):宋、郑之间的隙地。 2 诈反:以欺诈回报。反,回报。前宋行诈取郑师,此郑也用欺诈轻取宋师。 3 许男戌:许元公,名戌。 4 晋侯、吴子:晋定公、吴王夫差。 5 黄池:卫地,后属宋,在今河南封丘西南。 6 两伯:晋为老霸,吴为新霸。

【经】楚公子申帅师伐陈。

【经】於越入吴[1]。

【经】秋,公至自会。

【经】晋魏多帅师侵卫。

【传】此晋魏曼多也,曷为谓之晋魏多?讥二名。二名非礼也。

【经】葬许元公。

【经】九月,螽。

【经】冬,十有一月,有星孛于东方。

【传】孛者何?彗星也。其言于东方何?见于旦也。何以书?记异也。

【经】盗杀陈夏弘夫。

【经】十有二月,螽。

【经】楚国公子申领兵攻伐陈国。

【经】於越的军队进入吴国。

【经】秋季,哀公从(黄池之)会回来。

【经】晋国的魏多领兵侵伐卫国。

【传】这是晋国的魏曼多,为什么叫他晋国的魏多?是讥讽名是两个字。因为名是两个字不合礼制。

【经】安葬许元公。

【经】九月,发生蝗灾。

【经】冬季,十一月,有孛星出现在东方。

【传】孛星是什么?是彗星。这里说"在东方"是为什么?因为它在平明时出现(这时众星已隐没,不知它在什么星次)。为什么记?是记奇异现象。

【经】盗贼杀陈国的夏弘夫。

【经】十二月,发生蝗灾。

注释 1 於越入吴：越王勾践乘吴北上参加黄池之会时，大举伐吴，大败吴师，攻入吴国都城。

哀公十四年

【原文】

【经】十有四年，春，西狩获麟。

【传】何以书？记异也。何异尔？非中国之兽也。然则孰狩之？薪采者也。薪采者则微者也，曷为以狩言之？大之也。曷为大之？为获麟大之也。曷为为获麟大之？麟者，仁兽也，有王者则至，无王者则不至。有以告者曰："有麕[1]而角者。"孔子曰："孰为[2]来哉！孰为来哉！"反袂[3]拭面，涕沾袍。颜渊死，子曰："噫！天丧予。"子路死，子曰："噫！天祝[4]予。"西狩获麟，孔子曰：

【译文】

【经】鲁哀公十四年，春季，在西部狩猎，获得麒麟。

【传】为什么记？是记奇异。有什么奇异？它不是中原各国的野兽。那么是谁猎获它的？是打柴的人。打柴的是地位卑微的人，为什么用"狩猎"记这件事？是把他当作有地位的大人物来记。为什么把他当作有地位的大人物来记？因为他获得麒麟就把他当作大人物来记。为什么获得了麒麟就把他当作大人物来记？麒麟是仁兽，有明王就出现，无明王就不来。有个报告这事的人说："有只长了角的麕。"孔子说："它是为谁而来啊？为谁而来啊？"翻转衣袖擦脸，眼泪滴在衣襟上。颜渊死，孔子说："唉！老天要我死！"子路死，孔子说："唉！老天断我的命！"在西部狩猎获得麒麟，孔子说："我的学说没有

"吾道穷矣。"《春秋》何以始乎隐?祖之所逮闻也,所见异辞,所闻异辞,所传闻异辞。何以终乎哀十四年?曰:备矣[5]!君子曷为为《春秋》?拨乱世,反诸正,莫近诸《春秋》。则未知其为是与?其诸[6]君子乐道尧、舜之道与?末不亦[7]乐乎尧、舜[8]之知君子也?制《春秋》之义,以俟后圣,以君子之为,亦有乐乎此也。

出路了!"《春秋》为什么从隐公元年开始?(那时候的事)是祖宗赶得上听说的事,见到的记载不同,听到的说法不一,传闻也各异。为什么到哀公十四年终止?(回答)说:(记了这么长一段史实,所体现的王道)已经齐备了!君子为什么作《春秋》?治理乱世,使回到正道上来,没有比作《春秋》更接近于可行的了。就不知这样说正确与否?或者是君子乐于宣传尧舜之道吧?也许是对于后世有道君主将会理解君子的用意而感到高兴吧?创制《春秋》的义理以等待后世圣人(的理解和贯彻),从君子的行事来看,定将对此自得其乐。

[注释] 1 麇(jūn):獐子。 2 孰为:为谁。 3 袂:衣袖。 4 祝:断。祝予,断我性命。 5 备矣:所体现的王道已齐备了。 6 其诸:选择连词,或者是。 7 末不亦:莫不是,表示揣测,意主肯定。 8 尧、舜:指后世如尧舜一般的贤明君主。

图书在版编目(CIP)数据

春秋公羊传/李维琦,邹文芳注译.—长沙:岳麓书社,2021.6(2024.5重印)

(古典名著全本注译文库)

ISBN 978-7-5538-1363-9

Ⅰ.①春… Ⅱ.①李…②邹… Ⅲ.①中国历史—春秋时代—史籍②《公羊传》—注释③《公羊传》—译文 Ⅳ.①K225.04

中国版本图书馆 CIP 数据核字(2020)第 176985 号

CHUNQIU GONGYANG ZHUAN

春秋公羊传

注　　译:李维琦　邹文芳
责任编辑:陈文韬
责任校对:舒　舍
封面设计:罗志义

岳麓书社出版发行

地址:湖南省长沙市爱民路47号
直销电话:0731-88804152　0731-88885616
邮编:410006

版次:2021年6月第1版
印次:2024年5月第2次印刷
开本:890mm×1240mm　1/32
印张:13.375
字数:334千字
ISBN 978-7-5538-1363-9
定价:45.00元

承印:湖南省众鑫印务有限公司

如有印装质量问题,请与本社印务部联系
电话:0731-88884129